Erich Renz

Der Gott, mit dem du leben kannst

Predigten und Fürbitten
für die Sonn- und Festtage
Lesejahr B

Don Bosco

Die Deutsche Bibliothek – CIP-Einheitsaufnahme

Renz, Erich:
Der Gott, mit dem du leben kannst : Predigten und Fürbitten für
die Sonn- und Festtage / Erich Renz. – München : Don Bosco

Lesejahr B. – 1. Aufl. – 1999
   ISBN 3-7698-1183-6

1. Auflage 1999 / ISBN 3-7698-1183-6
© 1999 Don Bosco Verlag, München
Umschlag: Felix Weinold
Gesamtherstellung: Don Bosco Grafischer Betrieb, Ensdorf

Gedruckt auf umweltfreundlichem Papier.

Inhalt

Vorwort 11

Advents- und Weihnachtszeit im Lesejahr B

1. Adventssonntag
Geschenkte Zuversicht 14

2. Adventssonntag
Die Antennen auf Gott ausrichten 18

3. Adventssonntag
In allem ist etwas zu wenig 22

4. Adventssonntag
Maria, die selbständige Jungfrau 26

Weihnachten – In der Heiligen Nacht (Christmette)
Das entwaffnende Kind 30

Weihnachten – Am Tag
Heimat haben in Gott 34

Neujahr
Dankgebet am Neujahrsmorgen 37

2. Sonntag nach Weihnachten
Weihnachten für Eingeweihte 40

Erscheinung des Herrn
6. Januar: Lehrfilm über deine eigene Lebensreise 44

Taufe des Herrn
Taufe – nur ein bisschen Wasser? 48

Inhalt

Fasten- und Osterzeit im Lesejahr B

1. Fastensonntag
Wasser, Flut und Regenbogen 54

2. Fastensonntag
Zwei Gipfel hat das Leben 58

3. Fastensonntag
Geschäfte? Religion ist gratis! 62

4. Fastensonntag
Das Licht besiegt die Finsternis 66

5. Fastensonntag
Das Gasthaus und das Weizenkorn 70

Ostersonntag – Am Tag
Der Fimmel um das leere Grab 74

Ostermontag
Friedhof – Emmaus – Gottesdienst 78

2. Sonntag der Osterzeit
Sonntag: der Protest des Anfangs 82

3. Sonntag der Osterzeit
Das einfache Brotbrechen ist es 86

4. Sonntag der Osterzeit
Der Gute Hirt in deiner Seele 90

5. Sonntag der Osterzeit
Was der Geist fertig bringen könnte 93

6. Sonntag der Osterzeit
Der Regisseur der Kirche 97

Christi Himmelfahrt
Himmelfahrt und Frühlingswiese 100

7. Sonntag der Osterzeit
Wie geht christliche Demokratie? 104

Pfingsten
Kirche: Kasernenhof oder Bundesligastadion? 107

Dreifaltigkeitssonntag
Finde Gott im eigenen Leben 111

Fronleichnam
    Abschied und Wiedersehen 115

Die Zeit im Jahreskreis im Lesejahr B

2. Sonntag im Jahreskreis
    Mit dem Hören fängt es an 120

3. Sonntag im Jahreskreis
    Faszination ging von Jesus aus 124

4. Sonntag im Jahreskreis
    Die Holzschnitt-Technik des Markus 128

5. Sonntag im Jahreskreis
    Ein normaler Tag im Leben Jesu 132

6. Sonntag im Jahreskreis
    Außerhalb des Lagers 136

7. Sonntag im Jahreskreis
    Vergebung? Dach aufbrechen! 140

8. Sonntag im Jahreskreis
    Neuer Wein in neue Schläuche 144

9. Sonntag im Jahreskreis
    Zuerst der Mensch, dann der Sabbat 147

10. Sonntag im Jahreskreis
    Jesus will den aufrechten Menschen 151

11. Sonntag im Jahreskreis
    Aktiv sein oder warten können? 155

12. Sonntag im Jahreskreis
    Schlafen in der Angst 159

13. Sonntag im Jahreskreis
    So hilflos sind wir vor dem Tod 163

14. Sonntag im Jahreskreis
    Christen boxen nicht 167

15. Sonntag im Jahreskreis
    Woher die Sicherheit nehmen? 171

Inhalt

16. Sonntag im Jahreskreis
  Ruhe geben 175

17. Sonntag im Jahreskreis
  Wie Armut reich macht 179

18. Sonntag im Jahreskreis
  Von welchem Brot lebst du? 182

19. Sonntag im Jahreskreis
  Wenn du ganz am Ende bist 185

20. Sonntag im Jahreskreis
  Brot des Lebens – lebenslang 189

21. Sonntag im Jahreskreis
  Eucharistie: das Spiel von Leben und Tod 193

22. Sonntag im Jahreskreis
  Kann Religion krank machen? 197

23. Sonntag im Jahreskreis
  Eine Kirche der offenen Arme 201

24. Sonntag im Jahreskreis
  Ihr aber, für wen haltet ihr mich? 205

25. Sonntag im Jahreskreis
  Boxring oder Kindergarten? 209

26. Sonntag im Jahreskreis
  Jesus ist weiter als die Kirche 213

27. Sonntag im Jahreskreis
  Dankbar sein können wie ein Kind 217

28. Sonntag im Jahreskreis
  Goldener Käfig oder Schiff? 221

29. Sonntag im Jahreskreis
  Kirchenbilder vom Ursprung her 225

30. Sonntag im Jahreskreis
  Lernen von der Kirche der Armen 229

Allerheiligen
  Gott im Herzen und vor Augen 233

31. Sonntag im Jahreskreis
  Gott will deine Freiheit 236

32. Sonntag im Jahreskreis
  Im Alltag spielt die Musik 240

33. Sonntag im Jahreskreis
  Was am Ende bleiben wird 244

Christkönigssonntag
  Was ist die ganze Wahrheit? 248

Übersicht der Sonntage, beweglichen Hochfeste und Feste 252

Vorwort

Die Reaktionen auf meinen ersten veröffentlichten Predigtband zum Lesejahr A haben mich positiv überrascht.

Welch ein Risiko war das zuvor für mich als „Nur"-Gemeindepfarrer, meine Sonntag für Sonntag für eine konkrete Gemeinde bestimmten Predigten der Öffentlichkeit vorzulegen!

Inzwischen hat mir eine Reihe von Personen mitgeteilt, dass sie jeden Sonntagmorgen die betreffende Predigt in meinem Buch lesen, um so in den Sonntag hineinzukommen. Und wenn mir bis heute normale (auf dieses Wort lege ich Wert) HörerInnen nach einer Predigt sagen, ich hätte das Evangelium für einfache Menschen verständlich gemacht, dann empfinde ich das genannte Risiko als nicht mehr so groß – denn solche Reaktionen auf meine Mühe des Verständlichmachens ins konkrete Leben hinein stärken und ermutigen mich.

Deshalb wage ich mich nun auch an das Markus-Jahr, das Lesejahr B.

Auch diese Predigten sind im Gemeindealltag für ein normales (siehe oben) Gottesdienstpublikum entstanden.

Wie an den Evangelisten Markus herangehen?

Bis zur Liturgiereform des II. Vatikanischen Konzils in den 60er-/70er-Jahren des 20. Jahrhunderts waren den Gläubigen die Charakteristika und Aussageabsichten der einzelnen Evangelisten so gut wie nicht bekannt. Denn es wurde jahrhundertelang in den Sonntagsgottesdiensten ein harmonisierender Mischmasch „des Evangeliums" verkündet, meistens orientiert an Matthäus („weil der so schön erzählen kann"), dem alten Leitgedanken der so genannten biblischen Geschichte folgend, die sonntags ohne Rücksicht auf die Eigenart der Evangelisten die Geschichte Jesu von seiner Geburt bis zu seiner Erhöhung vermitteln wollte. Ich halte für eine der besten Früchte des Konzils die Akzentuierung jener Liturgiereform, dass die Gläubigen seitdem ein ganzes Jahr lang nur mit Matthäus, dann mit Markus und dann mit Lukas umgehen dürfen. Es liegt an uns Predigern, den jeweiligen Evangelisten in seiner Sprache und Theologie sprechen zu lassen und zu vermitteln.

Die beste Hilfe, als Prediger die Eigenart der Texte des Markus zu verstehen, war und ist mir die Formulierung von Professor Eugen Drewermann: „Bilder der Erlösung".

Bevor ich ihn zitiere, der Hinweis auf die Gliederung des markinischen Evangeliums: Markus bringt schon ganz am Anfang die drei typischen Elemente:

- das befreiende Wort (Mk 1,21–28: Heilung eines von einem unreinen Geist besessenen Mannes),
- das heilende Wort (Mk 1,29–45: Heilung der Schwiegermutter des Petrus, Heilung aller Kranken, Heilung eines Aussätzigen),

■ das vergebende Wort (Mk 2,1–12: Heilung eines Gelähmten, zuerst durch innere Vergebung, dann durch äußere Gesundmachung).

Markus zeichnet Jesus als den, der nicht mit ansehen kann, wie Menschen zugrunde gehen, weil sie verbogen, verängstigt, erdrückt, beschnitten sind in ihrem Menschsein.

Was das heißt? – Zum Verständnis dessen gilt es nur die radikalste und zum Markus-Sondergut gehörende Szene Mk 5,1–20 (Die Heilung des Besessenen von Gerasa) nachzulesen.

Was ich für den Umgang mit Markus und das Predigen über ihn verinnerlicht habe, ist dieser Satz:

„Gott ist väterlicher als jeder Vater, mütterlicher als jede Mutter; er möchte unzweideutig, dass wir leben, und wenn wir wirklich so schlimm sind, wie zu sein wir seit Kindertagen zu befürchten gelehrt wurden, so will Gott dennoch, dass wir leben, jenseits des Todes, jenseits der Schuld, jenseits der Angst; denn erst in diesem Vertrauen Gottes, wenn all die entstellenden Masken der Pflicht, des Besitzes und der Grausamkeit ausgelebt und abgelegt wurden, werden wir merken, wie reich und wie wertvoll wir wirklich sind" (E. Drewermann, Das Markus-Evangelium, Erster Teil. Bilder von Erlösung, Walter-Verlag, 8. Auflage 1993, S. 79).

Dieses Vertrauen des Menschen in seinen wahren Wert und den dahinterstehenden Gott will der Jesus des Evangelisten Markus wiederherstellen.

Ich danke meinen PC-erfahrenen ZuarbeiterInnen Viktoria Läubin, Hildegard Peresson, Martina Schütz und Alfred Vogler für die Erstellung der Disketten zum Zustandekommen dieses Bandes.

Ich danke all meinen PredigthörerInnen, die mich Sonntag für Sonntag mit Augen und Herzen getragen und begleitet haben.

Memmingen, im Sommer 1999 *Erich Renz, Pfarrer*

Advents- und Weihnachtszeit im Lesejahr B

1. Adventssonntag
Lesejahr B

1. Lesung: Jes 63,16b–17.19b; 64,3–7
2. Lesung: 1 Kor 1,3–9
Evangelium: Mk 13,24–37

Aus der ersten Lesung:
Seit Menschengedenken hat man noch nie vernommen, dass es einen Gott gibt außer dir. (Jes 64,3)

Aus dem Evangelium:
Seid also wachsam! Denn ihr wisst nicht, wann der Hausherr kommt, ob am Abend oder um Mitternacht. (Mk 13,35)

Geschenkte Zuversicht

Die vier Sonntage der Adventszeit hängen so eng miteinander zusammen, dass sie geradezu verlangen nach einer zusammenhängenden Predigtreihe.

Als Leitmotive für diese heilige Zeit habe ich die Morgen-Worte gewählt, also Worte der Bibel, die mit dem Morgen des neuen Tages, mit Neubeginn, Neuanfangen, Neuaufbruch zu tun haben. Das erste dieser Worte begegnet uns heute: „Am Morgen werdet ihr die Herrlichkeit des Herrn schauen". Bevor wir es anhand der beiden Sonntagstexte, die sich auch in den Fürbitten widerspiegeln, entfalten – so werden wir bei jeder dieser Predigten vorgehen –, eine kleine Einstiegshilfe in die Thematik der diesjährigen Adventszeit „Morgen, Morgenworte". Mit diesen Hinweisen wird auch die Wahl dieses Motivs verständlicher werden.

Wir sind heute keine Morgenmenschen mehr, sondern viel eher Abendmenschen. Worte wie „Morgenmuffel", „morgendliches Gähnen", „lieber noch ausschlafen", die fallen uns viel eher ein als „Freude auf den Morgen", „Morgenoptimismus", „Fitsein schon um 7". Aber mir hat's eben gerade angetan, welche symbolische Kraft dieses Tageszeitenwort für unsere christliche Existenz überhaupt hat:

Für die ist nämlich typisch und bezeichnend – oder sollte es sein – die Kraft und Zuversicht des Immer-neu-beginnen-Dürfens, nicht nur am 1. Advent. Nicht Erschlaffung, Mutlosigkeit, Gähnen und Resignation sind typisch christlich, sondern Optimismus, Nach-vorne-Schauen, Gespanntsein auf den Tag und auf das Kommende. Ich hoffe, Sie spüren jetzt schon andeutungsweise, wie uns eine solche Zielrichtung der adventlichen Zeit und Verkündigung Not tut und gut tut.

Unser erstes Morgenwort also: „Am Morgen werdet ihr die Herrlichkeit des Herrn schauen". Der biblische Ursprung dieses Wortes ist uns bekannt: als das Volk Israel in der Wüste Hunger hat und zu murren, zu schimpfen beginnt; und als dann am andern Morgen dieses Manna am Boden liegt, knusprig und süß; als da jeder so viel und nur so viel sammeln kann, wie er für den Tag braucht, nicht mehr. Welch ein Bild schon einmal für unsere gläubige Existenz vom Motiv des Morgens her: Du bekommst die Nahrung für den Tag geschenkt, aber nicht mehr. – Warum das?

Damit du jeden Morgen neu auf das geschenkte Leben zu vertrauen lernst.

„Seit Menschengedenken hat man noch nie vernommen, dass es einen Gott gibt außer dir".

Keinem von uns geht es so schlecht, auch nur annähernd, wie dem Volk Israel damals.

Diese Lesung von heute enthielt für das leidgeprüfte Gottesvolk einfach alles: das schonungslose Eingeständnis der eigenen Schuld, des zerstörten Am-Boden-Liegens wie welkes Laub und ein schmutziges Kleid; das flehentliche Nach-oben-Reißen der Hände zu diesem einzigen Gott; und schließlich das Sich-Hineinlegen in seine Hände, wie der Ton in die Hand des Töpfers gleitet.

Gibt es ein besseres Morgengebet? „Seid also wachsam! Denn ihr wisst nicht, wann der Hausherr kommt ..."

Der für die Adventszeit typische Gedanke taucht da auf: wachsam sein, Wachsamkeit. Daran und an unser eigenes Empfinden anknüpfend können wir das Phänomen „Morgen" gut beschreiben: Niemand ist am Morgen sofort wach. Das braucht seine Zeit und seine Schritte. Wie der Morgen mit seiner Dämmerung nur so lange bleibt, bis er der vollen Helligkeit Platz gemacht hat, so müssen auch wir das Wachsein erst noch erreichen. Solange uns der Schlaf, die Müdigkeit, die Nacht noch besetzt hält, sind wir nicht wach.

Wir müssen uns also schrittweise von unserer Trägheit lösen, um den Zustand des Wachseins zu erreichen. Und warum tun wir diese Schritte? Weil wir nur dann in den neuen Tag hineingehen können. Wer liegen bleibt, bekommt keinen neuen Tag geschenkt.

Genau dieser Weg aber vom Erwachen bis zum Wachsein vermag uns Vorbild zu sein für unsere christliche Existenz.

Weil es sich lohnt, auf das Neue zuzugehen, weil es sich lohnt, überhaupt zu leben, deshalb ist dieses ständige Ringen um Wachsein und Wachsamkeit seine Mühen wert. Wer den kommenden Tag nicht mag, der mag auch den Morgen nicht. Christliche Existenz heißt: das Leben aus Gottes Händen dankbar annehmen und lieben. Und deshalb bewusst darauf zugehen wie auf einen schönen Tag.

Woher kommt solche Zuversicht, wie findet man sie?
Erster Stern, erster Advent, erster Morgen:
Herr, öffne meinen Blick für das Gute, das der neue Tag mir bereithält. Wenn ich vertrauend in ihn hineingehe, werde ich gehalten von einer Zuversicht, die dein Geschenk ist. Auch wenn der Tag schwer werden sollte.

Geschenkte Zuversicht am Morgen ist mehr als alles, was ich selber machen kann.

Hier begegnen wir unserem Wegweisungswort für diese 1. Adventswoche: „Geschenkte Zuversicht" – die mehr ist als alles, was ich selber machen kann. Ich hoffe, wir werden an jedem dieser Sonntage so eine Wegweisung finden."

Wie findet man die – die geschenkte Zuversicht als Geschenk jedes neuen Morgens? Indem man sein Herz öffnet für all das Gute, das der neue Tag für einen bereithält. Können wir uns diesen ebenso einfachen wie stimmigen Satz merken und mitnehmen? Jeder neue Tag bringt nicht nur Arbeit, Sorgen, Ärger, Unfälle, Katastrophen, sondern er bringt auch Gutes, von dem ich jetzt noch gar keine Ahnung habe.

Das will sagen: Ich kann's nicht planen, nicht machen, sondern nur mir schenken lassen. Wie viel Krampf und Angst kann da von mir abfallen, wenn ich vertrauend beginne, wenn ich am Morgen schon vertraue, dass Gott mir heute viel Gutes bereithält.

Daraus wächst geschenkte Zuversicht, die so kostbar ist für mein Leben.

So wach denn auf, mein Geist und Sinn, und schlummre ja nicht mehr. Blick täglich auf sein Kommen hin, als ob es heute wär (GL 567).

Ja, mein Gott, so will ich es versuchen in dieser 1. Adventswoche.

Heute und an jedem Tag kommst du auf mich zu mit einer Tüte voll guter Überraschungen. Schenke mir diese christliche geschenkte Zuversicht.

FÜRBITTEN

Pr: *Gott, unser Vater, wir haben neu begonnen, denn der 1. Advent ist wie Neujahr, er ist der Anfang des neuen Kirchenjahres. Und zu diesem Neuanfang willst du uns Zuversicht schenken.*
Um uns dies bewusst zu machen, singen wir als Antwort auf die Fürbitten den Satz: „Blick täglich auf sein Kommen hin, als ob es heute wär" (GL 567).

L: Um diese Blickrichtung, um das Gefühl, am 1. Advent ein neues Kirchen- und Lebensjahr zu beginnen, wollen wir zuerst bitten.

L: Mache uns zu morgendlichen Menschen, die gerne und optimistisch auf den neuen Tag zugehen und offen sind für seine Überraschungen.

1. Adventssonntag

L: Führe du uns von dem Pessimismus weg, mit dem wir auf die Dinge zugehen, und gib uns die heilende Zuversicht, die du uns als dein Geschenk zukommen lassen möchtest.

L: Um das adventliche Wachsein und die biblische Wachsamkeit bitten wir, dass wir von dir lernen, wie das Leben sich lohnt – als dein Geschenk.

L: Begleite du uns in dieser Woche im Schein der ersten Kerze, und lass in uns diese Zuversicht wachsen, die uns den neuen Tag empfangen und auch gelöst auf Weihnachten zugehen lässt.

Pr: *„Denn am Morgen werdet ihr nicht in den Sorgen des neuen Tages ersticken, sondern ihr werdet die Herrlichkeit des Herrn schauen."*
Gott, wir danken dir für diesen Neubeginn, den wir voll Zuversicht begehen dürfen.

2. Adventssonntag
Lesejahr B

1. Lesung: Jes 40,1–5.9–11
2. Lesung: 2 Petr 3,8–14
Evangelium: Mk 1,1–8

Aus der ersten Lesung:
Steig auf einen hohen Berg, Zion, Botin der Freude. Seht, Gott, der Herr, kommt mit Macht. (Jes 40,9f.)

Aus dem Evangelium:
Es begann, wie es bei dem Propheten Jesaja steht: Eine Stimme ruft in der Wüste: Bereitet dem Herrn den Weg! (Mk 1,2f.)

Die Antennen auf Gott ausrichten

Darf ich Sie wieder an die Hand nehmen? Wir gehen vom Morgenwort dieses 2. Advent hin zu einem Wegweisungswort. Mit ihrer Hilfe hoffen wir, sinnvoll mit dieser so viel missbrauchten Adventszeit umgehen zu können. Warum gerade Morgenworte? Ich habe es schon zu begründen versucht: weil es wesentlich ist für unsere christliche Existenz, immer neu zu beginnen, nach vorne zu schauen, das Kommende zu erwarten. Und dafür steht die Tageszeit des Morgens.

Wie heißt das heutige Morgenwort? – „Ich aber will jeden Morgen mich freuen an deiner Huld". – Das klingt wie ein Lebensmotto für die Berufsoptimisten und Sonnyboys, vergleichbar ihren Slogans „Immer nur lächeln und immer vergnügt", „So ein Tag, so wunderschön wie heute ...", „Stehaufmännchen sein", „positiv denken", „jeden Tag glücklich sein" ...

Nein. Auf dieser Ebene der oberflächlichen Vergnügtheit sind diese Morgenworte nicht gemeint. Damit dieses Missverständnis gar nicht erst aufkommen kann, gleich ein Lebens-Hintergrund, der so in die Tiefe geht, dass uns all unsere Oberflächlichkeiten auf der Stelle vergehen:

Ein Mann, der schwer an Krebs erkrankt ist, sagte mir: Wenn ich morgens wach werde und mir meine Misere neu bewusst wird, dann kommt es nicht selten in mir: Ach, wieder ein Tag mit einem Stück Sterben. Aber wenn ich dann „hinsuche" zu Gott in meiner Krankheit, weil ich glaube, dass Gott mir darin nahe ist, dass ich ihm darin nahe sein kann, dann löst sich etwas in mir. Nicht dass ich Jubel verspürte. Nein.

Aber ein wenig Frieden und die Überzeugung: Es ist nicht ohne Sinn, nicht ohne Ewigkeitssinn. –

Ich habe als Priester die Gewohnheit, dass ich meine Besuche im Krankenhaus am Morgen mache. Da begegne ich der Patientin, dem Patienten im Zustand des Morgens. Was heißt das?

Er ist erwacht, er frühstückt, er hat einen Tag vor sich, und der ist neu.

Am Abend, da kommt, da naht, da droht die Nacht. Die beendet jeden Tag. Der Morgen aber führt einen neuen Tag herauf – nicht nur im Krankenhaus.

Wie erreicht dieser Krebskranke hier den Zustand, den unser Morgenwort beschreibt: „Ich aber will jeden Morgen mich freuen an deiner Huld"?

Indem er „hinsucht zu Gott", weil er glaubt, dass Gott ihm in seiner Krankheit nahe ist. Was für ein schönes Wort ist das für den Advent – geboren aus der Krankheit! Wir sollen „hinsuchen zu Gott", weil wir überzeugt sein dürfen, dass er uns bereits nahe ist. Seine außerordentliche Glaubwürdigkeit bekommt dieses Wort aus der Situation der Krankheit: „Hinsuchen zu Gott" ist keine Kunst in der Glückseligkeit eines farbenprächtigen Urlaubstages; erst wenn man auch noch in der Krankheit mit all ihren Ängsten und Dunkelheiten „zu Gott hinsucht", zeigt sich, wie wahrhaftig und stark der Gottesglaube geworden ist. Und dieses „Hinsuchen zu Gott" ebnet den Weg dafür, dass ein wenig Friede kommt und die Überzeugung, dass das Leben – in diesem Fall die Krankheit – nicht ganz ohne Sinn ist.

„Steig auf einen hohen Berg, Zion, du Botin der Freude! Seht, Gott, der Herr, kommt mit Macht. Er bringt seinen Siegespreis mit: Alle, die er gewonnen hat, gehen vor ihm her."

Wie schon am letzten Sonntag dürfen wir uns in Erinnerung rufen: Niemandem von uns geht es so schlecht wie dem Volk Israel damals.

Es konnte nur noch überleben, wenn es seine Antennen auf diesen rettenden Gott ausrichtete.

Weil es nur noch auf ihn seine Hoffnung setzen konnte, musste es „hinsuchen zu Gott".

Alle adventlichen Prophetentexte stammen aus diesen Not- und Gotteserfahrungen Israels. Anfangen, Gott zu suchen, „zu Gott hinzusuchen", weil es nur mit ihm weitergeht. Wie entscheidend diese Einsicht ist, wusste auch der Evangelist Markus; er begann, sein Evangelium zu schreiben. Und deshalb eröffnet er es so, sein Evangelium: Es begann (mit diesem Jesus von Nazaret und der christlichen Kirche), wie es bei dem Propheten Jesaja steht: Eine Stimme ruft in der Wüste: Bereitet dem Herrn den Weg! Ebnet ihm die Straßen!

In der ganzen Geschichte des Jesus von Nazaret geht es für Markus also sozusagen um die Genehmigung eines Straßenbaus. Warum wird eine Straße genehmigt? Weil sie notwendig ist. Weil ein Ziel da ist, das viele auf ihr erreichen möchten. Und was ist das Ziel dieser neuen Straße bei Markus? „Kündet allen in der Not: Fasset Mut und habt Vertrauen. Bald wird kommen unser Gott; herrlich werdet ihr ihn schauen" (GL 106).

Gottes Huld, Gottes Güte, Gottes Liebe, sie sind schon aufgegangen wie die neue Morgensonne.

Mach dich auf den Weg, es lohnt sich, „suche zu ihm hin", er ist schon da.

Zweiter Stern, zweiter Advent, zweiter Morgen:

Herr, deine Freude will kommen, auch wenn der neue Tag mit Plage und Seufzen beginnt.

Sie will kommen. So wie die Antennen meines Lebens ausgerichtet sind, so werden sie empfangen.

So will ich sie ausrichten: Gott, du bist da, mit deiner Huld, deiner Zuneigung zu mir.

Ich freue mich, dass du den neuen Tag schon für mich gesegnet hast.

Dieses Gebet zum 2. Advent enthält ein Wegweisungswort für die 2. Woche, wie es griffiger und anschaulicher nicht sein könnte:

„So wie die Antennen meines Lebens ausgerichtet sind, so werden sie empfangen." Es geht nicht darum, dass der eine eben Glück hat und der andere Pech, dass der neue Tag für den einen dunkel und schlimm, für den anderen sonnig und glücklich sein wird, dass der eine ein Berufsoptimist, der andere ein Jammerlappen zu sein scheint.

Sondern es geht darum, dass Gottes Huld und Güte und Liebe immer schon da sind; es kommt nur darauf an, dass man seine Antenne darauf hin ausrichtet. Oder noch deutlicher: nicht die Antenne, sondern die Fernbedienung.

Per Knopfdruck können wir uns einen gruseligen Horrorfilm anschauen oder aber einen Reisebericht aus dem Himalaja mit wunderschönen Landschaftsaufnahmen. Wir können auf den neuen Tag zugehen mit einer Aufzählung all seiner Probleme und Gefahren, oder wir können unsere Fernbedienung auf Gottes Huld und Güte und Liebe richten, die auf jeden Fall schon da sind an diesem neuen Tag. „Ich aber will jeden Morgen mich freuen an deiner Huld". Wenn es jener Krebskranke kann – dem neuen Tag Sinn abzugewinnen, weil Gott ihm stets aufs Neue nahe ist –, dann sollte auch uns das gelingen an diesen adventlichen Tagen; wissen wir doch, dass jeder Tag schon gesegnet ist für uns durch Gottes Liebe, bevor wir ihn überhaupt erst einen Augenblick lang angeschaut haben.

Stellen wir unsere Antenne auf das Geschenk des neuen Tages ein, auf Gottes Segen an ihm; dann wird er für uns ein gesegneter Tag – nicht nur in dieser 2. Adventswoche.

2. Adventssonntag

FÜRBITTEN

Pr: *Mit Jesus begann es nach dem Markusevangelium, wie es bei Jesaja steht. Auch wir wissen: Es lohnt sich, dem Herrn einen Weg zu bereiten, ihm die Straßen zu ebnen, denn Gottes Huld und Güte sind schon gekommen. Darum singen wir nach jeder Bitte: „Kündet allen in der Not: Fasset Mut und habt Vertrauen" (GL 106).*

L: Großer Gott, im Gesang wollen wir uns die Ermutigung dieses Liedverses zunächst selbst bewusst machen, denn sie gilt auch uns persönlich an diesem 2. Advent.

L: Lass unsere Kranken spüren, dass gerade sie gemeint sind mit dieser adventlichen Botschaft des heutigen Sonntags.

L: Viele sehen am Morgen nur die Probleme, die der neue Tag bringen wird, und sie fürchten sich, dazu Ja zu sagen. Lass sie deine Nähe spüren, die Frieden und Zuversicht schenkt.

L: Viele Menschen möchten sicherlich „zu dir hinsuchen" in diesen adventlichen Tagen, aber sie finden dich nicht hinter all den Äußerlichkeiten und Geschäften. Zeige ihnen, dass du mit deiner Huld immer schon für uns da bist.

L: Wir bitten für alle, die in wirklicher Not oder sogar in Verzweiflung leben müssen, dass gerade sie von diesem Liedruf erreicht werden.

L: Hilf uns, unsere Antennen, unsere Empfangsgeräte, auf dich auszurichten, damit wir dich und deine Huld und Güte in unser Leben hereinlassen.

Pr: *„Ich aber will jeden Morgen mich freuen an deiner Huld." Ja, du auf uns zukommender Gott, lass uns in dieser 2. Adventswoche versuchen, deinen Segen und deine Liebe am Morgen anzunehmen.*

3. Adventssonntag
Lesejahr B

1. Lesung: Jes 61,1–2a.10–11
2. Lesung: 1 Thess 5,16–24
Evangelium: Joh 1,6–8.19–28

Aus der ersten Lesung:
Von Herzen will ich mich freuen über den Herrn. Denn er kleidet mich in Gewänder des Heils, wie ein Bräutigam sich festlich schmückt. (Jes 61,10)

Aus dem Evangelium:
Johannes sagte: Ich bin die Stimme, die in der Wüste ruft: Ebnet den Weg für den Herrn! (Joh 1,23)

In allem ist etwas zu wenig

Soll ich Ihnen mal etwas verraten? Es gibt kaum eine bessere Zeit fürs Predigen als die Adventszeit. Ähnlich fruchtbare Voraussetzungen gibt es nur bei der Ansprache im Rahmen einer Beerdigung. Warum das? Und was soll dieser Vergleich?

Er weist darauf hin, dass Predigen dann am leichtesten ist, wenn die Hörer in derselben Verfassung sind. Auf dem Friedhof sind alle von der Trauer des Abschieds geprägt. Also weiß der Prediger schon eher, wie er alle erreichen kann. Im Advent sind alle angesteckt von der Erwartung und Vorfreude.

Dies ist unsere gemeinsame Verfassung in diesen Tagen, gerade auch am 3. Advent. Und deshalb passt das heutige, dritte Morgenwort so gut und kann alle erreichen, wenn ich es Ihnen gleich wiedergebe:

„Meine Seele wartet auf den Herrn mehr als die Wächter auf den Morgen."

Wir wissen inzwischen schon: Es geht hier nicht um meinen individuellen Zustand, etwa morgens um 6, sondern diese Morgenworte wollen etwas Typisches an unserer christlichen Existenz zeigen. Und dazu gehört also – wie gesagt: besonders verstehbar jetzt in der Zeit der Erwartung –, wie ein Wächter auf der Stadtmauer am Ende der Nachtwache den Morgen zu erwarten.

Zuerst das Bild, das darin steckt, dann gleich das Wegweisungswort für diese 3. Woche, und danach werden wir bei der Heiligen Schrift anklopfen, um endgültig zu verstehen.

Das Bild bedarf der kurzen Erläuterung, weil es aus einer vergangenen Zeit stammt. Wenn im Mittelalter eine befestigte Stadt von Feinden bedroht, vielleicht umzingelt war, dann hing das Wohl und Wehe der Bewohner in der Nacht vom Wachsein der Wächter auf der Stadtmauer ab. Die mussten also aufmerksam in die Dunkelheit hinunterspähen, um jedes winzige Licht, jede mögliche Bewegung des Feindes rechtzeitig zu erkennen und zu melden. Wie anstrengend musste das sein, wie sehr wird so ein Wächter den Morgen erwartet haben, den Tagesanbruch, wo er endlich alles sehen und wahrnehmen konnte!

„Meine Seele wartet auf den Herrn mehr als die Wächter auf den Morgen."

Ist das unsere innere Haltung, jetzt, am 3. Advent? Ist in uns eine so starke Sehnsucht und Erwartung und Vorfreude?

Warten wir auf den Herrn so wie, so ähnlich, so inständig wie der Wächter auf den Morgen?

Wenn wir ehrlich sind – und darum möchte ich uns alle bitten –, dann bleibt uns dieses Morgenwort auf eine seltsame Weise fremd und verschlossen. Wir warten doch auf ganz andere Dinge:

Auf das termingerechte Gelingen unserer Vorbereitungen und Planungen, auf Geschenke warten wir, sicherlich, die er-warten wir auch, auf friedlich-harmonische Festtage, die nicht nur erträglich, sondern schön sind, auf ein bisschen weihnachtliche Freude warten wir und darauf, dass diese und jene zwischenmenschliche Spannung sich legen und klären möge.

Nehmen wir gleich das Wegweisungswort mit hinzu: „In allem ist etwas zu wenig."

Was heißt das? Sollen unsere Erwartungen noch größer, maßloser werden? Also, dass alles perfekt gelingt, die tollsten Geschenke kommen, dass wir uns verstehen und feiern können wie sonst das ganze Jahr nicht, dass alle Spannungen weggeblasen sind? Nein, keine Erwartungssteigerung, sondern: „In *allem* ist etwas zu wenig." Wir sollen das grundsätzliche Ungenügen all unserer Wünsche sehen lernen und deshalb unsere innerste Sehnsucht zulassen. Denn all meine Erwartungen reichen gar nicht aus, der ganze Advent reicht nicht aus, wenn es nicht die ganze Erfüllung für meine innerste Sehnsucht gibt.

„Von Herzen will ich mich freuen über den Herrn. Denn er kleidet mich in Gewänder des Heils, wie ein Bräutigam sich festlich schmückt, wie eine Braut ihr Geschmeide anlegt". Das größte Bild menschlichen Glücks ist dem Propheten gerade gut genug, um anzudeuten, was dieser Gott den Niedergeschlagenen schenken möchte. Nicht irgendeine billige Kurzzeit-Vertröstung, sondern unvorstellbare Erfüllung. Und hier haben wir den Diamanten der christlichen Adventsverheißungen in der Hand: Alles, was da erwartet und vorbereitet und ersehnt wird, ist doch nur ein Bild für die eigentliche Erfüllung, die Gott für unser Leben bereithält.

Und als die Scharen der Neugierigen zu jenem Johannes in die Wüste hinausziehen, weil er eine nie da gewesene Botschaft verkündet, da hat dieser

Mann den unerhörten Mut, ganz von sich abzusehen, die Erwartungen nicht auf sich zu beziehen, sondern zu sagen: „Mitten unter euch steht der, den ihr nicht kennt und der nach mir kommt." Das heißt, ebenso präzis wie klar gesagt: Alles im Leben ist nur vorläufig. Alles, was du erwartest, alles, was du kaufst, alles, was du geschenkt bekommst, ist vorläufig. Denn „in allem ist etwas zu wenig". Die eigentliche Erfüllung kommt erst.

Wie heißt unser heutiges Gebet?

Dritter Stern, dritter Advent, dritter Morgen:

Herr, wecke in mir das Warten auf dich, die Sehnsucht nach dir. Denn in allem anderen ist „etwas zu wenig".

Du selber kannst, sollst und willst meine ganze Sehnsucht erfüllen.

Mache mich anspruchsvoll, damit ich keinen Billig-Ersatz, sondern dich selber erwarte. Du bist alles, alles andere ist zu wenig.

Womit ist also – um abschließend ein Bild zu gebrauchen – diese ganze Adventszeit zu vergleichen? Die Adventszeit will wie ein Trainingslager sein, in dem das eigentliche Erwarten eingeübt wird. Die drei Bälle, mit denen wir in diesem Advents-Trainingslager spielen, heißen: „Sei anspruchsvoll!", „In allem ist etwas zu wenig", „Deine ganze Sehnsucht wird erfüllt werden". Und wenn wir auch am Ende dieser Adventszeit, konkret: an Weihnachten, unzufrieden, unbefriedigt sein werden – richtig, richtig so, so soll und muss es sein. Denn diese Einsicht über alles auf Erden Erreichte wird das Trainingsziel der jetzigen Wochen sein: „Das kann es nicht gewesen sein. Die eigentliche Erfüllung kommt erst." Und sie wird kommen, ganz gewiß, denn: „Meine Seele wartet auf den Herrn mehr als die Wächter auf den Morgen".

FÜRBITTEN

Pr: „In allem ist etwas zu wenig." Mit diesem Wort haben wir die adventliche Erwartung hinterfragt, du unser Gott, und die Tiefe der eigentlichen Erwartung des Advents in den Blick genommen.

Singen wir heute als Antwort auf die folgenden Gebetsimpulse: „Die Freude an Gott, halleluja, ist unsere Kraft. Halleluja" (GL 627,2).

L: Die Adventszeit – das Trainingslager, um das eigentliche Erwarten einzuüben. Wir sollen zu sehen lernen, was uns wirklich Kraft fürs Leben gibt.

L: Wünsche und Hoffnungen und Sehnsüchte brechen auf in diesen Tagen. Hinter ihnen steckt unsere eigentliche Sehnsucht.

L: Wir sollen und müssen uns mit keinem erfüllten Wunsch zufrieden geben. Denn wir sollen und dürfen nach dem Ganzen Ausschau halten.

L: Auch Weihnachten wird nicht unsere tiefsten Sehnsüchte stillen; denn unser Herz will mehr. Das Leben lohnt sich nur, wenn es tatsächlich die ganze Erfüllung gibt.

L: Herr, schenke uns einen Funken dieser Freude, die von dir kommt und die niemand kaufen oder erzwingen kann.

Pr: *Denn nur wenn unsere Seele, unser Inneres, auf den Herrn wartet, also auf ihn, der allein unsere wahre Sehnsucht erfüllen kann, nur dann lohnt sich alles. Hilf uns, auf dich zu warten wie die Wächter auf den Morgen.*

4. Adventssonntag
Lesejahr B

1. Lesung: 2 Sam 7,1–5.8b–12.14a.16
2. Lesung: Röm 16,25–27
Evangelium: Lk 1,26–38

Aus der ersten Lesung:
Nun verkündet dir der Herr, dass der Herr dir ein Haus bauen wird. Ich will für ihn Vater sein, und er wird für mich Sohn sein. (2 Sam 7,11.14a)

Aus dem Evangelium:
Du wirst ein Kind empfangen, einen Sohn wirst du gebären: Dem sollst du den Namen Jesus geben. (Lk 1,31)

Maria, die selbständige Jungfrau

Wie gut, wenn der 4. Advent ganz selbständig dasteht. Es ist schade, wenn wir ihn in manchen Jahren, wo er unmittelbar vor Heiligabend gefeiert wird, nur als Durchgang und letzten Schritt zu Weihnachten hin verstehen; denn er hat eine starke und unverzichtbare Aussage, gerade heute. Hinsichtlich der Datierung des 4. Advent sprach ich eben von „selbständig" – ein Wort, das nachher viel zu tun haben wird mit der Jungfrau und der Jungfräulichkeit bei Maria und bei uns.

Drehen wir heute die Reihenfolge bei unserer Predigtreihe um und beginnen gleich mit dem Gebet.

Vierter Stern, vierter Advent, vierter Morgen:

Herr, wecke mein Ohr so kurz vor Weihnachten, damit ich auf dich höre wie deine echte Jüngerin Maria.

Das einfachste Morgengebet, das mir einfällt, heißt: „Herr, lass mich diesen Tag mit dir leben." Man kann noch ergänzen: „Damit du durch mich heute neues Leben zu den Müden bringen kannst." Genauso wie es hier um den Beginn eines neuen Tages geht, so ist auch dieser 4. Advent ein lupenreiner Morgen-Sonntag. Es wird nur Morgen und neuer Tag, wenn Gott mein Ohr weckt; er ist da bei mir, Tag und Nacht, und wenn er mein Ohr weckt zum Hören, dann kann es Tag werden, dann kann mein Leben immer neu beginnen. Diesen Grundgedanken aufgreifend heißt das 4. Morgenwort heute:

„Jeden Morgen weckt er mein Ohr, damit ich auf ihn höre wie ein Jünger/ eine Jüngerin."

Lesung und Evangelium von heute lassen sich sehr schnell damit in Verbindung bringen; nur müssen wir sie nachher ein zweites Mal angehen, weil für uns Katholiken am 4. Advent auch noch das Wort „Jungfräulichkeit" eine große Rolle spielt.

Wie sehr wird in der Lesung des Königs David Ohr aufgeweckt! Der meint, alles planen zu können, baut sich ein Haus, baut dem Herrn ein Haus und glaubt schließlich, für alle Zeit und Ewigkeit vorgesorgt und sich abgesichert zu haben. Und da kommt der Prophet Natan und weckt ihn auf, dass er aus dem Bett herausspringt: Gott ist es, der dir ein Haus bauen wird, denn nur von Gott her kann Sicherheit kommen. Hören auf Gottes Wort – so der eindeutige Sinn dieser Lesung – gibt mehr Sicherheit als alle männliche Planungs- und Vorsorgepotenz.

Und das junge Mädchen Maria in diesem uns Katholiken so vertrauten Evangelium? Ich will an dieser Stelle zunächst nur so viel sagen: Sie bekommt eine Botschaft zu hören, die absolut neu und unerhört und unglaublich und nie da gewesen ist, denn wer hätte je gehört, dass da ein Kind kommen kann ohne Zutun eines Mannes? Und dieses junge Mädchen sagt Ja zu dieser unerhörten, nie da gewesenen Botschaft. So sehr ist sie eine Jüngerin, so sehr ist ihr Ohr geweckt, so sehr hat sie hören gelernt. Und so heißt die Botschaft dieses 4. Advent für uns: Lerne hören auf das, was Gott dir in deinem Leben sagen will, lass deine Ohren von ihm wecken, und du wirst erleben, dass sich dein Leben drehen und verändern kann, wie du es nie geahnt hast. Wie hieß doch gleich noch der Gedanke in unserem heutigen Gebet, der uns zum Wegweisungswort am 4. Advent werden soll:

„Damit ich auf dich höre wie deine echte Jüngerin Maria".

Von ihr lernen, an ihr ablesen, wie es innerlich Weihnachten werden kann.

Ich habe bisher alles so kurz behandelt, weil wir die Schrifttexte noch einmal angehen müssen mit Blick auf das belastete und oft missverstandene Wort „Jungfräulichkeit". Sie kennen den Hintergrund: Jungfräulichkeit wird heute von feministischen Theologinnen verstanden als direktes Hören des Menschen auf Gott; Jungfrau sein bedeute: nicht mehr „Frau von", „Tochter von", „Mutter von" sein, sondern eine selbständige Frau, die aus sich bzw. aus Gott fruchtbar wird, weil sie gelernt hat, auf ihn zu hören wie eine Jüngerin.

Ich habe einen noch viel eindringlicheren und aufregenderen Text gefunden, in dem Begriffe wie „Jungfrau" und „jungfräulicher Mensch" eine ganz andere Bedeutung haben, als wir sie kennen. Er stammt von Anselm Grün, dem Münsterschwarzacher Benediktiner:

Im frühen Mönchtum wird der mannhafte Mut vieler Jungfrauen gelobt. Die Jungfrauen werden gepriesen für ihre Tapferkeit. Sie werden geschätzt als Mönchsmütter, als Frauen, die geistliche Kraft haben und sich vor allem als Beichtmütter hervortun, mit einem besonderen Gespür für die Wunden der

Menschen, die zu ihnen kommen, um sie um Rat zu fragen. Zur Jungfrau gehört offensichtlich im Mönchtum das Bild des ganzen und fruchtbaren Menschen. Die Jungfrau wird von Gott her fruchtbar für die Menschen. Der jungfräuliche Mensch – gleich ob Mann oder Frau – ist in Berührung mit seinem unverfälschten Bild, mit seiner prophetischen Sendung (Anselm Grün/Andrea Schwarz, Und alles lassen, weil Er mich nicht lässt, Herder Verlag 1995, S. 158).

Sie spüren schon, was das für neue Töne sind, besonders für unser angelerntes Verständnis der Jungfrau Maria. Wie armselig verkürzt ist dieses Verständnis, wenn nur an die so genannte biologische Unversehrtheit gedacht wird; wie unendlich reich aber wird das Wort „Jungfrau Maria" von diesem Text her: Sie hat also „mannhaften Mut", sie hat „geistliche Kraft", sie ist „Beichtmutter mit dem Gespür für die Wunden der Menschen", sie ist ein „ganzer und fruchtbarer Mensch", sie wird „von Gott her fruchtbar für die Menschen", sie lebt ihr „unverfälschtes Bild" und sie nimmt ihre „prophetische Sendung" an. Das ist ursprüngliche Jungfräulichkeit. Also meint das Jungfrausein Marias eigentlich, dass sie ein ganzer und selbständiger Mensch wird, eine Frau, die fruchtbar wird von Gott her, wie sie es nie von einem Mann her sein könnte. Noch mal unser Wegweisungswort zum 4. Advent: „Damit ich auf dich höre wie deine echte Jüngerin Maria".

Ja, das will ich versuchen, Herr, mir von dir sagen zu lassen, was du von mir willst, welche Möglichkeiten tatsächlich in mir stecken, von dir will ich meine geistliche Kraft wecken und mir meine prophetische Sendung zeigen lassen; zeige du mir mein echtes, unverfälschtes, jungfräuliches Bild, damit ich fruchtbar werde für mich, für die anderen – wie Maria.

FÜRBITTEN

Pr: *Am 4. Advent haben wir natürlich besonders Maria im Blick. Und deshalb singen wir als Antwort auf jeden Gebetsimpuls den schönen Satz „Maria, Gottes Mutter, gelobet musst du sein" (GL 114,7).*

L: Das junge Mädchen aus Nazaret hat damals Ja gesagt zu einer Gottesbotschaft, die es nie zuvor gegeben hat.

L: Sie ließ vom Herrn ihr Ohr wecken und hörte auf ihn wie eine echte Jüngerin.

L: Durch ihre Offenheit für Gottes Wort ist sie die mutige, starke, selbständige und prophetische Frau geworden, durch die das weihnachtliche Heil in die Welt kommen konnte.

L: Zeige auch uns, wie wir auf die Stimme Gottes hören und neues Leben zu den Müden und Erschöpften bringen können.

4. Adventssonntag

L: Schenke auch uns die Bereitschaft, das Leben nicht selber planen und absichern zu wollen, sondern die wahre Sicherheit vom Herrn zu erwarten.

Pr: *Denn so wird es Weihnachten, wenn wir unsere Ohren öffnen wie ein Jünger, wie eine Jüngerin, und wenn wir dem Wirken Gottes wie eine wahre Jungfrau zur Verfügung stehen. Großer Gott, mache uns in diesem biblischen Sinn jungfräulich.*

Weihnachten – In der Heiligen Nacht (Christmette)
Lesejahr B

1. Lesung: Jes 9,1–6
2. Lesung: Tit 2,11–14
Evangelium: Lk 2,1–14

Aus der ersten Lesung:
Jeder Stiefel, der dröhnend daherstampft, jeder Mantel, der mit Blut befleckt ist, wird verbrannt. (Jes 9,4)

Aus dem Evangelium:
Und das soll euch als Zeichen dienen: Ihr werdet ein Kind finden, das, in Windeln gewickelt, in einer Krippe liegt. (Lk 2,12)

Das entwaffnende Kind

Sie haben nicht nur Ohren, um zu hören, Hände, um zu tasten, Sie haben auch Augen, um zu schauen, und die schauen natürlich auf dieses Kind. Und dieser Anblick ist ein schöner und angenehmer, schöner bestimmt als das Kreuz des Karfreitags, vertrauter als der Auferstandene in der Osternacht, als die Taube an Pfingsten oder angenehmer als die roten Lichter des Allerseelentages. Damit habe ich schon alle drei wichtigen Nachtgottesdienste des Kirchenjahres genannt: die durch kein anderes Fest zu überbietende Osternacht natürlich, den Verstorbenengottesdienst am Allerseelenabend und diese Christmette jetzt, tief in der heiligen Weihnacht.

Es sind übrigens so genannte Eckpfeilergottesdienste, zu denen viele kommen, noch kommen, die sonst am normalen Sonntag den Weg zur Gottesdienstgemeinde kaum bzw. kaum mehr finden. Das erwähne ich nicht, um irgendjemanden zu bewerten, sondern um auf die Frage zuzusteuern, warum denn die Christmette mit diesem Kind eine solche Faszination ausübt. Ja, mehr noch, warum dieses Kind, jedes Kind, vor allem ein kleines Kind eine solche Macht ausübt, derer wir uns in aller Regel gar nicht bewusst sind.

Hier und jetzt sind der Ort und die Zeit, uns das bewusst zu machen. Ein Kind, ein kleines Kind, ein neugeborenes oder ein paar Wochen altes, wenn man das in den Armen hält, wenn es einen anlächelt, und man selbst lächelt es an, das ist, das wirkt, das beeinflusst jeden wie ein Wunder aus einer anderen Welt. So ein kleines Kind, das bewirkt – um zu versuchen, seine ganze Wirkung in ein einziges Wort zu fassen – Entwaffnung. Es hat die Macht, einem all seine Waffen zu nehmen. Die Waffen unserer Erwachsenenwelt, das sind die Waffen der Berechnung, der Vorsicht, der Distanzierung, des Misstrauens, der Maskerade, der Etikette, der Verurteilung; wir Erwachsene haben im Umgang miteinander ein ganzes Arsenal an Waffen zur Verfügung, mit denen wir uns unbewusst schützen und absichern vor dem anderen.

So ein kleines Kind aber, wenn es dich nur anlächelt, das zerschlägt dir plötzlich all diese Waffen, das sagt dir, ohne ein Wort reden zu können und zu müssen: Lass doch deine Vorsicht, komm mir nahe, traue mir, zeig auch mir dein echtes Gesicht, mag mich doch, so wie ich bin, ich tu dir nichts, schade dir nicht, ich hab dich einfach lieb.

„Jeder Stiefel, der dröhnend daherstampft, jeder Mantel, der mit Blut befleckt ist, wird verbrannt, wird ein Fraß des Feuers. Denn uns ist ein Kind geboren". Sehen Sie schon, was der Prophet hier in einem einzigen Satz einander gegenüberstellt? Unsere verrannte und verbohrte Sackgassenwelt des bewaffneten Erwachsenseins, die stellt er der unschlagbaren und doch so ganz anderen Macht eines Kindes gegenüber. Ich verstehe diese Weihnachtsbotschaft des Jesaja als leidenschaftlichen Friedensappell: Hört doch auf, ihr neunmalklugen Erwachsenen, die ihr von einer Gewalttat in die andere und von einem Krieg in den anderen stolpert, nur weil ihr vergessen habt, dass Waffen und immer stärkere Waffen euch nicht wirklich schützen können; schaut doch auf das Kind, auf das kleine Kind, das gerade in seiner Schutzlosigkeit eine solche Macht hat, dass es euch mit einem einzigen Lächeln entwaffnen und glücklich machen kann.

Gehen wir weiter. „Die Gnade Gottes ist erschienen, um alle Menschen zu retten", so heißt die unscheinbare und kurze Weihnachtsbotschaft des Titusbriefes. Ist nicht ein Kind, ein kleines Kind, ein neugeborenes oder ein paar Wochen altes, ist das nicht einfach Gnade, reinste Gnade?

Gnade heißt: liebevolle Zuwendung, Geschenk – unverdient, unerwartet –, Beschenktwerden. Wenn man junge Eltern fragt, besonders die Mutter, aber auch den Vater, jeden auf seine Art, was da denn für sie geschehen sei, dann bekommt man's gesagt: so ein Geschenk wie unser Kind – nein, das konnten wir uns niemals vorstellen oder gar kaufen oder verdienen. Was diese Eltern empfinden, heißt theologisch: Gnade. „Die Gnade Gottes ist erschienen, um alle Menschen zu retten." Die Macht eines kleines Kindes, dieses Kindes hier, ist so groß, dass sie die Menschen, uns erwachsene Menschen, retten kann, wie wir uns selber niemals retten könnten.

Dadurch nämlich, dass es uns zeigen will: Auch dein Leben ist reine Gnade. Lass dich selber, du ach so großer oder schon alt gewordener Erwachsener, lass dich führen von Gottes Gnade, und du bist gerettet. Denn dann brauchst du dich nicht mehr selber durchs Leben zu schleppen, sondern wirst getragen.

Und die dritte Deutung der Macht des Kindes entdecken wir bei Lukas: „Und das soll euch als Zeichen dienen: Ihr werdet ein Kind finden, das, in Windeln gewickelt, in einer Krippe liegt. Und plötzlich war bei dem Engel ein großes himmlisches Heer, das Gott lobte und sprach: Verherrlicht ist Gott in der Höhe".

Warum macht der Evangelist Lukas hier einen solch gewaltigen, unglaublichen Kameraschwenk? Zuerst richtet er sein Augenmerk auf das Kind in der Krippe, in Windeln gewickelt, und dann sofort und ohne Übergang auf die höchste aller himmlischen Sphären, wo die Engel lobpreisen: „Verherrlicht ist Gott in der Höhe"; „Gloria in excelsis deo" heißt das übrigens auf Lateinisch.

Lukas will sagen: In diesem neugeborenen Kind im Stall und in Windeln, in diesem Kind ist Gott selber zugegen, der Unfassbare und Unaussprechbare, verherrlicht in allen Höhen.

Ich glaube, dass jeder von uns Erwachsenen diesen Kameraschwenk des Lukas auch für eine andere Einsicht braucht; denn er will uns zugleich sagen: Schau immer wieder auf deine eigene Kindesgestalt, als du selber so klein warst; denn dies ist und bleibt das wichtigste Zeichen für dein ganzes Leben; du als Kind, an deinem Ursprung, an deinem Geburtstag – das bleibt deine wahre Gestalt; verlier sie nur ja nicht aus dem Auge, niemals, denn dann weißt du für immer: Ich selber bin ein hilfloses, kleines Gnadengeschenk Gottes gewesen – und geblieben. Wenn du diese Verbindung zu deinem Ursprung, zu deiner Ursprungsgestalt bewahrst, dann verherrlichst du Gott in der Höhe durch dein Leben.

„Da liegt es, das Kindlein, auf Heu und auf Stroh, Maria und Josef betrachten es froh; die redlichen Hirten knien betend davor, hoch oben schwebt jubelnd der Engelein Chor" (GL 905, Erweiterung Augsburg).

Ist es Kitsch, dieses Lied, diese Strophe, die wir nun in der Weihnachtszeit singen werden? Nein. Hier ist die Weihnachtsaussage über den Ursprung eines jeden Menschen zu entdecken. Denn Gott hat dich – jeden und jede von uns – nicht als Erwachsenen/als Erwachsene geschaffen, er hat dich als kleines Kind erschaffen.

Und ich traue Gott zu, zu wissen, warum. Du auch?

FÜRBITTEN

Pr: *Wenn ich Sie jetzt über unsere gesungene Antwort auf die einzelnen Bitten in Kenntnis setze, dann wissen Sie gleich, worum es auch in den Fürbitten geht. Wir singen als Antwort die zweite Zeile aus dem so bekannten Danklied: „Kommet, ihr Hirten ..."*

L: Ja, großer Gott, dazu sind wir gekommen und das tun wir so gern: dieses Kind anschauen, das solche Macht über uns Menschen hat.

L: Zeige und sage uns, was du uns in diesem Kind über deine Gesinnung mitteilen möchtest.

L: Das Kind ist wie eine leidenschaftliche Friedensbotschaft. Entwaffne uns, nimm uns die Waffen im Umgang miteinander ab, lass uns die entwaffnende Macht des Kindes erfahren.

L: Hilf uns, uns von dir tragen zu lassen wie ein kleines Kind, damit wir gerettet werden – nicht aus eigener Kraft.

L: Schenke uns immer wieder die Verbindung zu unserer eigenen Kindesgestalt, weil du uns als Kind geschaffen hast, damit wir Menschen bleiben für immer.

L: Mit der Geburt Jesu ist Hoffnung in die Welt gekommen, Hoffnung, die auch durch uns weitergegeben werden soll. Schenke all den vielen Leidenden und Benachteiligten auf der Welt in diesem Kind und durch unsere Gaben Hoffnung.

Pr: *Das Lächeln eines kleinen Kindes – diesen Weg hast du gewählt, großer Gott, um uns zu zeigen, wie du die Welt und uns Menschen heilen willst. Wir danken dir für diese Botschaft der heiligen Weihnacht.*

Weihnachten – Am Tag
Lesejahr B

1. Lesung: Jes 52,7–10
2. Lesung: Hebr 1,1–6
Evangelium: Joh 1,1–18

Aus der zweiten Lesung:
In dieser Endzeit hat Gott zu uns gesprochen durch den Sohn, den er zum Erben des Alls eingesetzt hat. (Hebr 1,2)

Aus dem Evangelium:
Allen aber, die ihn aufnahmen, gab er Macht, Kinder Gottes zu werden. (Joh 1,12)

Heimat haben in Gott

An allen vier Adventssonntagen haben uns diese Morgenworte begleitet und auf Weihnachten zu geführt. Wir haben uns also bemüht, unseren Blick auf den Morgen zu richten, auf den Beginn eines neuen Tages als innere Haltung; dass jeder Tag ein neues Geschenk ist; dass ich meine Antennen auf das Gute ausrichten soll, das der Tag schon bereithält; dass wir jeden Tag schon im Vorhinein als einen gesegneten sehen sollen. Geht nun heute am Weihnachtsfest all das in Erfüllung? Nein, Weihnachten ist nicht die Erfüllung der Adventszeit, das kann gar nicht sein. Der Advent war viel mehr als nur die Vorbereitung auf das Fest der Geburt Christi, er wollte auf die Zukunft unseres Lebens und den Anbruch der Ewigkeit hinweisen.

Und wohin ging unser Blick heute Nacht in der Christmette? Wir hatten auf dieses Kind geschaut und auf seine entwaffnende Macht. Wie so ein kleines Kind mit seinem Lächeln uns Erwachsenen alle Waffen der Vorsicht, der Berechnung, des Misstrauens aus der Hand nimmt; dass es in seiner lächelnden Wehrlosigkeit mehr Macht hat als wir Erwachsenen mit all unseren äußeren Waffenarsenalen. Und dass Gott auch uns als kleines Kind erschaffen hat, damit wir eben darin unsere eigene Ursprungsgestalt erkennen. Führen wir doch jetzt dieses Weihnachtsthema einfach weiter. „Wie willkommen sind auf den Bergen die Schritte des Freudenboten, der Frieden ankündigt." Wiederum der Prophet Jesaja, wie schon heute Nacht.

Ist nicht jedes kleine Kind, sowie es geboren ist, ein Freudenbote, der Frieden ankündigt? Man spricht vom „freudigen Ereignis", alle gratulieren den Eltern, stolze Dankbarkeit erfüllt sie; man spricht geradezu vom Segen, der bei ihnen einkehrt, und mit dem Neugeborenen beginnt der Blick auf die in ihm angebrochene neue Zukunft und auf die Entwicklung des Kindes: „Wir haben ein Kind geschenkt bekommen" und „Was wird aus diesem Kind werden?"

Dieser Gedanke, wiederum auf das Weihnachtsfest übertragen: Dieses Kind hier ist Gottes Zeichen eines neuen Friedens, der anbrechen soll, dieses Kind will Gottes Freudenbote für seine Welt sein. Diese Gefühle, die das Neugeborene in uns weckt, sollen, sollten uns erfüllen, wenn wir von Weihnachten her Gottes Welt anschauen: Ein neuer Friede ist angebrochen. – Und der Übergang zu unserer eigenen Ursprungsgestalt, wie in der Christmette: Jeder von uns, jede von uns war einmal als Neugeborenes so ein Freudenbote des Friedens; das ist meine, deine Ursprungsgestalt: Ich selber bin im Ursprung Freudenbote des Friedens. Wie wichtig, mich immer wieder so zu sehen!

Als ganz Neues kommt nun die Aussage des Hebräerbriefs hinzu. Der Verfasser schreibt eindeutig an jüdische Gläubige, die noch keinen Zugang zur neuen Lehre, zu diesem Jesus Christus haben, weil sie in ihm nicht den Messias sehen, zumal er am Ende schändlich am Kreuz gestorben ist. Denen will der Verfasser mit den nachdrücklichsten Worten zeigen, wer dieser Jesus, der im Stall als Kind zur Welt kam, wirklich ist: Gott hat in dieser Endzeit zu uns gesprochen durch den Sohn, durch den er die Welt erschaffen hat; er ist der Abglanz seiner Herrlichkeit; er trägt das All durch sein machtvolles Wort.

Das ist wieder so ein gewaltiger, unglaublicher Kameraschwenk, wie ihn Lukas im Evangelium der Christmette vollzogen hat, als er plötzlich von der armseligen Krippe zu den Engeln emporschaute, die oben in der Höhe Gott verherrlichen. Dieser Jesus, der uns in der Weihnacht als kleines Kind mit diesem entwaffnenden Lächeln begegnet, ist zugleich und im selben Augenblick der Sohn des lebendigen Gottes, Abglanz seiner Herrlichkeit, der, der die Welt erschaffen hat. – Blicken wir jetzt wiederum auf unsere eigene Ursprungsgestalt, die uns das Weihnachtsfest deutlich machen möchte: Ich bin nicht nur Kind meiner Eltern, also dieses Vaters, dieser Mutter, sondern ich bin zugleich in die Sohnschaft/Tochterschaft Gottes hineingenommen. Hildegard von Bingen sagt: „Gottes Sohn wurde geboren, damit der Mensch Heimat habe in Gott." Ich habe Heimat in Gott, d.h. doch, ich bin bei ihm zu Hause, in Gott selbst ist meine Heimat. Jedes Kind wird einmal gefragt: Wem gehörst du, woher kommst du, wo bist du zu Hause? Würde diese Frage an uns gerichtet, so dürften wir – von Weihnachten her – antworten: Ich gehöre zu Gott, von ihm her komme ich, bei ihm bin ich zu Hause. In Anlehnung an den Hebräerbrief ließe sich dieses Verhältnis auch aus der Perspektive Gottes formulieren: Ich will für ihn/sie Vater sein, er/sie soll für mich Sohn/Tochter sein. Also sind wir Gottes Eigentum, gehören zu seiner Familie, sind sein Eigen. Welch gewaltige Aussage an diesem 25. Dezember, wenn wir sie nur ernst nehmen!

So können wir mit demselben Gedanken schließen wie heute Nacht: Gott hat dich – jeden und jede von uns – als kleines Kind erschaffen. Und ich traue Gott zu, zu wissen, warum. Du auch? Gewiss wollte er, dass du immer wieder, wie alt du auch geworden bist, auf deinen Ursprung schaust. Und der war so und bleibt so, dass du am Anfang aus den Händen Gottes gekommen bist. Verlier nie diese deine Ursprungsgestalt aus dem Auge; denn dann kannst du nie den Mut verlieren, nie den Glauben an dich selber, den Stolz auf dich. Denn wenn Gott selber stolz ist auf dich, auf dich als seinen Sohn, seine Tochter, dann bist du jemand, bist wertvoll, beschenkt und auserwählt, dein Leben lang. Diesen ermutigenden Blick auf dich selber als Gottes Gnadengeschenk, das du bist und bleibst, den will dir das Weihnachtsfest immer aufs Neue vermitteln.

FÜRBITTEN

Pr: *Weil der Satz der heiligen Hildegard von Bingen in der Predigt vorkam, deshalb verwenden wir ihn auch als Antwort auf die einzelnen Bitten: „Gottes Sohn wurde geboren, damit der Mensch Heimat habe in Gott."*

L: Gott, unser Vater, öffne unser Herz für dieses Geheimnis von Weihnachten.

L: Was der Hebräerbrief in so großen Worten sagt, gilt auch für uns: Du willst uns Vater sein, jeder und jede von uns darf dir Sohn bzw. Tochter sein. Denn wir glauben an die tiefe Bedeutung der Geburt Jesu, die die heilige Hildegard mit den Worten ausgedrückt hat: ...

L: Von unserer Geburt an sind wir – um ein Wort des Propheten Jesaja aufzugreifen – Freudenboten, die Frieden ankündigen. Denn mit Blick auf die Menschwerdung Christi dürfen wir gewiss sein: ...

L: So wie jeder gerne auf seine eigene Kindheit zurückblickt, so lass auch uns gerade an Weihnachten auf unsere eigene Ursprungsgestalt schauen.

L: Weil die von Hildegard ausgesprochene Wahrheit gerade auch für die Benachteiligten dieser Welt gilt, deshalb bitten wir um deine liebevolle Zuwendung zu denen, an die wir heute mit unserer ADVENIAT-Kollekte denken.

L: Schenke uns das weihnachtlich-christliche Selbstbewusstsein, das wir aus diesem Wort der heiligen Hildegard gewinnen können.

Pr: *Denn „alle Enden der Erde sehen das Heil unseres Gottes". Dieses adventliche Wort am Ende der Lesung beschreibt das Ziel deines Kommens in die Welt: der Menschheit und der ganzen Schöpfung Heil und Frieden zu bringen. Mache darum uns selber zu überzeugten Friedensbringern.*

Neujahr
Lesejahr B

1. Lesung: Num 6,22–27
2. Lesung: Gal 4,4–7
Evangelium: Lk 2,16–21

Lied für Neujahr: „Danke für diesen guten Morgen ..."

Dankgebet am Neujahrsmorgen

Sie wissen vielleicht schon, was ich als Prediger im Gottesdienst am Neujahrsmorgen tue: versuchen, ein Morgengebet zu sprechen. Einfach, weil das so gut passt für den ersten Morgen des neuen Jahres. Heute soll es ein sehr einfaches sein und handeln von dem so bekannten Lied „Danke für diesen neuen Anfang, danke für dieses neue Jahr. Danke, dass du die Zeit in Händen hältst in diesem Jahr."

Es ist ja etwas ganz Normales, du, mein Gott, dir zu danken. Nach überstandener Gefahr, nach unversehrter Heimkehr, nach gelungener Operation – da wird jeder wie von selber Dankesworte finden für das, was hinter ihm liegt.

Aber es ist doch etwas Ungewöhnliches, im Voraus zu danken. Für das, was beginnt, was kommt, was wir noch gar nicht kennen. Ja, dafür danken wir dir.

Der Dank im Voraus ist ein echt christlicher. Denn er ist wie ein Vertrauensvorschuss. Er gleicht einem Blankoscheck, den wir unterschreiben, ohne den Inhalt zu kennen. Der Dank im Voraus ist undenkbar ohne die Reife unseres Glaubens und Vertrauens. Wenn wir im Voraus danken können, dann haben wir viel gelernt im Umgang mit dir, vor allem dies: dass du die Zeit in Händen hältst, halten wirst, weil du sie in Händen gehalten hast – seit jeher.

Danke, du, mein Gott, dass ich mir dessen sicher sein darf. Danke für dieses neue Jahr. Danke für jeden neuen Morgen, danke für jeden neuen Tag, danke, dass wir Vertrauen haben dürfen, Tag für Tag. – Ach ja, der Advent und die Morgenworte. Ich hab sie nicht vergessen, Herr. Viermal haben wir uns an den Adventssonntagen für ein Morgenwort von dir geöffnet. Dass wir Zuversicht haben dürfen, noch ehe wir die Augen richtig geöffnet haben, weil du so viel Gutes versteckt hältst im neuen Tag, von dem wir noch gar nichts wissen. Dass wir die Antennen unseres Leben so ausrichten sollen, dass sie deine Huld und deine Zuneigung empfangen können. Dass wir im Hören auf dich lernen, unsere Möglichkeiten zu entdecken und zu entfalten, für uns und für andere. Und dass in uns eine Sehnsucht ist, die nur du erfüllen kannst, denn alles andere im Leben ist ganz einfach zu wenig. Wenn wir im Bewusstsein all dessen den Morgen beginnen, macht das den Tag ganz anders und neu. Und das gilt am heutigen Morgen doch ganz genauso für das neue Jahr, du, mein Gott. Du allein kennst seinen Inhalt, seine Überraschungen, seine guten Geschenke. Also darf ich dir ganz vertrauen am Morgen dieses neuen Jahres. Meine Antennen will ich ausrichten auf deine Huld und Zuneigung, mir die Zuversicht schenken lassen, dass eine Tüte voll Überraschungen auf mich wartet, auf das hören, was du mit mir vorhast, und meine Sehnsucht richten auf dich und mich mit nichts anderem wirklich zufrieden geben. Dir gehört mein Vertrauen, dir gehört meine Sehnsucht, dir gehört das neue Jahr.

„Danke für unser ganzes Leben, danke, dass du uns führst und hältst, danke, dass du in Not und Freude uns in Händen hältst." Zu dieser 3. Strophe will ich zwei Bilder anschauen, du, mein Gott, die beide so etwas wie einen schützenden Kreis darstellen, in dem ich mich geborgen fühlen könnte. Auf dem einen Bild sehe ich das Gesicht eines Menschen, ja, ich erkenne mich darin wieder, wie du mit deinen starken Händen meinen Kopf hältst, so wie ein Vater, eine Mutter den kleinen Kopf des Kindes festhält. Welch ein schönes Bild für mein ganzes Leben, du Vater-Gott, du Mutter-Gott! Zwischen deinen Händen bin ich geborgen, bin ich zu Hause und geschützt. Lass es mich spüren, Herr, deutlich spüren, weil ich immer wieder drohe, aus dieser warmen Sicherheit herauszufallen in die Schwerelosigkeit des Weltalls, die mich mit ihrer dunklen Ortlosigkeit und Leere so verunsichern möchte. Nein, bei dir bin ich geborgen, du führst und hältst mein ganzes Leben.

Und das andere Bild? Ja, mein Gott, ich weiß schon, was du mir sagen willst für mein ganzes Leben, welche Lektion ich aus den Ringen auf dem Bild, den Jahresringen dieses Baumes, lernen soll. Mein Leben ist kein Abreißkalender, der immer weniger wird, sondern mein Leben ist ein stetig wachsender und zunehmender Baumstamm; Jahresring um Jahresring setzt mein Leben an, es wächst und nimmt zu und wird stärker; es nimmt nicht ab, es vergeht und verschwindet nicht, sondern es wächst. Ein neuer Ring beginnt heute zu wachsen, aufbauend auf den vielen, die schon da sind. Danke für mein ganzes Leben, danke, dass du mich führst und hältst. Erst am Ende, am Ziel, wenn ich ausgewachsen bin wie ein mächtiger Baumstamm, erst dann wird sich zeigen, welchen Plan du für mein Leben hattest, du Gott meines Lebens. Deshalb will ich mich dir überlassen, der du in Not und Freude mich in Händen hältst, denn nur du kennst mein ganzes Leben, nur du kannst es in seine volle Gestalt wachsen lassen, nur du wirst mich heimführen, dorthin, woher ich gekommen bin.

FÜRBITTEN

Pr: *Herr, du Gott unseres Lebens: Unsere Fürbitten im Neujahrsgottesdienst sollen einfach eine kleine, zusammenfassende Danklitanei sein, „Danket dem Herrn, denn er ist gut" (GL 280, Kehrvers)*

L: Ja, so gehört es sich für einen christlichen Neujahrstag, so wollen wir es halten, so wollen wir beginnen.

L: Nach einem Glücksfall, nach einem Lottogewinn kann jeder danken. Aber wir sehen uns aus großem Vertrauen sogar imstande, im Vorhinein zu danken.

L: Der Tag wird so, wie er am Morgen gesehen und angegangen wird. Das neue Jahr wird so, wie es am Neujahrsmorgen gesehen und angegangen wird.

L: Mache uns offen und empfangsbereit, Herr, unser Gott, für all die guten Geschenke und Überraschungen, die im neuen Jahr versteckt sind.

L: So wie ein Vater, wie eine Mutter den Kopf des Kindes hält, so hältst du unser Leben in deinen Händen, ganz gewiss.

L: Und so wie ein Baumstamm wächst, Jahresring um Jahresring, so wächst unser Leben in seine volle Gestalt hinein.

Pr: *Du Gott unseres Lebens, lass diese Bilder in unser Inneres eingehen, damit wir aus ihrer Kraft das neue Jahr gut bestehen können.*

Advents- und Weihnachtszeit im Lesejahr B

2. Sonntag nach Weihnachten
Lesejahr B

1. Lesung: Sir 24,1–2.8–12
2. Lesung: Eph 1,3–6.15–18
Evangelium: Joh 1,1–18

Aus der ersten Lesung:
Vor der Zeit, am Anfang, hat er mich erschaffen, und bis in Ewigkeit vergehe ich nicht. (Sir 24,9)

Aus dem Evangelium:
Im Anfang war das Wort, und das Wort war bei Gott; alles ist durch das Wort geworden. (Joh 1,1.3)

Weihnachten für Eingeweihte

Heute ist das Weihnachtsfest für Eingeweihte, für tiefer Suchende. Diejenigen, die nur Krippe, Christbäume, Christmette suchen, die sind heute, am 2. Sonntag nach Weihnachten, erfahrungsgemäß nicht mehr in den Gemeindegottesdiensten. Zwei schwierige Stichwörter fügt dieser Sonntag, der in manchen Jahren leider dem Kalender zum Opfer fällt, dem „weihnachtlichen Festmenü" hinzu, die Stichwörter „Weisheit" und „Wort", aber wenn uns die aufgehen, wird viel gewonnen sein.

Ein Grundgedanke der Lesung aus dem Alten Testament ließe sich so zusammenfassen: „Weisheit ist die Beantwortung der Sinnfrage des Lebens." Ohne Sinn kann keiner leben. Um es noch einfacher zu machen, ein Religionsbuch der 3. Klasse der Grundschule. Da steht in der Stunde zu unserem Thema dieser alte Vers aus dem Mittelalter:
Ich komm und weiß nicht, woher. Ich bin und weiß nicht, wer.
Ich leb und weiß nicht, wie lang. Ich sterb und weiß nicht, wann.
Ich geh und weiß nicht, wohin. Mich wundert's, dass ich fröhlich bin.
Das heißt doch: Die eigentlichen Fragen, die Sinnfragen, sind von uns nicht zu beantworten. Und um es noch zu verdeutlichen, steht in dem Religionsbuch neben diesen mittelalterlichen Versen: „Was wir zählen und messen können: Wie viele Fenster unser Haus hat. Wie schnell ein Flugzeug fliegt. Wie schwer ein Stein ist. – Was wir nicht zählen und messen können: Wie viel Liebe in einem Kuss ist. Wie viel Angst einer hat, wenn er allein ist. Was ein gutes Wort wiegt. Wie teuer ein guter Freund ist."

Das sind sie schon, die Sinnfragen, die man nicht mit Maß und Zahl beantworten kann, sondern die eine ganz andere Schicht des Menschseins als nur den Verstand berühren. Und jetzt verstehen wir, was da im Buch Jesus Sirach mit „Weisheit" gemeint war. Wer gelernt hat, mit solchen Fragen richtig umzugehen, auf sie Antworten zu finden, der ist weise geworden, nicht klug oder intelligent, sondern weise, lebensweise. Und weil Gott der Ursprung aller Weisheit ist, weil er der Sinn von allem ist, deshalb – so meint das AT – kann überhaupt nur der gläubige Mensch weise sein; andere Menschen, andere Völker mögen mächtig und klug und intelligent sein, aber nur in Israel, dem Volk des wahren Gottes, ist die Lebensweisheit zu Hause.

Und nun zum Evangelisten Johannes. Der kannte sie natürlich, diese Rolle der Weisheit im AT. Aber er verwendet dieses Wort nicht, weil er alles von Jesus Christus her sieht. Und deshalb spricht er vom „Wort": „Im Anfang war das Wort", „Und das Wort ist Fleisch geworden". Was meint er damit? Er will beides zusammenbringen: die Weisheit des AT und diesen Jesus von Nazaret. Dieser Jesus schlüpft für ihn in die Rolle der Weisheit, die alle Sinnfragen beantwortet. Und das hat zur Folge, dass Johannes diesen Jesus unwahrscheinlich groß sieht.

„Vor der Zeit, am Anfang, hat er mich erschaffen, und bis in Ewigkeit vergehe ich nicht", so hieß es in der Lesung von der alttestamentlichen Weisheit. „Im Anfang war das Wort, und das Wort war bei Gott; alles ist durch das Wort geworden", so heißt es bei Johannes in seinem ersten Kapitel. Johannes sieht also in dem Kind von Betlehem, das die anderen Evangelisten gerade mal schüchtern und zurückhaltend Retter und Messias und Erlöser nennen, die Weisheit und das ewige Wort; dieses Kind von Betlehem lebt also seit Ewigkeit, hat am Anfang schon die Welt erschaffen, und es wird bis in Ewigkeit nicht vergehen. Dieses Jesuskind ist es, das an die Stelle der „Weisheit" tritt, d.h. nach Johannes finden wir nur in und mit diesem Jesus die Antwort auf die Sinnfragen unseres Lebens, und folglich kann nur einer, der an diesen Jesus glaubt, sinnvoll leben – so Johannes. Alle Fragen nach unserem „Woher" und „Wohin" und „Wie lang" und danach, wer wir sind, die kann und will uns dieser Jesus beantworten, denn er kommt aus dem Schoß Gottes, wo alle Weisheit, wo aller Sinn der Welt und des Lebens ihren Ursprung haben.

Sind Sie mit mir der Meinung, dass dieser Johannes einem den Atem verschlagen kann, wenn einem aufgeht, was er aus diesem Kind von Betlehem macht? Ich will nur noch auf zwei Worte hinweisen.

Das eine von Martin Buber: „Dass es die Welt, dass es den Menschen, dass es die menschliche Person, dich und mich, gibt, hat göttlichen Sinn." Das ist eine logische Konsequenz aus diesem Sonntag und seiner Botschaft: Wenn dieser Jesus aus der Weisheit Gottes kommt und in unser Fleisch gekommen ist, dann haben wir Menschen, dann hat die Welt einen göttlichen Sinn.

Und das andere Wort: „Mögen sie tausendmal behaupten, die Welt sei aus blindem Zufall, aus irgendeinem Urknall hervorgegangen – mich werden sie davon nicht überzeugen. Ich müsste mich intellektuell verbiegen, wollte ich glauben, der Urgrund der Welt sei ein dumpfes, unvernünftiges Prinzip. Ich für meinen Teil fühle mich nicht ins Leben geworfen, sondern gerufen." (Alban Herbach). Hier ist er, der entscheidende Unterschied zu einer nichtgläubigen Sicht, hier finden wir sie, die entscheidende Antwort, die die Weihnachtsbotschaft unseres Glaubens auf die Sinnfrage des Lebens gibt: Nicht ins Leben „geworfen", sondern ins Leben „gerufen" sind wir. „Geworfen" hieße: Zufall, Produkt einer ziellosen Evolution, Schicksal, am Ende sinnlos. „Gerufen" aber heißt: Eine Stimme, eine Person, hat unseren Namen gerufen, uns gewollt, uns gewünscht, uns geschaffen, damit wir sinnvoll leben können. Und dass wir bis in Ewigkeit nicht vergehen werden, dass wir sogar die Herrlichkeit, die Herrlichkeit des einzigen Sohnes vom Vater, sehen werden, all das verdanken wir dieser angeblich so schwierigen Botschaft von heute.

FÜRBITTEN

Pr: *Das also schreibt Johannes über den Stall von Betlehem: „Wir haben die Herrlichkeit des einzigen Sohnes vom Vater gesehen." – Versuchen wir weihnachtlich zu beten in der Größenordnung dieses Evangelisten.*

L: Hilf uns, Gott, nicht stecken zu bleiben in den Krippenvorstellungen der Kindheit, und befähige uns, offen zu werden für die wahre Größe dieses Geheimnisses.

L: „Das Wort wurde Fleisch und wohnte bei uns." – Lass das Bewusstsein der neuen Menschenwürde allmählich wachsen, da doch jeder Mensch auf dieser Erde geadelt und geheiligt worden ist.

L: Martin Bubers Wort lautet: „Dass es dich und mich gibt, hat göttlichen Sinn." – Lass uns den tiefen Sinn in unserem eigenen Leben finden, um dadurch vor aller Sinnlosigkeit bewahrt zu bleiben.

L: Wir sind nicht ins Leben geworfen, sondern ins Leben gerufen. – Lass allen, die christliches Weihnachten feiern, deinen Ruf bewusst werden, mit dem du jeden beim Namen gerufen hast.

L: „Alles ist durch das Wort geworden." – Gott, heile deine Schöpfung von den Verwundungen durch uns Menschen, weil sie tiefen Sinn hat von Anfang an.

L: „Und das Licht leuchtet in der Finsternis." – Wir bitten für dieses neue Jahr um das Licht der Hoffnung für alle, die sich Sorgen machen um die Zukunft.

Pr: *„Lobt Gott, ihr Christen alle gleich, in seinem höchsten Thron." – Ja, das sollen und wollen wir tun, dich loben, Gott, unser Vater, der du uns an Weihnachten so überreich beschenkt hast. Wir loben dich und danken dir.*

Erscheinung des Herrn
Lesejahr B

1. Lesung: Jes 60,1–6
2. Lesung: Eph 3,2–3a.5–6
Antwortpsalm: Ps 72
Evangelium: Mt 2,1–12

Aus der ersten Lesung:
Zahllose Kamele bedecken dein Land. Sie alle kommen von Saba, bringen Weihrauch und Gold. (Jes 60,6)

Aus dem Evangelium:
Sie gingen in das Haus und sahen das Kind und Maria, seine Mutter; da fielen sie nieder und huldigten ihm. (Mt 2,11)

6. Januar: Lehrfilm über deine eigene Lebensreise

Dass sich noch kein Filmregisseur dieses Festtags angenommen hat, wundert mich. Was gäbe das an Stoff für einen herrlichen Spielfilm her, was wir heute in Lesung, Psalm und Evangelium gehört haben. Landschaftsaufnahmen gäbe das von größter Schönheit, und exotische Tiere und Menschentypen des Altertums wären zu bewundern, Karawanen, Kamele, Elefanten; und der Film würde so weite Gebiete umfassen, dass man die Kamera an einem Satelliten befestigen müsste, um überhaupt all diese Länder und Straßen und Wege mit einem Mal zu erfassen. Wenn wir die Kamera zuerst auf den Osten richten und wenn ich Ihnen dann nur vier dieser geheimnisvollen geographischen Namen aus den Schrifttexten erklären darf, dann wird es deutlich. „Der Osten", dort sind heute, von Israel aus gesehen, Irak und Iran und Afghanistan, damals waren im Osten das Perserreich und die Länder Mittelasiens. Dann die Namen Saba und Seba und Midian und Tarschisch, woher Könige und Gold kommen: Saba war das Weihrauchland an der Südspitze Arabiens, wo heute der Jemen ist; Seba war das geheimnisvolle Goldland im Süden, vermutlich das heutige Äthiopien; Midian war an der Westküste Arabiens, am Roten Meer, wo heute Mekka liegt; und dieses Tarschisch, das war im äußersten Westen des Mittelmeers, an der heutigen Straße von Gibraltar; im Büchlein Jona wird dieses Tarschisch auch erwähnt. Jetzt beginnen wir zu ahnen, was die Liturgie des Epiphaniefestes darstellen möchte: dass da von allen Enden der damaligen Welt, also vom äußersten Westen, vom tiefsten Süden, vom geheimnisvollen Osten,

Menschen und Karawanen und Könige aufbrechen, um die Mitte der christlichen Welt zu suchen, Jerusalem und Betlehem.

Wie könnte man diesen Spielfilm über den biblischen 6. Januar mit seinen weltweiten Bewegungen und Wallfahrten und Suchkarawanen nennen? Ich mache ein paar Versuche: „Völkerwallfahrt im Alten Orient" oder „Die ganze Welt in Bewegung zum Kind hin" oder „Der ganze Mittelmeerraum in Aufruhr" oder „Afrika und Asien begegnen sich" oder „Ein Kind, überhäuft mit den Schätzen des Orients" oder „Völkerwanderung nach Betlehem" oder „Wie Goldland und Weihrauchstraße sich begegnen".

Sicher wüssten Sie noch weitere Titel für diesen Film, der leider nie gedreht worden ist. Da fällt auch mir noch ein Titel ein: „Lehrfilm über deine eigene Lebensreise". Ja, das ist es! Jetzt sind wir endlich auf der richtigen Spur. Dieser Festtag am 6. Januar will sein und ist ein Lehrfilm über deine eigene Lebensreise. Mit dieser Sichtweise verlassen wir nämlich die Ebene des unterhaltsamen Monumentalfilms, denn dafür will die Heilige Schrift nicht den Stoff liefern, und kommen zur ganz eigenen Domäne der Bibel: dein eigenes Leben beschreiben zu wollen. Es genügt, wenn wir drei Lehren für unser Leben ziehen aus diesem Lehrfilm über unsere eigene Lebensreise, der dieser 6. Januar sein will.

Erstens: Zum gläubigen und sinnvollen Leben gehört unbedingt das Unterwegssein und Suchen. Wer im Leben an dem Punkt, an dem er sich befindet, hocken bleibt und meint, schon zu Hause zu sein, der verfehlt sein Leben. Es geht hier nicht um Charakterschwächen wie etwa Bequemlichkeit, Unbeweglichkeit, sondern um die Sicht des ganzen eigenen Lebens: All diese langen Reisen von Gibraltar, von Äthiopien, vom südlichsten Arabien nach Betlehem symbolisieren einen weiten, weiten Lebensweg, der erst an sein Ziel gekommen sein wird, wenn das Niederfallen vor dem Kind im Haus der Mutter tatsächlich geschehen kann.

Nur wer aufbricht und unterwegs bleibt, hat die Chance, dieses Lebensziel zu finden.

Zweitens – und das ist sicher die wichtigste dieser Botschaften des Epiphaniefestes: All dein Unterwegssein und Suchen hat ein Ziel, ein sicheres Ziel; dieses Ziel ist schon da, es lohnt sich, aufzubrechen und unterwegs zu bleiben.

Ahnen Sie, wissen Sie, wie wichtig diese feste Zusage für uns Menschen ist? Dass also unsere ganze Lebensreise ein lohnendes, sicheres Ziel hat?

Der Dichter Antoine de Saint-Exupéry hat einmal im „Kleinen Prinzen" die Ziellosigkeit der Menschen von heute unübertrefflich dargestellt an seiner Figur des „Weichenstellers". Der schickt mit seinen Weichen die Züge hin und her, in denen die Menschen in Tausenderpaketen hin- und herrasen, mal donnern sie rechts, mal links an ihm vorbei. Und als der Kleine Prinz ganz naiv fragt: „Sie haben es sehr eilig, wohin wollen sie?", da bekommt er gesagt: „Der

Mann von der Lokomotive weiß es selbst nicht." – „Waren sie nicht zufrieden dort, wo sie waren?" – „Man ist nie zufrieden dort, wo man ist." Dieser letzte Satz ist von dichterischer Unübertrefflichkeit.

Der Mensch kann gar nicht zufrieden sein, wenn er dort hocken bleibt, wo er ist. Er muss unterwegs sein und suchen. Aber wenn er das eigentliche Ziel nicht kennt, ja dann rast er wie in Schnellzügen hin und her und weiß doch nicht, wohin.

Drittens: Das Ziel unseres Unterwegsseins und Suchens liegt jenseits unserer irdischen Lebensreise. Der Beweis dafür: Alle Momente des Glücks, des Zu-Hause-Seins, des Angekommenseins in unserem Leben sind flüchtig und vergänglich, dauern nur kurz und vergehen uns wieder. Das endgültige Niederknien – Dürfen vor dem Kind im Haus der Mutter in Betlehem – das wird uns auf dieser Welt und in diesem Leben nicht geschenkt. Also ist es lebenslange Aufgabe, unterwegs zu sein und zu suchen; erst dann können wir finden und ankommen und zu Hause sein.

Zum Schluss wollen wir nur noch eines tun: Die zentralen Sätze unserer Überlegungen einander gegenüberstellen zum Nachdenken.

Saint-Exupéry: „Sie haben es sehr eilig, wohin wollen sie?" – „Der Mann von der Lokomotive weiß es selbst nicht."

Evangelium: „Als sie den Stern sahen, wurden sie von sehr großer Freude erfüllt. Sie gingen in das Haus und sahen das Kind und Maria, seine Mutter; da fielen sie nieder und huldigten ihm."

FÜRBITTEN

Pr: *Singen wir heute zu den Fürbitten den schönen Anfangssatz des Glorialiedes: „Nun freut euch, ihr Christen, singet Jubellieder und kommet, o kommet nach Betlehem" (GL 143).*

L: Gott, du Ursprung und Ziel unseres Lebens, lass uns für unser Leben aufgehen, was in diesem schönen Lied und im heutigen Evangelium gemeint ist.

L: Lass uns immer neu aufbrechen und nach vorne gehen, so wie es uns die Heilige Schrift heute auf so vielfältige Weise empfohlen hat.

L: Mach die Überzeugung in uns stark, dass es ein „Betlehem" gibt, also ein Ziel, für das es sich lohnt, lebenslang unterwegs zu bleiben.

L: „Sie gingen in das Haus und sahen das Kind und Maria, seine Mutter." – Schenke auch uns einmal dieses beglückende und endgültige Ankommen.

L: Segne das Unterwegssein der Sternsinger in Deutschland und lass ihre Gaben dorthin kommen, wo sie am nötigsten sind.

Pr: *Gott, zeige jedem von uns den Weg und das Ziel seines Lebens, damit auch wir einmal am Ziel der Lebensreise die Freude der Sterndeuter empfinden, bei dir angekommen und zu Hause zu sein.*

Taufe des Herrn
Lesejahr B

1. Lesung: Jes 42,5a.1–4.6–7
2. Lesung: Apg 10,34–38
Evangelium: Mk 1,7–11

Aus der ersten Lesung:
So spricht Gott, der Herr: Seht, das ist mein Knecht, den ich stütze; das ist mein Erwählter. (Jes 42,5a.1)

Aus dem Evangelium:
Und als er aus dem Wasser stieg, sah er, dass der Himmel sich öffnete. (Mk 1,10)

Taufe – nur ein bisschen Wasser?

Heute geht es also erstmals und richtig los mit dem Evangelisten des Lesejahrs B, diesem Markus. Das ganze Jahr wird dieser Evangelist uns begleiten, bis auf einige Anleihen bei Johannes. Und wenn ich meine Rolle sehe als Ihr Wegbegleiter, Sonntag für Sonntag, dann ist es sicher berechtigt, heute erstmals die Landkarte in die Hand zu nehmen, auf der der Evangelist für jeden von uns festgehalten hat: So sehe ich, Markus, den Weg deines Glaubens, deiner Erlösung durch diesen Jesus. Schon diese Überschrift seiner Landkarte, sprich: seines Evangeliums, ist wichtig. Markus will uns den Weg unseres Glaubens und unserer Erlösung zeigen.

Zwei Fragen heute, und sie werden keineswegs nur theoretisch sein. Zunächst: Wie fängt Markus sein Evangelium an und warum macht er es so? Und dann: Wann und wo hat Jesu Taufe denn stattgefunden; ist das im heutigen Evangelientext Berichtete wirklich wahr?

Markus fängt sein Evangelium an mit einem erwachsenen Mann namens Johannes, den sie den Täufer nannten, und der kündet an, dass nach ihm einer kommt, der stärker ist als er. Und schon im nächsten Satz kommt ein anderer erwachsener Mann namens Jesus hinzu, und der wird von diesem Täufer Johannes öffentlich getauft.

So fängt Markus an. Es ist der erste Abschnitt, den wir im neuen Jahr von ihm hören. Warum schreibt Markus kein Wort über Weihnachten, Betlehem, Heiligabend, die Heiligen Drei Könige usw.? Die Antwort ist einfacher, als Sie denken: weil ihn das überhaupt nicht interessiert. Diesem Evangelisten Markus geht es – siehe die Überschrift seiner Landkarte vorhin – um unseren Glauben und um unsere Erlösung. Und beides sind Themen, die im Erwachsenenalter wichtig werden, nicht in der Kindheit.

Welche Motive Matthäus und Lukas bewogen haben, eine ausführliche Kindheitsgeschichte Jesu zu schreiben, das steht auf einem anderen Blatt; das markinische Evangelium jedenfalls spricht sogleich den erwachsenen Menschen an, der zur Entscheidung des Glaubens fähig ist und der ruft und hungert nach umfassender Erlösung, nach Befreiung zum wahren Menschsein. Noch oft werden wir im Lauf dieses Jahres darauf zurückkommen müssen, wie sehr die Botschaft unseres Glaubens zuerst für erwachsen gewordene Menschen gedacht ist, und auch, wie direkt dieser Markus mit seinen Bildern der Erlösung auf uns Erwachsene zugeht. Der Weg deines Glaubens, der Weg zu deiner Erlösung – das ist sein Thema.

Was uns am heutigen Tag aber mehr interessieren soll – es ist ja Sonntag der Taufe des Herrn –, das ist die zweite Frage: Ist das mit dieser Taufe Jesu wirklich wahr?

Halt, bevor ich fortfahre: Was meinen wir mit „wirklich wahr"? Sehen Sie, wenn am 10. Januar um 17.15 Uhr ein Auto von der Fahrbahn abgekommen und gegen einen Baum geprallt ist, dann bezeichnen wir Berichte darüber als wirklich wahr. Denn es gibt Zeugen, die Polizei war dort, ein Foto wurde gemacht. Das verstehen wir, nur dieses bisschen verstehen wir unter „wirklich wahr". Unser Wahrheitsbegriff ist eingeengt auf objektiv beweisbare Geschehnisse, die mit uns selber überhaupt nichts zu tun haben müssen. Und mit solchen objektiven Informationen werden wir gefüttert und gefüttert, pausenlos, aber kein Mensch fragt, ob sie denn von Bedeutung für unser Leben sind. Hier nun setzt der ganz andere Wahrheitsbegriff der Evangelisten an. Die schreiben nicht über objektive Geschehnisse, die außerhalb von uns selber liegen. Also etwa, wann Jesus geboren ist, wie groß er war, was er für ein Gewand trug usw. Nein, was Markus hier schreibt – und das gilt für die meisten Passagen des Evangeliums – meint mich und mein Leben.

Noch etwas kommt hinzu: Zum Verständnis solcher Texte müssen wir uns unbedingt noch mit dem Begriff „Mythos" beschäftigen. Mythos meint etwas ewig Gültiges. Also nicht nur, was heute oder gestern passiert ist. Nicht nur, was in meinem Leben vorkommt, also für mich gilt. Sondern, was für Menschen aller Länder und aller Zeiten Gültigkeit besitzt. Was also ewig gilt, solange es überhaupt Menschen auf Erden gibt. Mit solch einem Anspruch vertreten die Evangelisten ihre Botschaft und nicht nur mit dem Anspruch unseres „wirklich wahr". Sie schreiben von einer Wahrheit, die so gewaltig ist, dass sie für alle Menschen auf Erden gilt. War's zu kompliziert? Ich hoffe doch nicht. Denn jetzt haben wir den Zugang, um dieses winzige und doch so wichtige Evangelium von heute zu verstehen.

Was ist der Mensch wirklich?

Diese Frage von unermesslichem Gewicht und von ewiger Gültigkeit will Markus beantworten und nicht nur die Frage nach dem bisschen „wirklich wahr", wie ich's vorhin genannt habe. Was ist also der Mensch wirklich, dieser Mensch Jesus und dann du und ich und jeder? Du bist ein Kind dieser Erde, deine Füße stehen auf dem Boden, deine Vorfahren, die kamen aus dem Wasser. Soweit sagt es dir die Naturwissenschaft. Es gibt aber auch eine darüber hinausgehende Sicht: Wenn du dich taufen lässt, d. h. wenn du deine ganze Wirklichkeit wahrzunehmen beginnst, dann siehst du, dass der Himmel über dir offen ist, dass Gottes Geist in dir lebt und dass du Gottes Sohn, Gottes Tochter bist. Das ist das wahre, das ganze, das wirkliche Menschenbild.

Wir wollen diese Aussage des Markus jetzt noch auf eine konkrete Taufe übertragen.

Wenn ein kleines Kind getauft wird, dann ist das, was wir als „wirklich wahr" bezeichnen, so wenig: dass das Kind nass gemacht, mit einem Öl gesalbt, bekreuzigt wird, vielleicht hat es geschrien, und der Papa macht Fotos und kann sagen: Ja, das ist wirklich wahr, mein Kind ist getauft. – War's das schon? War das schon alles?

Was aber ist die umfassendere Aussage der Taufe des Kindes? Genau das, was Markus hier schreibt: Dein Kind kommt aus der Eizelle, dem Sperma, dem Fruchtwasser, ist Kind dieser Erde. Aber die ganze Wirklichkeit ist, dass der Himmel über deinem Kind offen ist, dass Gottes Geist in ihm lebt, dass es in Wahrheit Gottes Sohn, Gottes Tochter ist.

Und wie kann man diese ganze Wirklichkeit ausdrücken?

Nur in Symbolen. Und jetzt haben wir hoffentlich den Begriff „Symbol" richtig eingeordnet. Symbole wie das Wasser, das Öl, das Kreuzzeichen, die Kerze sind äußere Zeichen, die etwas andeuten von der wahren, der anderen, der ewig gültigen Wirklichkeit.

Lassen Sie mich noch mal zusammenfassen: Was will Markus heute sagen über den Weg unseres Glaubens und unserer Erlösung? Er will uns sagen, wer wir wirklich sind. Alles andere wäre Betrug und Falschmünzerei. Was Markus hier über Jesus schreibt, das gilt auch für uns. So sind wir in Wirklichkeit.

FÜRBITTEN

Pr: *Formulieren wir doch einfach unsere sonntäglichen Fürbitten in Anknüpfung an einzelne Verse eines bekannten Taufliedes aus dem Gotteslob (GL 635):*

L: „Ich bin getauft und Gott geweiht durch Christi Kraft und Zeichen." – Gott, unser Vater, lass uns im Lauf unseres Lebens aufgehen, was uns damals, als wir's noch gar nicht fassen konnten, geschenkt worden ist.

L: „Gott hat mir seinen Geist geschenkt." – Erfülle deine ganze Kirche mit deinem Geist – durch die vielen Getauften, aus denen dieser Geist sprechen möchte.

L: „Gott, der die ewge Liebe heißt, hat mich zum Kind erkoren." – Wir können dich nur bitten, liebender Gott, dass diese Tatsache, diese ganze Wirklichkeit, uns immer mehr von innen her erfüllt.

L: „Von ihm bin ich geladen zum Gastmahl seiner Gnaden." – Lebenslang die Einladungskarte zum Gastmahl des Himmels bei uns zu haben: Hilf uns, das immer mehr zu verstehen.

L: „Ihm will ich dienen in der Welt und Zeugnis für ihn geben." – Zeige jedem von uns seine Aufgabe, in der Welt zu dienen und Zeugnis von der Taufe zu geben, wie es den eigenen Fähigkeiten entspricht.

L: „Ich trage seinen Namen." – Lass uns dankbar sein dafür, dass wir den Namen unseres Namenspatrons tragen und uns „Kinder Gottes" nennen dürfen.

Pr: *Für all das lasst uns danken und den himmlischen Vater loben.*

Fasten- und Osterzeit
im Lesejahr B

1. Fastensonntag
Lesejahr B

1. Lesung: Gen 9,8–15
2. Lesung: 1 Petr 3,18–22
Evangelium: Mk 1,12–15

Aus der ersten Lesung:
Und Gott sprach: Das ist das Zeichen des Bundes, den ich stifte zwischen mir und euch: Meinen Bogen setze ich in die Wolken; und das Wasser soll nie mehr zur Flut werden. (Gen 9,12–13.15)

Aus dem Evangelium:
Die Zeit ist erfüllt, das Reich Gottes ist nahe. Kehrt um, und glaubt an das Evangelium! (Mk 1,15)

Wasser, Flut und Regenbogen

Ich bin hungrig nach Bildern. Geht es Ihnen auch so? Wenn ich Bilder finde, geht mir das Leben auf. Dann kann ich auch predigen. Bei den Kindern lernt man das; Bilder lieben sie mehr als tausend Worte. Der erste Fastensonntag bringt uns in diesem Jahr fünf Bilder für unser Leben. Die müssen wir nur in uns hereinlassen, um wieder richtig Fuß zu fassen.

Aber zuerst der bildlose Anfang. Damit ist dieses kurze heutige Evangelium gemeint: Es ist der bildlose Anfang des Markus-Evangeliums. Diese Urbotschaft im Sinn von Anfangs- und Gründungsbotschaft des NT heißt: „Die Zeit ist erfüllt, das Reich Gottes ist nahe. Kehrt um, und glaubt an das Evangelium!" Es ist gut, dass dies am Anfang der Fastenzeit steht. Umkehren zum Wort des Evangeliums – das ist das Hauptprogramm der Fastenzeit. Natürlich auch Verzicht auf Sahnetörtchen – aber es geht nicht um Schlankheitserfolge, sondern um unsere gläubige Existenz: Die soll sich zum Wort des Lebens hinwenden – mit ganzer Konsequenz. Zu bemerken ist auch, dass Jesus vor diesem ersten Wort, das er öffentlich spricht, dem Satan und der Versuchung ausgeliefert ist, dass er also des Menschen Schicksal teilt, bevor er von Gott redet. Also ist das Wort des Lebens, das Evangelium, von Anfang an ein Ereignis in unserem normalen, angefochtenen Alltagsleben, nicht außerhalb davon. Alle Evangelisten zeigen das: In deinem Leben geschieht, was Jesus erlebt.

Aber gehen wir nun zu den fünf Bildern in den Schrifttexten dieses 1. Fastensonntags, damit wir uns selber in diese Bilder hineinstellen, uns darin wiederfinden und wieder Fuß fassen können. Ich stelle sie Ihnen kurz vor, dann bewerten wir sie, und dann stellen wir uns selber in sie hinein, unser Leben, so wie es ist.

„Der Geist trieb Jesus in die Wüste. Dort blieb er vierzig Tage lang und wurde vom Satan in Versuchung geführt. Er lebte bei den wilden Tieren, und die Engel dienten ihm." Das erste Bild unseres Lebens ist die Wüste. Schutzlos bist du dort allen Gefahren ausgesetzt. Die Vollständigkeit, ausgedrückt in der Zahl Vierzig, mit der die Summe an Tagen angegeben wird; die Gestalt des Satans; die Versuchung; das Den-wilden-Tieren-und-den-Engeln-Ausgeliefertsein; Böse und Gut: All das ist die Wüste. – „Die Zeit ist erfüllt, das Reich Gottes ist nahe. Kehrt um, und glaubt an das Evangelium!" Das zweite Bild unseres Lebens ist die aufgehende Tür. Wenn du vor einer sich öffnenden Tür stehst, dann kommt Neues, dann bricht Zukunft herein, dann gehst du gern hinein. Wenn die Zeit deines Lebens erfüllt ist, bist du nah am Ziel, das ist die aufgehende Tür. – „Nie wieder sollen alle Wesen aus Fleisch vom Wasser der Flut ausgerottet werden". Das dritte Bild unseres Lebens ist die Flut. Eine Flut, die alles ausrottet, geht dir nicht nur bis zum Hals, sie deckt dich zu, sie reißt dich fort, sie kann dich umbringen. Keinen Halt mehr haben, versinken und untergehen, das ist die Flut. – „Gott sprach zu Noach: Hiermit schließe ich meinen Bund mit euch, mit allen Lebewesen und Tieren, die mit euch aus der Arche gekommen sind." Das vierte Bild unseres Lebens ist die Arche. Wenn du über allen bedrohlichen Fluten stehend mit deinen Freunden und Verwandten überleben darfst, dann bist du wie in einer Arche. Mit anderen alle Bedrohlichkeiten und Gefahren unter sich zu wissen, das ist die Arche. – „Und Gott sprach: Das ist das Zeichen des Bundes, den ich stifte zwischen mir und euch: Meinen Bogen setze ich in die Wolken; und das Wasser soll nie mehr zur Flut werden". Das fünfte Bild unseres Lebens ist der Regenbogen. Wenn du deine Augen erhebst und nach vorne und hinten und rechts und links schaust, und du siehst dich eingehüllt vom Regenbogen der Liebe Gottes, dann bist du geborgen und getragen. Das ist der Regenbogen.

Fünf Bilder also für unser Leben am Beginn der Fastenzeit: Die Wüste, die aufgehende Tür, die Flut, die Arche, der Regenbogen. Bewertet sind sie schnell: Ein negatives Vorzeichen bekommen natürlich die Wüste und die Flut. Ein positives Vorzeichen die aufgehende Tür, die Arche und der Regenbogen. Dass viele Menschen sich wie in der Wüste vorkommen, ist eine alltägliche Beobachtung. Sie fühlen keine Geborgenheit mehr, fühlen sich angegriffen und bedroht von allen Seiten, kein Zaun, keine schützende Mauer, keine Tradition, keine Verlässlichkeit, kein Friede ist für sie zu spüren, alles stürzt auf sie ein, sie haben kein inneres Zuhause. Und die Steigerung davon ist die Flut: Arbeitslosigkeit, Krankheit, Alter, Alleinsein – die Flut hat so viele Namen, bis hinein in das persönliche Scheitern, die Aussichtslosigkeit. Es sind zwei der größten

Anfechtungen für uns Menschen: sich in der Wüste ausgesetzt, sich von der Flut zugedeckt zu fühlen. Und es ist ja nicht so, dass wir Christen von all dem verschont blieben. Gewiss nicht. Auch ein Christ erlebt die Anfechtung der Wüste und die Angst der Flut in seinem Leben. Übrigens doch genau wie Jesus auch. Auch sein Leben war eingespannt zwischen die Bedrohlichkeiten der Wüste und die Flut der Finsternis beim Sterben am Kreuz.

Aber das ist nicht alles. Ein Christ hat noch drei andere Bilder für sein Leben: Da geht eine Tür auf, er weiß sich in einer bergenden Arche, und der Regenbogen ist über ihm. Die Zeit deines Lebens hat ein großes Ziel, sie ist schon dabei, sich zu erfüllen. Du darfst mit vielen anderen in einer Arche leben, die dich trägt und schützt und rettet. Und über deinem Leben spannt sich der Regenbogen der Liebe Gottes.

Ohne diese Bilder näher zu erklären – denn die kann man gar nicht „erklären", man kann es nur mutig wagen, sein Leben in diesen Bildern zu sehen und so zu leben –, will ich noch eingehen auf die Frage, ob das nicht künstliche Vertröstungen und Trostpflästerchen sind. Das sind sie nicht. Denn sie haben dieselbe Welt im Auge wie jene, die nur Wüste und Flut darin sehen. Es ist doch wahr, dass die Zeit nicht nur auf einen Abgrund zuläuft, sondern sich zunehmend erfüllt und auf ihr Ziel zugeht. Es ist doch wahr, dass es Menschen der gläubigen Hoffnung immer gegeben hat und auch heute zahlreich gibt – man muss sich ihnen nur anschließen und ihnen trauen. Es ist doch wahr, dass sich seit den Zeiten des Noach, also seit unvordenklichen Zeiten, wie ein Regenbogen die Liebe Gottes über die Erde spannt – trotz aller Fluten. Nur musst du dich der Wahrheit dieser drei positiven Lebensbilder anvertrauen; in die Wüste und in die Flut fällt man selber hinein. Der aufgehenden Tür, der Arche und dem Regenbogen musst du dich anvertrauen. Und darin liegt eben der Sinn der Fastenzeit: dem Sturz in die Wüste und die Flut zu widerstehen und dich der aufgehenden Tür, der Arche und dem Regenbogen der Liebe Gottes anzuvertrauen. Packen wir's an – um einen bekannten Slogan auf unsere Thematik zu beziehen –, widerstehen wir der Versuchung, widerstandslos ins dunkle Loch hineinzufallen, und bringen wir den Mut auf, uns dem anzuvertrauen, der uns eine Tür öffnet, uns ein Haus gebaut hat und den Bogen seiner Liebe darüber leuchten lässt.

FÜRBITTEN

Pr: *Allmächtiger Gott, wir wollen neu beginnen mit der Urbotschaft des Evangeliums: „Kehrt um, und glaubt an das Evangelium!"*
Du hast uns zugesagt, dass du uns nie fallen lässt, wenn wir uns an dich halten. Höre unsere Bitten am Beginn der österlichen Bußzeit:

1. Fastensonntag

L: Um die ernste Bereitschaft zur Buße bitten wir, die nicht nur Verzicht auf Sahnetörtchen, sondern die Umkehr des Lebens will.

L: Für alle Menschen, die sich wie in der Wüste und in der Flut vorkommen, dass sie sich nicht verloren glauben oder untergehen wollen, sondern bei dir die wahre Geborgenheit und den festen Stand suchen.

L: Mit Blick auf die drei Lebensbilder dieses Sonntags bitten wir für uns selbst, dass wir im Verlauf unseres Lebens eine Tür aufgehen sehen, in die wir einmal eintreten dürfen, wenn die Zeit ganz erfüllt ist.

L: Um Dankbarkeit bitten wir für die Gemeinde und die ganze Kirche, in denen wir wie in einer Arche zu Hause sein dürfen über allen Abgründen.

L: Und lass uns in allen verwirrenden Ängsten und Bedrohungen des Lebens deinen Regenbogen nicht aus dem Auge verlieren, also die Zusage deiner ewigen Liebe, die uns niemand zerstören kann.

Pr: *Herr, bestärke uns in diesem gerade heute so wichtigen Vertrauen, dass wir unter deinen Flügeln geborgen sind und dass deren Schutz stärker ist als alle Bedrohung.*

2. Fastensonntag
Lesejahr B

1. Lesung: Gen 22,1–2.9a.10–13.15–18
2. Lesung: Röm 8,31b–34
Evangelium: Mk 9,2–10

Aus der ersten Lesung:
Gott sprach zu Abraham: Streck deine Hand nicht gegen den Knaben aus, und tu ihm nichts zuleide! (Gen 22,12)

Aus dem Evangelium:
Dieses Wort beschäftigte sie, und sie fragten einander, was das sei: von den Toten auferstehen. (Mk 9,10)

Zwei Gipfel hat das Leben

Wir sind mit unserem Leben schon mittendrin im Thema und brauchen keine Einleitung – vielleicht nur die eine Bemerkung: Jedes dieser „Bergsteiger-Erlebnisse" – Lesung wie Evangelium – wäre für sich schon eine, wenn nicht mehrere Predigten wert. Aber das großartigste an diesem Sonntag ist, dass beide Erzählungen nebeneinander stehen, Abraham mit seinem Sohn Isaak und Jesus mit dreien seiner Jünger auf dem Berg der Verklärung. Der Gipfel unbeschreiblichen Leides und der Gipfel unbeschreiblichen Glücklichseins. Aber ich brauche Ihnen das gar nicht wie Außenstehenden zu berichten, denn hinsichtlich unserer heutigen Gedankengänge sind wir aktive Teilnehmer, denn wir sind schon mittendrin.

„Dieses Wort beschäftigte sie, und sie fragten einander, was das sei: von den Toten auferstehen." Das will ich wohl meinen, dass die drei Jünger dieses Wort beschäftigte. Wie sollte denn eine Raupe sich vorstellen können, wie das sein wird, wenn sie ein Schmetterling ist? Wie sollte denn ein Flachlandtiroler, ein Nicht-Bergsteiger also, sich vorstellen können, wie das ist, zum ersten Mal auf dem Gipfel des Montblanc zu stehen? Wie sollte sich denn ein Embryo im Mutterleib im achten Monat seiner Existenz vorstellen können, wie das sein wird, einen Monat später zum ersten Mal draußen in der Welt zu sein? Wie sollte denn ein Gefangener, der zehn Jahre inhaftiert war, die Gefühle beschreiben können, die er haben wird, wenn er entlassen ist, und seine Frau ist ihm treu geblieben und nimmt ihn wieder in die Arme? Und wie sollte ein Krebskranker im letzten Stadium sich vorstellen können, wie das sein wird, wenn er nach dem Durchschreiten des Todes das Gewand der Herrlichkeit bekommen wird? – Was wollen und sollen diese Andenk-Fragen?

Sie wollen und sollen dieses Evangelium von der Verklärung richtig in unser Leben einordnen. Dieses Evangelium will das Eigentliche unseres Lebens in unseren Blick bringen. Das Eigentliche – nicht im Sinn der Metaphysik, die sich mit dem jenseits unserer wissenschaftlichen Beweisbarkeit Liegenden beschäftigt, wie etwa äußerlichen Wundern oder unerklärbaren Glücksfällen; auch nicht im Sinn der Transzendenz, also des unsere Wirklichkeit Überschreitenden, wie etwa himmlischen Eingebungen oder mystischen Gemütserhebungen; sondern im Sinn jener zwei unscheinbaren, einfachen Erfahrungen „Heimweh" und „Blick durchs Schlüsselloch"; mit ihnen kann jeder sofort etwas anfangen. Diese Verklärung auf dem Berg will einen Blick durchs Schlüsselloch gewähren, weil sich unser Leben in einem eng begrenzten Raum abspielt und wir doch hinaus möchten; und sie nimmt unser Heimweh in den Blick, jenes unerklärbare Gefühl in der Tiefe des Herzens, das nie zu befriedigen ist mit der elterlichen Heimat, die einem im Lauf der Jahre doch immer mehr verblasst; jenes Gefühl, das vielmehr zu verstehen ist als lebenslange Sehnsucht nach dem bleibenden Zuhausesein für immer. Ja, will dieses Evangelium sagen, diese wahre Heimat, das bleibende Zuhausesein, gibt es, dieses wahre Glück, nach dem Verlangen zu haben dein Herz niemals ruhen wird, das gibt es; um dir dies zu zeigen, habe ich meine Texte aufgeschrieben, ich, der Evangelist Markus, der ich dir doch den Weg deines Glaubens und deiner Erlösung zeigen möchte.

Im Leben Jesu selber hat es diesen Moment vollkommenen Glücks gegeben, es musste ihn geben, damit auch er wusste, dass sich der Weg durch alle Täler und Dunkelheiten lohnen wird. Und die drei Jünger? „Herr, es ist gut, dass wir hier sind. Wir wollen drei Hütten bauen". Dort, am Ort des erahnten Glücks, des erahnten Für-immer-Zuhausseins, dort möchte jeder seine Hütte bauen, dort möchte er bleiben. Glaube daran – so will dieses Evangelium sagen –, glaube daran, dass es das vollkommene Glück auch für dich gibt und geben wird; bewahre sorgfältig die Augenblicke in deinem Herzen, wo du es erahnen durftest; darauf gehst du zu, auf diesen Gipfel. Glaube daran.

Und nun zu Abraham in dieser unter die Haut gehenden Lesung aus Gen 22. Mich rührt sie immer noch – und immer mehr – an. Nicht weil ich ein eigenes Kind verloren hätte, sondern weil ich in meiner Auseinandersetzung mit dem Leid und der Trauer ungezählter Menschen bis zum Äußersten in die Augen und Herzen jener Menschen schauen musste, denen es ging wie diesem Abraham. So einfach und ohne Debatte, ohne Rückfrage, ohne Zögern das Liebste nehmen zu müssen, das Allerliebste, was du hast, und es geben, hergeben, loslassen zu müssen – das ist das Härteste, was es im Leben überhaupt gibt. Das heißt: Stimmt das denn so? War so die Aussage der heutigen Lesung? Aber nein, und noch einmal nein! Dieser Gott hat doch nicht zugelassen, dass Abraham sein eigenes Kind schlachtet. Im Gegenteil, er hat es sogar verhindert.

„Streck deine Hand nicht gegen den Knaben aus, und tu ihm nichts zuleide!" Das ist Gottes ureigenstes Wort in dieser Lesung, nicht: „Schlachte dein Kind!" Und eben in diesem Augenblick, auf dem Gipfel des größten menschenmöglichen Leides, des vielleicht unermesslichsten Schmerzes, da zeigt sich Gottes wahres Wesen; anstelle von drohend-ernsten, angeblich schmerz-zufügenden Zügen wird plötzlich sein wahres Gesicht deutlich, das leuchtet und strahlt wie die Sonne, und er wandelt in diesem Augenblick das Leid und den Schmerz in den größten Segen, den es überhaupt geben kann. Gesegnet wie Abraham – nein, so ist nie mehr einer gesegnet worden.

Ich sagte am Anfang, das Großartige an diesem 2. Fastensonntag sei, dass beide „Bergsteiger-Erlebnisse", beide Gipfelerfahrungen, nebeneinander stehen als Lesung und Evangelium. Das Evangelium sozusagen als Pluspol, die Lesung als Minuspol. Oder – um in der Sprache dieser Zeit des Kirchenjahres zu reden: Das Evangelium hat mit Ostern zu tun, die Lesung mit dem Karfreitag. Und beides steht in der Heiligen Schrift und für uns heute nebeneinander. Das heißt zum einen, dass uns die Heilige Schrift einen unwahrscheinlich realistischen Blick aufs Leben, und zwar aufs ganze Leben, schenkt: Wenn einer der beiden Pole fehlen würde – es wäre ein Betrug, eine Lebenstäuschung. Denn das Leben besteht aus beiden Gipfelerfahrungen; keiner kann sich eine davon ersparen. Und das heißt zum anderen – und darin steckt für mich die kostbarste Aussage dieses Sonntags –: Den jeweiligen Gipfelerfahrungen wird die Spitze genommen, denn der Glücksmoment im Leben Jesu auf dem Berg der Verklärung wird nicht verhindern, dass er den Weg nach Golgota, den Weg des Kreuzes, gehen muss; und die Erfahrung von Schmerz und Leid bei Abraham endet nicht in der Verzweiflung, sondern wendet sich, wie wir gesehen haben, zum größten Segen, den es überhaupt geben kann. Und damit wird uns allen endlich deutlich, warum die Botschaft dieses Sonntags „großartig" ist. Leben aus solchem Glauben heraus lässt im Glück nicht abheben und im Leid nicht untergehen. Aus den Erfahrungen des schmerzlichen Leidens wächst Segen; aus den Momenten des Glücklichseins wächst die Kraft, sogar den Tod zu bestehen.

Das Fazit dieses 2. Fastensonntags lautet also: Solcher Glaube, wie er uns heute zugesprochen wird, lässt wirklich und ganz leben, er lässt im Leid nicht untergehen und im Glücklichsein nicht abheben; beide Gipfelerlebnisse gehören zum Leben und lehren dich, ganz und wirklich leben zu können.

FÜRBITTEN

Pr: *Gott, unser Vater, der du der Gott unseres Lebens bist, welch eine Schule des Lebens, unseres Lebens, hast du uns heute geschenkt. Singen wir als Antwort auf die einzelnen Gebetsimpulse den Kehrvers: „Ich gehe meinen Weg vor Gott im Lande der Lebenden" (GL 528,3).*

L: Zwei Gipfelerlebnisse sind uns heute erzählt worden, Gipfelerlebnisse, wie sie zu jedem Leben dazugehören.

L: Wenn wir in den dunklen Tälern des so genannten grauen Alltags gehen müssen, auch dann gilt die im Kehrvers ausgesprochene Gewissheit.

L: Wenn wir das Liebste hergeben müssen und der Schmerz und das Leid darüber unerträglich scheinen, auch dann gilt: ...

L: Und wenn aus dem bestandenen Leid Segen wächst, wie wir ihn vorher gar nicht geahnt hätten, dann erfahren wir: ...

L: Momente, kurze Momente des wahren Glücks gibt es in jedem Leben, und die wollen eine Ahnung geben von dem, auf was wir zugehen.

L: Besonders für unsere Verstorbenen will dieser Satz wörtlich gelten: Gott, lass sie bei dir, im Lande der Lebenden, daheim sein.

Pr: *Ja, Herr, lehre uns aus der Botschaft dieses Sonntags das ganze und wirkliche Leben, im Glück nicht abzuheben und im Leid nicht unterzugehen.*

3. Fastensonntag
Lesejahr B

1. Lesung: Ex 20,1–17
2. Lesung: 1 Kor 1,22–25
Evangelium: Joh 2,13–25

Aus der ersten Lesung:
Ich bin Jahwe, dein Gott, der dich aus Ägypten, dem Sklavenhaus, geführt hat. (Ex 20,2)

Aus dem Evangelium:
Zu den Taubenhändlern sagte Jesus: Schafft das hier weg, macht das Haus meines Vaters nicht zu einer Markthalle! (Joh 2,16)

Geschäfte? Religion ist gratis!

Also mich interessiert an diesem 3. Fastensonntag nur eins: Wie konnte es zu dieser unglaublichen Szene kommen, von der wir im Evangelium hören? Wir sehen also vor uns einen wutentbrannten, wütend um sich schlagenden Jesus von Nazaret; eine Geißel aus Stricken macht er, schlägt auf die Menschen im Tempel ein, Tische wirft er um, Schafe und Rinder treibt er hinaus, und er schimpft und schreit: „Markthalle! Räuberhöhle! Das habt ihr aus dem Tempel gemacht!" Bedenken Sie: Dieser Jesus, der die linke Wange hinhält, wenn er auf die rechte geschlagen wird, der Kinder zärtlich in die Arme schließt, der einen kleinen Spatz in die Hand nimmt, um zu zeigen, wie wir in des Vaters Händen geborgen sind, derselbe gewaltfreie Jesus explodiert hier und verliert alle Fassung und wird handgreiflich vor lauter Zorn. Wie konnte es zu dieser unglaublichen Szene kommen? Was steckt dahinter?

Zunächst zwei ganz harmlose Bemerkungen: Alle vier Evangelisten bringen diese Szene; also gehört sie ihnen zu den wichtigsten überhaupt. Matthäus, Markus und Lukas bringen sie kurz vor der Leidensgeschichte, also spät, als eine Szene, die den Konflikt mit den religiösen Führern eskalieren lässt; sie beschleunigt Jesu Todesurteil. Johannes aber bringt diese Szene ganz am Anfang, schon im zweiten Kapitel. Unmittelbar voraus geht bei Johannes die Hochzeit zu Kana, wo Jesus den Wein der Freude austeilt; dann also diese wütende Szene im Tempel und danach das Gespräch mit Nikodemus. Und weil Johannes der Evangelist ist, der immer zeigen will, wer dieser Jesus wirklich ist, deshalb gehört bei ihm diese unglaubliche Tempelszene zu den Selbstoffenbarungen Jesu: Da siehst du sein innerstes Wesen, da siehst du, wer Jesus wirklich ist. Ja, wer ist er und was steckt dahinter, hinter diesem Wutausbruch an heiliger Stätte? Jesus muss bei diesem Anblick, wie er also die Händler und Verkäufer und Geschäftemacher am Ort der Gegenwart Gottes auf Erden gesehen hat, durchgedreht haben; es müssen ihm alle Sicherungen durchgebrannt sein; er muss den Glauben an die Menschen verloren haben und von völliger Resignation befallen worden sein; denn nur in diesem Zustand kann ein Mensch die letzte Beherrschung verlieren und blind um sich schlagen, wie es Jesus hier tut. Noch einmal: Warum? Was steckt dahinter?

Es steckt dahinter das Schlimmste, was Jesus von Nazaret passieren konnte, nämlich die Zerstörung seiner kindlich-natürlichen Gottesbeziehung durch jene, die meinten, mit der Religion, mit der Gottesbeziehung, Geschäfte machen zu dürfen. Für Jesus sind Geld und Religion zwei unvereinbare Todfeinde. Es war ihm ein Gräuel, beamtete und für ihre Dienste bezahlte Religionsdiener zu sehen, die für die Herstellung der Beziehung zu Gott Geld und Gebühren verlangten. Und dann gar noch ein Viehmarkt, bei dem man also Opfertiere kaufen konnte, die man dann sogleich als Schlachtopfer im Tempel darbrachte, um dadurch angeblich diesen Gott zu versöhnen und gnädig zu stimmen und die Erhörung der eigenen Bitten zu erreichen. Es muss Jesus den Magen umgedreht haben, als er dieses angeblich so selbstverständliche Treiben im Tempel mit eigenen Augen sah. Seine Gottesbeziehung war echt und kindlich und unmittelbar. Denn alles, was mit Gott zu tun hat, bedarf keiner Bezahlung, keines Geldes, es ist unentgeltlich zu haben wie die Luft und der Sonnenschein. Also ist alle Geschäftemacherei im Namen und im Haus der Religion eine Zerstörung dieser unmittelbaren Gottesbeziehung des Einzelnen. Und nun verstehen wir auch die rätselhafte Auseinandersetzung im Evangelium um den Tempel, an dem 46 Jahre gebaut wurde, und den Tempel seines Leibes. Natürlich reden die Diskussionspartner aneinander vorbei, denn die Tempelbauer vertreten die Auffassung, dass in diesem mächtigen Bauwerk Gott zugegen sei, Jesus aber ist überzeugt, dass Gott gar keines Tempels bedürfe, denn er wohne im Herzen des einfachsten Menschen.

Nehmen wir noch die Zehn Gebote, also die Lesung, mit in den Blick, damit wir das ganze Paket der Botschaft des 3. Fastensonntags zusammenbekommen. „Du sollst, du sollst, du sollst ..." – von Kindheit an sind diese Zehn Gebote zur Grundsubstanz unserer christlichen Erziehung geworden. Und wenn ich mich und andere Christen recht sehe, dann ist uns durch diese Zehn Gebote dieser Gott bis ins Innerste zum Forderungssteller geworden; immer will was von mir, Schweres, Belastendes, Bedrückendes. Und wenn ich dann noch an die bis heute zu beobachtende Beichtpraxis denke, könnte mir die Frage kommen: Sind diese Zehn Gebote nicht selber wie ein Tempel, in dem Gott mutmaßlich wohnt? Wenn du nämlich all das hältst, dann hast du alles getan, was Gott von dir will. Nicht? Nein, der erste Satz, der ist der wichtigste: „Ich bin Jahwe, dein Gott, der dich aus Ägypten, dem Sklavenhaus, geführt hat." Zuerst muss man sich bewusst machen, dass man diesem Gott seine Freiheit, sein Leben verdankt, erst dann kann sich daraus die Frage ergeben, wie man vor diesem Gott leben kann und darf. Und nun treffen sich die beiden Lichtstrahlen dieses 3. Fastensonntags an einem Punkt: Vor aller moralischen Gewissenserforschung nach den Zehn Geboten muss die religiöse Erfahrung stehen, dass Gott mir Freiheit und Leben geschenkt hat. Solche echte Religion aber bedarf keines Tempels, keiner eindrucksvollen Gotteswohnungen, schon gar keiner Geschäfte und Bezahlungen und gebührenpflichtigen Amtshandlungen und Opfer, sondern echte Religion im Sinne Jesu bedarf nur eines kindlich-echten Herzens, in dem Gott unmittelbar wohnt und zugänglich ist wie die Luft und der Sonnenschein.

Ist das nun eine belastende oder eine befreiende Botschaft an diesem 3. Fastensonntag? Ist das überhaupt noch eine Frage? Ich will am Schluss nur noch kurz an den heiligen Franziskus erinnern. Über zwölf Jahrhunderte Kirchengeschichte mussten vergehen, bis in diesem Heiligen wieder einer auftrat, der genau wie Jesus die kindlich-echte Gottesbeziehung gelebt und sich dafür von allem abgewandt hat, was roch nach Geld und Geschäft und Sicherheit. Nichts kann den Menschen, zumal den gläubigen und christlichen, so sehr befreien wie diese Botschaft von heute: Gott wohnt in dir, in deinem Herzen, und alles, was er dir schenken will, ist unentgeltlich wie die Luft und der Sonnenschein.

FÜRBITTEN

Pr: *„Herr, du hast Worte ewigen Lebens." Ja, das haben wir gespürt an dieser Botschaft von heute.*
Wer auf die Gottesworte aus dem Munde Jesu hört, der findet wirklich ewiges Leben. Deshalb singen wir als Antwort auf die Gebetsimpulse jeweils diesen Ruf: „Herr, du hast Worte ewigen Lebens (GL 465)".

L: Herr Jesus Christus, wir haben dich wutentbrannt gesehen im Tempel, weil es dir um etwas anderes geht als um Geld und Geschäftemachen.

L: Denn die Menschen suchen doch für ihr Leben deinen himmlischen Vater, der ewiges Leben geben will und nicht käufliche Vorteile.

L: Wir sehen dich vor uns mit deinem kindlich-echten Gottesverhältnis. Führe auch uns dorthin.

L: Auch der Gott, der mit den Zehn Geboten gemeint ist, ist ein Gott, der unsere Freiheit und unser Leben will.

L: Herr, schenke uns das lebendige Wasser der echten Religion, damit sie uns beschenkt mit neuer Lebenskraft.

Pr: *Denn du selber, Herr, bist das lebendige Wasser für uns. Wer so in Gottes unmittelbarer Nähe leben kann wie du, der ist in Wahrheit befreit von allen Zwängen und Bedrohungen. Lass uns wie du zu solch befreiender Religion finden.*

4. Fastensonntag
Lesejahr B

1. Lesung: 2 Chr 36,14–16.19–23
2. Lesung: Eph 2,4–10
Evangelium: Joh 3,14–21

Aus der ersten Lesung:
Das Land bekam seine Sabbate ersetzt, es lag brach während der ganzen Zeit der Verwüstung, bis siebzig Jahre voll waren. (2 Chr 36,21)

Aus dem Evangelium:
Wie Mose die Schlange in der Wüste erhöht hat, so muss der Menschensohn erhöht werden. (Joh 3,14)

Das Licht besiegt die Finsternis

Heute möchte ich uns noch einmal das bekannte Fastenhungertuch von Sieger Köder aus dem Jahr 1996 in Erinnerung rufen. Vor allem zwei Bilder daraus werden uns sehr helfen, diese eigenartigen Texte der Lesung und des Evangeliums von heute zu verstehen und an ihre Sprache heranzukommen. Sie sprechen nämlich in der so genannten Symbolsprache, ganz ähnlich wie diese beiden Bilder. In der Predigt gehen wir in einem dreifachen Zweierschritt vor: Zuerst die beiden Texte, Lesung und Evangelium, in ihrer Sprachform und Aussage; dann die beiden Bilder von Sieger Köder in ihrem Bezug dazu; und dann die Anwendung des Gefundenen auf zwei Einzelsätze aus Lesung und Evangelium, wobei wir direkt in unser eigenes Leben hineinfinden werden.

Was ist denn das für eine eigenartige Lesung heute? Das „Zweite Buch der Chronik" – wir werden nur ganz selten davon gehört haben. Es klingt wie in einem Geschichtsbuch, wie da berichtet wird von den Chaldäern über Nebukadnezzar, die Perser, die Gefangenschaft in Babel bis hin zum neuen König Kyrus und zur unerwarteten Heimkehr. Aber über diese Art von Geschichtsschreibung würde ein Historiker nur lachen. In der heutigen Lesung wird die Geschichte der letzten vier Könige Judas zusammengefasst, also ein Zeitraum von etwa 100 Jahren; aber die Art dieser Geschichtsschreibung, die ist sehr flüchtig, sehr ungenau, ja sogar schlampig. Da wird alles aus großer zeitlicher Entfernung mit der Brille des Glaubens gesehen, also nicht genau berichtet, sondern nur das wird genannt, was mit dem Gottesglauben zu tun hat: Das Wirken Gottes hinter den politischen Ereignissen wird deutlich gemacht. Also eine

Art belehrender Religionsunterricht, ausgehend von der tatsächlichen Geschichte Israels.

Dann das Evangelium von heute: Natürlich gab es damals in der Wüste eine Kupferschlange, zu der die Israeliten, die von Giftschlangen gebissen waren, nur aufblicken mussten, um am Leben zu bleiben. Natürlich gab es im Jahre dreißig das Kreuz von Golgota, wo der Menschensohn erhöht wurde. Natürlich wächst aus seinem Tod das ewige Leben – Grunddatum des Christentums. Aber ebenso natürlich ist festzuhalten, dass dieses Evangelium von heute kein Gesprächsprotokoll mit einem historisch fassbaren Nikodemus ist, sondern Johannes tut, was er so gerne macht: Er will hinter die Kulissen der ganzen Geschichte und der Heilsgeschichte schauen, was sich denn hinter dem Kreuz Jesu tatsächlich verbirgt und abspielt; und das kleidet er in die Symbolsprache von „Licht und Finsternis". Was sich hinter den Kulissen jenes Karfreitags und der Geschichte überhaupt abspielt, das ist für ihn der Kampf zwischen Licht und Finsternis, zwischen Gerettet- und Gerichtetwerden. Das Sterben des Menschensohnes hat es möglich gemacht, dass jeder, der will, gerettet wird und ins Licht eintaucht; Voraussetzung dafür ist nur der Glaube. Und was heißt „Symbolsprache"? Diese Sprache will und kann viel mehr ausdrücken als die vordergründigen Ereignisse; Symbolsprache zeigt das Ganze, das Hintergründige, das Eigentliche.

Nun die beiden Bilder von Sieger Köder, und wir nehmen mit, was wir eben gefunden haben. Da ist links unten auf dem Hungertuch das Bild von der Arche, die über dem hässlich-schwarzen Meer schwebt, den Öl-verschmierten Vögeln, dem untergegangenen Öltanker; darüber die rettende Friedenstaube und der verheißungsvolle Regenbogen. Der Künstler arbeitet eindeutig mit Symbolsprache: Natürlich gehen Öltanker unter, und es gibt Katastrophen in Fülle, die unsere Lebenswelt bedrohen; aber hinter all dem steht der Aufruf, mit dem auch Israel in seiner Geschichte konfrontiert wird: Lernt doch endlich aus all diesen Ereignissen, liebevoll mit Gottes Schöpfung umzugehen und ihr Frieden zu bringen, wie ihn Gott ihr von Anfang an zugedacht hat. Und das Bild rechts unten: Eindeutige Symbolsprache von „Licht und Finsternis". Diese im Wasser stehenden Gestalten, teilweise Gestalten des Elends und der Verzweiflung, können und werden gerettet werden durch den, dessen Gesicht hier kopfüber auf der Wasseroberfläche schwebt. Er will diese Gestalten nicht richten, sondern retten, wenn sie nur an ihn glauben. Jetzt verstehen wir, was Symbolsprache heißt: Sie führt hinter die äußerlichen Ereignisse und damit direkt in unser Leben hinein. Nur diese Sprache – hier der Künstler, dort der Evangelist Johannes – lässt die äußeren Ereignisse, also Ölverschmutzung, Hunger, Folter, Verlassensein, sich öffnen in unser eigenes Leben hinein. Dein eigenes Leben ist gemeint.

Wenden wir das Gefundene jetzt noch auf zwei Einzelsätze aus Lesung und Evangelium an. „Das Land bekam seine Sabbate ersetzt, es lag brach während der ganzen Zeit der Verwüstung, bis siebzig Jahre voll waren." Es war in Israel heiliges Gesetz, alle sieben Jahre die Felder brachliegen zu lassen und alle sieben mal sieben, also alle neunundvierzig Jahre die Knechte und Dienstboten freizulassen. Fast niemand hielt sich daran, denn man konnte doch nicht auf alle Einnahmen verzichten. Für den Verstand also ein unsinniges Gesetz, für den Realitätssinn nicht zu verstehen. Dahinter aber steckt – Symbolsprache – die immer wieder notwendige Einsicht, dass all unser Leben ein Geschenk Gottes ist, dass wir es ihm allein verdanken. – „Wie Mose die Schlange in der Wüste erhöht hat, so muss der Menschensohn erhöht werden, damit jeder, der an ihn glaubt, in ihm das ewige Leben hat." Für den Verstand, für den Realitätssinn war Jesu Tod ein Verbrechertod wie viele andere auch. Was aber dahintersteckt – Symbolsprache –, das ist die Rettung der Menschen: dass jeder, der an diesen Gekreuzigten glaubt, in ihm das ewige Leben finden kann.

Ein letzter Blick auf die beiden Bilder und unser Leben. Links unten: Jeder von uns erlebt seine Lebensbedrohung, macht seine Untergangserfahrungen. Die Sprache dieses Bildes aber sagt dir, dass du nicht untergehen kannst, wenn du nur an die endgültige Friedenszusage Gottes im Symbol des Regenbogens glaubst und an sein unwiderrufliches Friedensangebot für dich und die Schöpfung im Symbol der Taube. Und das Bild rechts unten: Jeder von uns erlebt seine Sinnverluste, wo er nicht mehr weiß, wozu denn alles; ausgebrannt, innerlich vertrocknet, das Wasser bis zum Hals, kein Boden unter den Füßen. Und gerade in diesen Erfahrungen ergeht die Einladung, zu diesem Jesus aufzublicken, der eben nicht als Verbrecher gestorben ist, sondern um die Welt zu retten und jedem, der an ihn glaubt, das ewige Leben zu schenken.

FÜRBITTEN

Pr: *Es gibt im Gotteslob einen Satz, der genau ausdrückt, was Johannes mit seiner Symbolsprache aussagen will: „Du führst mich hinaus ins Weite, du machst meine Finsternis hell" (GL 712,1). Diesen Satz singen wir als Antwort auf die einzelnen Bitten.*

L: Gott, du Herr unseres Lebens, lass uns daran glauben, dass dieser Satz auch für unser Leben gilt.

L: Lernen aus den Ereignissen der Geschichte, wie es das Volk Israel tun sollte: Herr, befähige uns dazu mit Blick auf die heutigen politischen Ereignisse.

L: Wenn wir uns im Leben ausgebrannt, vertrocknet, bodenlos fühlen, dann lass uns umso mehr an diese Verheißung glauben.

L: Uns beunruhigen die scheinbar unaufhaltsame Zerstörung der Umwelt, all die vielen Katastrophen. Lass uns in dieser Situation vertrauensvolle Mitarbeiter deines endgültigen Friedens sein.

L: Wir wissen um das Wort des Johannes-Evangeliums, dass du deine Welt liebst: Hilf uns, dass wir uns diese Gewissheit zu Eigen machen, damit wir nie aus deiner Liebe herausfallen.

Pr: *Denn hinter den Kulissen des Alltäglichen spielt sich Gottes Heilsgeschichte ab. Du, Gott, willst und wirst dem Licht zum Sieg verhelfen. Lass uns immer mehr daran glauben.*

5. Fastensonntag
Lesejahr B

1. Lesung: Jer 31,31–34
2. Lesung: Hebr 5,7–9
Evangelium: Joh 12,20–33

Aus der ersten Lesung:
Ich lege mein Gesetz in sie hinein und schreibe es auf ihr Herz. Ich werde ihr Gott sein, und sie werden mein Volk sein. (Jer 31,33)

Aus dem Evangelium:
Die Stunde ist gekommen, dass der Menschensohn verherrlicht wird. Wenn das Weizenkorn in die Erde fällt und stirbt, bringt es reiche Frucht. (Joh 12,23f.)

Das Gasthaus und das Weizenkorn

Die vier Stichworte dieses Gottesdienstes am MISEREOR-Sonntag lauten: Geteiltes Brot – Gasthaus – Gebrauchsanweisung – Weizenkorn. An ihnen wollen wir uns auch in der Predigt orientieren.

Beginnen will ich also beim geteilten Brot, wie es vor wenigen Jahren ein MISEREOR-Plakat zeigte, auf dem in großen Buchstaben stand: „Brich mit den Hungrigen dein Brot". Und man könnte meinen, der millionenfache Impuls dieses Plakates sei ein millionenfacher Anlass gewesen, dass alle, die dieses Plakat zu sehen bekamen, feste zu teilen angefangen hätten und die Not in der Welt, der Hunger in der Welt wie durch eine Goodwill-Aktion bald besiegt worden wäre. Nur ist die Frage: Warum funktioniert so etwas nicht so einfach? Sind die Besitzenden – also auch wir – so böse, dass wir nicht teilen wollen? Oder ist dieses Denkschema zu einfach, um die heutigen Weltprobleme wirklich zu lösen?

Es gibt eine Legende von Leo Nikolai Tolstoi, die uns einen wichtigen Schritt weiterführen kann, und die heißt einfach: „Das Gasthaus":

Ein wohlhabender Mann wollte den Menschen so viel Gutes wie möglich tun. An einem Ort, wo sehr viele Menschen vorbeikamen, richtete er ein Gasthaus ein mit allem, was den Menschen gut tut und Freude macht: mit gemütlichen, wärmenden Öfen, Brennmaterial, Beleuchtung; er füllte Vorratsräume mit jeder Art von Lebensmitteln, Gemüsen und allen möglichen Erfrischungen; er stellte Betten auf, füllte die Schränke mit vielen unterschiedlichen Kleidungsstücken und Schuhen – all das in einem so reichen Maß, dass es für eine sehr große Menge von Menschen ausreichen konnte. Nachdem alles fertig war, schrieb er eine sehr eindeutige Gebrauchsanweisung für dieses Gasthaus. Darin stand unmissverständlich, wie all die Dinge des Gasthauses benützt werden sollten: Jeder, der in das Gasthaus kam, sollte so lange bleiben dürfen, wie es ihm gut tat; er durfte nach Herzenslust essen und trinken und von allem, was im Gasthaus war, nehmen. Nur eine Bedingung war dabei: Keiner sollte mehr nehmen, als er im Augenblick brauchte; die Gäste sollten sich gegenseitig helfen und das Gasthaus so verlassen, wie sie es bei ihrer Ankunft vorgefunden hatten. Diese Anweisung nagelte der Mann deutlich sichtbar und für alle lesbar an die Tür des Gasthauses; dann zog er sich selbst zurück. Aber wie es so geht: Menschen kamen ins Gasthaus, lasen aber die Anweisung an der Tür nicht. Sie fingen an, alles zu benutzen, ohne an ihre Mitmenschen zu denken. Sie versuchten, möglichst viel von den Vorräten für sich selbst zu sammeln und einzustecken, obwohl sie die meisten Dinge gar nicht nötig hatten. Jeder dachte nur an sich selbst. Sie begannen, sich wegen der Güter im Haus zu streiten. Sie zerstörten sogar die Vorräte in der Absicht, dass die anderen sie nicht bekommen sollten. So zerstörten sie nach und nach alles, was im Gasthaus war.

Diese Legende – Tolstoi hat immerhin im vorigen Jahrhundert gelebt – zeigt mit überraschender Klarheit unsere heutigen Aufgaben und Notwendigkeiten in der Welt. Wir müssten sehen lernen, dass die ganze Welt wie ein Gasthaus ist für uns, also geliehen und geschenkt nur für bestimmte Zeit; dass wir nicht Besitzer, sondern Gäste sind; dass wir an die denken sollten, die nach uns in diesem Gasthaus wohnen und leben möchten; dass es einen Besitzer dieses Gasthauses gibt, der Wert darauf legt, dass alle sich wohl fühlen; und dass es eine Gebrauchsanweisung gibt, die nur von allen beachtet werden müsste, und alle könnten gut leben im Welt-Gasthaus. Also führt uns diese Legende schon einen großen Schritt weiter nach unserem ersten Nachdenken über das Brotteilen.

Unser dritter Schritt soll die Beschäftigung mit der Lesung von heute sein. Das berühmte Wort vom Propheten Jeremia, dass Gott in Zukunft sein Gesetz in die Herzen der Menschen schreiben wird, also dann, wenn sie endlich die Lehren gezogen haben werden aus den Fehlern und Dummheiten der Gegenwart. Jeder Mensch müsste dann nur auf die Stimme seines Herzens hören, um den Willen Gottes für sich und die anderen zu erkennen. Was ist das denn anderes – und deshalb habe ich heute jene Legende von Tolstoi gewählt – als die „Gebrauchsanweisung für das Gasthaus", wie sie der Dichter genannt hat? Wer die liest und beachtet, der sorgt dafür, dass alle leben können im Welt-Gasthaus. Also nur nehmen, was man im Augenblick braucht, sich gegenseitig helfen und das Gasthaus so verlassen, wie man es bei der Ankunft vorgefunden hat. Diese Goldene Regel des Umgangs mit unserer Welt hat Gott längst in die Herzen geschrieben. Wir müssten nur darauf hören, und die Welt wäre und bliebe für alle bewohnbar und gut.

Der vierte und letzte Schritt ist ein sehr schwieriger – oder auch nicht: das Evangelium. „Die Stunde ist gekommen, dass der Menschensohn verherrlicht wird. Wenn das Weizenkorn in die Erde fällt und stirbt, bringt es reiche Frucht". Mit diesem knappen Satz umreißt der Evangelist Johannes die ganze Rettungs- und Heilstat Jesu. Ich will ihn jetzt gar nicht herkömmlich theologisch auslegen, sondern in heutiger Sprache. Wir alle sind – jeder Mensch – ein Bestandteil dieser Erde, der Mutter Erde. Wir kommen von ihr, sie hat uns erzeugt und geboren, und zu ihr kehren wir zurück. Die Mutter Erde gab es vor uns und gibt es nach uns, unvorstellbar lange. Also sind wir nur kurzzeitige Gäste – wie in jener Legende übrigens. Wir werden unser geschenktes Leben bald wieder der Erde zurückgeben müssen. Und genau in diesem Bewusstsein hat, in einmaliger Weise, Jesus von Nazaret gelebt. Er wusste um sein geschenktes Leben, das er dem himmlischen Vater bald zurückgeben würde. Und das hat ihn in einmaliger Weise fähig gemacht, locker und gelöst und frei zu sein, sich zu verschenken, zu verströmen, sich zu teilen, sich herzuschenken. Sein Tod am Kreuz war nur die letzte Bestätigung, die Krönung, davon. Und deshalb hat der Vater ihn verherrlicht, weil er so uns Menschen haben wollte: um unser geschenktes Leben wissend, das er uns durch die Mutter Erde geschenkt hat, und dadurch fähig, uns selber zu teilen, nicht nur irgendein Stück Brot. Steckt nicht genau dieses schwierige Evangelium in diesen Worten – und mit ihnen wollen wir diese vier Schritte schon beenden –: „Die Menschen müssen füreinander sterben. Das kleinste Korn, es wird zum Brot, und einer nährt den andern" (GL 183,4)?

FÜRBITTEN
Pr: *Rufen wir uns noch einmal den Satz des MISEREOR-Plakates in Erinnerung: „Brich mit den Hungrigen dein Brot". Gott, du Vater aller Menschen dieser Erde, höre unsere Bitten an diesem Sonntag, da ungezählte Gaben von hier zu den Ärmsten in der Welt gehen:*

L: Bewege du die Herzen vieler Christen, ihr Brot zu teilen und an all die zu denken, die in Not und Elend leben müssen.

L: Unsere Erde ist wie ein Gasthaus, in dem wir alle nur Gäste auf Zeit sind. Lass dieses Bewusstsein der Verantwortung für die kommenden Generationen wachsen, damit unsere Erde bewohnbar bleibt, auch in Zukunft.

L: Wir wissen um deinen neuen Bund und dein Gesetz, das in die Herzen der Menschen geschrieben ist. Hilf uns, auf deine Stimme in unserem Herzen zu hören und so zu leben, wie du es von deinen Söhnen und Töchtern erwartest.

L: Jesus ist das Weizenkorn, das in die Erde fällt und reiche Frucht bringt. Lass uns an ihm Maß nehmen und unser eigenes, geschenktes Leben teilen, damit andere von uns leben können.

L: Wir bitten für die Politikerinnen und Politiker, die in der Verantwortung stehen: Lass sie bei ihren Entscheidungen den Blick auf das Ganze bewahren, also über die nationalen Grenzen hinweg die Zukunft der Menschheit sehen.

Pr: „Wenn jeder gibt, was er hat, dann werden alle satt." Gott und Vater, wir wollen dir danken, dass heute eine Woge der Barmherzigkeit und Hilfsbereitschaft durch unsere Kirchen geht. Segne du diese kleinsten guten Taten.

Fasten- und Osterzeit im Lesejahr B

Ostersonntag – Am Tag
Lesejahr B

1. Lesung: Apg 10,34a.37–43
2. Lesung: Kol 3,1–4
Evangelium: Joh 20,1–18 (ungekürzt)

Aus der ersten Lesung:
Gott aber hat ihn am dritten Tag auferweckt und hat ihn erscheinen lassen. (Apg 10,40)

Aus dem Evangelium:
Dann kehrten die Jünger wieder nach Hause zurück. Maria aber stand draußen vor dem Grab und weinte. (Joh 20,10f.)

Der Fimmel um das leere Grab

Kommen Sie bitte, ich zeig Ihnen was. Nur ein einziges Wort, über das ich immer wieder den Kopf schütteln muss. Hier, in meinem Buch mit den Sonntagsevangelien, steht es, das Wort: „Kurzfassung". Immer wieder steht da vom jeweiligen Evangelium eine Kurzfassung. Und die wäre heute gewesen: nur der erste Teil des johanneischen Osterevangeliums, nämlich nur die Besichtigung des leeren Grabes durch die beiden Männer Simon und Johannes. Und diese Kurzfassung des Osterevangeliums hätte geendet mit diesem nichts Sagenden: „Dann kehrten die Jünger wieder nach Hause zurück". So wie man von einem Spaziergang, von einem Tantenbesuch wieder nach Hause geht. So nichts sagend endet dieses in der Kurzfassung halbierte Osterevangelium. Nein, unbedingt gehört der zweite Teil dazu mit dieser Maria und dem, was sie erlebt. Johannes hat gewusst, warum er beides so verbindet; wir kommen gleich darauf.

Doch zunächst bleiben wir einen Augenblick bei diesem ersten Teil, der Grabbesichtigung der Männer. Denn ein Gutes hat dieser erste Teil schon, auch wenn das von den Predigern meist verschwiegen wird: Dieser erste Teil kann uns den Fimmel um das so genannte leere Grab so richtig gründlich austreiben. Wie oft wird so getan, als sei das leere Grab Jesu der Beweis für seine Auferstehung! „Fimmel" heißt laut Duden: „übertriebenes Interesse". Ich erinnere mich an eine hitzige Fernsehdiskussion vor Millionenpublikum zwischen Bischof Walter Kasper und dem Paderborner Theologen Eugen Drewermann. Ich sehe noch des Bischofs Zeigefinger auf der Brust von Professor Drewermann, diesen fragend: „Sagen Sie, war das Grab Jesu an Ostern leer oder nicht?" Der Gefragte versuchte zu erklären, dass die Auferstehung doch wohl ein innerer Vorgang sei und nicht von einem leeren Grab abhänge, aber der Bischof wiederholte penetrant seine Frage nach dem faktisch leeren Grab Jesu damals in Jerusalem. Was sagt das Johannes-Evangelium von heute dazu? Ja doch eindeutig und sonnenklar: Das leere Grab Jesu bewirkt gar nichts und hat mit Jesu Auferstehung nichts Entscheidendes zu tun. Denn: „Dann kehrten die Jünger wieder nach Hause zurück". Wie nach einem Spaziergang, nach einem Tantenbesuch – siehe oben. Stellen wir uns vor: Beide Apostel – Simon Petrus und Johannes – sehen mit eigenen Augen das leere Grab Jesu, Leinenbinden und Schweißtuch liegen da, der Leichnam aber nicht, sie sehen mit eigenen Augen, dass der Leichnam Jesu nicht im Grab ist – und was bewirkt das? Gar nichts! Sie gehen wieder nach Hause, nichts ist gewesen. Denn – „sie wussten noch nicht aus der Schrift, dass er von den Toten auferstehen musste". Aha – das will Johannes in diesem ersten Teil sagen: Die Auferstehung Jesu aus dem Tod, die musst du aus der gesamten Glaubenspalette und Glaubensgeschichte der Bibel lernen, und du kannst nicht meinen, eine Besichtigung des leeren Grabes brächte irgendetwas. In die Glaubensgeschichte der Bibel einsteigen – nicht ein leeres Grab besichtigen. Ganz abgesehen davon – das sag ich als häufiger Teilnehmer an Beerdigungen: Ich bin froh, dass die zugeschütteten Gräber zubleiben; mir würde es grausen, sie geöffnet zu sehen; und deshalb will ich in diesem Horrorbereich auch nicht über Ostern reden.

Nun aber endlich zum zweiten Teil dieses johanneischen Osterevangeliums. „Maria aber stand draußen vor dem Grab und weinte". Welch ein Unterschied zum ersten Teil – ich werde das noch mehrfach betonen müssen! Eine Frau mit Namen, Maria heißt sie, eine weinende, suchende, sehnsüchtige Frau. Gewiss, auch sie schaut in die Grabkammer hinein, aber sie sieht kein Schweißtuch, keine Leinenbinden daliegen – und schon wieder sag ich: welch ein Unterschied zu vorhin –, sondern sie sieht zwei Engel dasitzen in weißen Gewändern, und die sprechen zu ihr, fragen sie nach dem Grund ihres Weinens, und sie kann aussprechen, was sie im Innern bewegt. Dann diese großartig-geheimnisvolle Szene, die doch so eindeutig ist: dass sie sich umwendet, also weg vom leeren oder nicht leeren Grab wendet, und dass da jemand ist, ein noch Unbekannter, und auch der fragt sie, was sie bewegt. Schließlich, wie da ein einziges Wort – bedenken wir: ein einziges Wort! – das Leben verändert, die Welt verändert, nämlich das Wort: „Maria". Nur dies eine Wort: Der Unbekannte spricht Maria mit ihrem Namen an. Und in diesem Augenblick schlägt der Blitz bei ihr ein, der Blitz des Glaubens, der Blitz des Wiedersehens, der Blitz des glücklichen Findens: Ja, du bist es, Rabbuni, du mein lieber Lehrer und Meister, du bist es.

Und nun haben wir endlich das ganze johanneische Osterevangelium beisammen, das doch um Gottes willen nicht halbiert und verkürzt werden darf.

Und es ist deutlich geworden, dass Johannes sagen will: erster Teil – so nicht, zweiter Teil – nur so findest du zum Glauben an den Auferstandenen. Nämlich – und wir brauchen nur noch zusammenzufassen –: Ostern findest du nicht beim Zeitunglesen oder Tagesschaugucken. Denn genau so meint Johannes den ersten Teil mit dem Wettlauf zum Grab, mit den so genannten Fakten der Leinenbinden, des Schweißtuchs und des leeren Grabes. Geradezu sarkastisch ist des Evangelisten Fazit zu dieser Nachrichtenlage: „Dann kehrten die Jünger wieder nach Hause zurück". Nein, das bringt gar nichts. Sondern Ostern findest du nur in der personalen Begegnung. Ich erinnere an die Adjektive, die ich dieser Maria gegeben habe: weinend, suchend, sehnsüchtig. Nicht: neugierig, schauend, achselzuckend, sondern: weinend, suchend, sehnsüchtig. Liegt jetzt der Unterschied, der von Johannes gewollte Unterschied, für uns alle auf der Hand? Ostern findest du nicht von außen, also unter Ausklammerung deines Lebens, deiner Existenz, sondern nur von innen, wenn du dein Leben, deine Existenz, ins Spiel bringst. Das beste Beispiel dafür – und das ist zum Schluss schnell gesagt – ist immer wieder meine Erfahrung aus dem Gespräch mit Trauernden, wie aus dem äußeren Faktum des Todes und des Begräbnisses irgendwann und irgendwie die Wende eintritt und die innere Sehnsucht nach dem Wiedersehen die Oberhand gewinnt. Erst wenn diese innere Sehnsucht gewachsen ist, kann sich alles wenden. Genau wie bei dieser Maria so auch bei unserem Glauben an den auferstandenen Jesus.

FÜRBITTEN

Pr: *Geben wir den Fürbitten am Ostersonntag einen persönlichen Charakter. Das will heißen, dass wir den persönlich ansprechen, um den es doch allein geht: den lebendigen Christus von heute.*

L: Herr Jesus Christus, du Lebendiger, heute und in Ewigkeit: Öffne unser Herz für deine lebendige Gegenwart. Christus, höre uns ...

L: Zeige gerade denen deine lebendige Gegenwart, die immer noch am leeren Grab hängen und irgendwelche Beweise in der Vergangenheit suchen. Christus, höre uns ...

L: Richte unseren Blick zum Himmel, wie Paulus schreibt, weil dieser Ort und Zustand längst existiert, auf den wir alle zugehen. Christus, höre uns ...

L: Wir bitten für alle, die um einen lieben Menschen trauern. Gib ihnen den Mut, die Sehnsucht nicht zu unterdrücken, damit sie offen werden für die kommende Begegnung, wie du Maria begegnet bist. Christus, höre uns ...

L: Und ähnlich bitten wir für uns selber an Ostern: Lass uns die persönliche Begegnung mit dir suchen, weil du darauf wartest, dass wir uns zu dir hinwenden. Christus, höre uns ...

L: Hineinnehmen in unser Gebet wollen wir auch die österliche Bitte für unsere Verstorbenen: Wende dich ihnen zu, sprich sie mit ihrem Namen an, damit sie dich finden und bei dir bleiben für immer. Christus, höre uns ...

Pr: *Denn es ist wahr: In persönlicher Begegnung bist du als Lebendiger zu finden. Wir danken dir für diese unübertreffbare Botschaft des Lebens.*

Ostermontag
Lesejahr B

1. Lesung: Apg 2,14.22–33
2. Lesung: 1 Kor 15,1–8.11
Evangelium: Lk 24,13–35

Aus der ersten Lesung:
Gott aber hat ihn von den Wehen des Todes befreit und auferweckt. (Apg 2,24)

Aus dem Evangelium:
Während sie redeten und ihre Gedanken austauschten, kam Jesus hinzu und ging mit ihnen. Doch sie waren wie mit Blindheit geschlagen, so dass sie ihn nicht erkannten. (Lk 24,15f.)

Friedhof – Emmaus – Gottesdienst

Zuerst sage ich: Danke, lieber Evangelist Lukas, dass du uns diese deine einzigartige Ostergeschichte von den Emmausjüngern hinterlassen hast. Was täten wir skeptischen Verstandes- und kritischen Wissensmenschen mit all den anderen Ostergeschichten, etwa denen vom leeren Grab oder von den Frauen, die den Leichnam salben wollen und ihn dann gar nicht finden – was täten wir mit alldem, wenn es diese deine Emmausgeschichte nicht gäbe, die auf einer ganz anderen Ebene uns das österliche Wunder aufschließen möchte? Denn es ist – trotz aller Distanz – die Ebene unserer Alltagserfahrung. Wir müssen nur aus dieser deiner einen Ostergeschichte drei machen. Denn du hast aus dreien unserer häufigen Ostererfahrungen eine gemacht. Wenn ich also jetzt drei meiner häufigen Erfahrungen erzähle, dann werden wir bald merken, wie sehr sie mit dieser österlichen Emmauserzählung zu tun haben.

Die erste spielt sich so ab: Hinter mir geht ein Tor auf, die kalte Luft kommt herein, ich drehe mich um und gehe ins Freie, hinter mir schieben vier Männer den Sarg des Verstorbenen, dahinter die schwarz gekleideten Angehörigen, wir gehen den Weg zum Grab, manchmal ist er kurz, manchmal sehr lang, und wie wir dort ankommen, lassen die vier Männer den Sarg langsam hintersinken, und die Umstehenden weinen. Was hat es mit dieser ersten Erfahrung von mir auf sich? Sie ist der Anlass, der Ausgangspunkt, dieser Emmauserzählung, nämlich der Karfreitag, das, was hinter den Jüngern liegt, das Erlebnis von Golgota, das Sterben dieses Jesus am Kreuz und seine Bestattung in einem Felsengrab am Rüsttag vor dem Sabbat.

Die zweite hat folgenden Inhalt: Etwa drei Tage vor der Beerdigung kommen die Angehörigen des Verstorbenen zu mir, die Tochter, der Sohn, die Witwe, eine Enkelin, wie auch immer; wozu kommen sie? Die meisten meinen, um mir Informationen über den Verstorbenen zu geben. Aber das ist nur ein winziger Nebeneffekt, nur eine Randerscheinung. In der Hauptsache spielt sich bei diesem Gespräch zwischen Tod und Beerdigung das ab, was ich nennen möchte: das Leben dieses Verstorbenen zur Sprache bringen. Dieses Gespräch erreicht manchmal eine Dichte, eine Tiefe, eine bewegende Schönheit, dass ich spüre und auch sage: Ist das nicht schön, wie der Verstorbene in Ihnen gewirkt und Ihr Herz bewegt hat? Gut, dass er uns hört, er hört uns nämlich wirklich. – Was ist diese zweite Erfahrung von mir? Das da, ganz genau: „Sie sprachen miteinander über all das, was sich ereignet hatte. Während sie redeten und ihre Gedanken austauschten, kam Jesus hinzu und ging mit ihnen. Doch sie waren wie mit Blindheit geschlagen, so dass sie ihn nicht erkannten." Ein einziges konkreteres Beispiel hierzu: Da sagt die Enkelin der Verstorbenen in diesem Gespräch: „Unsere Oma hatte immer so offene Hände, jeder Mensch war in ihrem Haus willkommen." Darauf sage ich: „Ihre Oma hat immer so offene Hände, jeder Mensch ist bei ihr willkommen." Ich wende also die Vergangenheits- in Gegenwartsäußerungen, und wir spüren, dass es doch tatsächlich so ist, dass sie bei uns ist und bei uns bleibt.

Meine dritte Erfahrung ist eine doppelte: Zum einen unsere Selbsthilfegruppe für Trauernde, die sich monatlich im Clubraum trifft. Wir sitzen am runden Tisch und brechen miteinander das Brot der Trauer, das Brot unserer Abschiedserfahrungen, das Brot unserer Hoffnung, und es ist immer wieder erstaunlich, wie offen dieses Brotbrechen der Trauernden ist, wenn nur ein Raum da ist – und dafür steht der runde Tisch –, in dem Gewissheit herrscht, von den anderen verstanden zu werden, auf gleicher Ebene zu sein. Was bei diesen vom Teilen geprägten Trauergesprächen so die Augen aufgehen lässt, das ist einfach diese Erfahrung, dass es dir wie mir geht, dass du ähnlich fühlst, dass ich also im Mitteilen der Trauer und Hoffnung des anderen mich selber wiederfinde. Und zum anderen muss ich bei meiner dritten Erfahrung natürlich unsere Gottesdienste nennen. Sie glauben ja nicht, wie sehr fast jeder Gottesdienst auch von trauernden Menschen getragen ist. Eigentlich immer ist jemand unter uns, der einen lieben Menschen hergeben musste, vor drei Tagen, vor zwei Monaten oder vielleicht genau vor einem Jahr. Immer liegen die Gefühle, die Schmerzen, die Hoffnungen dieser Menschen mit auf dem Altar. Und wenn dann tatsächlich das Brot gebrochen und der Leib dieses auferstandenen Jesus ausgeteilt wird, dann kommt nicht selten diese Augen öffnende Erfahrung zustande, die hier so unübertrefflich beschrieben ist: „Und als er mit ihnen bei Tisch war, nahm er das Brot, sprach den Lobpreis, brach das Brot und gab es ihnen. Da gingen ihnen die Augen auf, und sie erkannten ihn".

Drei Erfahrungen also aus meinem und auch aus Ihrem Alltag, die Lukas hier zu einer einzigen Ostergeschichte verwoben hat. Die Erfahrung des traurigen Abschiednehmens – Friedhof, Sarg, Beerdigung –, die Erfahrung des Gesprächs über den Verstorbenen mit all der Tiefe, die darin möglich ist, bis hin zum Spüren, dass er tatsächlich bei uns ist, und die Erfahrung des Brotbrechens miteinander an einem gemeinsamen Tisch, wo einem die Augen aufgehen können in ungeahnter Weise. Was will also Lukas mit dieser seiner einzigartigen Ostergeschichte? Er hat dreimal ein Geheimnis hineingepackt, das so lebensfern und unwirklich gar nicht ist, wie es uns bei oberflächlichem Denken immer wieder scheinen möchte: dass nämlich dieser gekreuzigte Jesus, dieser unser Verstorbene von heute bei allen drei Erfahrungen bereits als Lebendiger mit dabei ist: schon beim Abschiednehmen auf dem Karfreitags-Friedhofsweg, mehr schon und deutlicher beim Gespräch über ihn, beim dankbaren Erinnern an ihn, am meisten und stärksten aber dann beim Brotbrechen am Tisch – damals in Emmaus so sehr, dass Lukas von einem brennenden Herzen in der Brust spricht, als sie sich erinnern – und bei unseren Gottesdiensten, wenn wir nur offen sind für das Geschenk der Trauernden, die unter uns sind mit ihrem offenen, sehnsüchtigen Herzen.

Darf ich zum Schluss sagen, wo mir am meisten und stärksten die Augen aufgehen? Das ist immer dann, wenn ich im Gottesdienst einem Trauernden in die Augen schauen kann und wenn ich darin sehen darf, dass dieser Mensch seinen Verstorbenen mitgebracht hat; er lässt ihn nicht, er bringt ihn mit zum Brotbrechen in der Gemeinschaft, weil er fühlt und spürt, dass er da ist, mitten unter uns. Immer wieder darf ich im Gottesdienst diese Liebe in den Augen eines Menschen sehen.

FÜRBITTEN

Pr: *Bringen wir jetzt diese Erfahrungen, von denen die Rede war, in die Sprache des Gebetes, denn dorthin gehören sie ja. Herr Jesus Christus, der du so deutlich, aber eben nicht äußerlich sichtbar bei deinen Gläubigen bist, höre unsere Bitten:*

L: Emmaus ist nicht fern, es ist so nah, dass wir selber mit dabei sind. Lass uns das im Gottesdienst immer wieder einmal spüren.

L: Jetzt, hier und heute, brechen wir das Brot miteinander. Lass uns die Augen aufgehen, wie es dieses Evangelium heute andeuten möchte.

L: Wenn wir miteinander über einen lieben Menschen reden, der lange bei uns war, dann ist er durch dieses Erinnern wirklich bei uns. Hilf uns, das zu glauben.

L: Und sogar auf dem Weg des Abschieds, auf dem Friedhof, ist und bleibt der Verstorbene unter uns. Auch dafür öffne uns immer mehr die Augen.

L: Und du selbst, Herr? Wie oft denken wir: Könnten wir ihn nur sehen! Dabei liegt es nur an unserer Blindheit, mit der wir geschlagen sind. Zeige uns deine wirkliche, leibhaftige Gegenwart auf unseren Wegen.

L: An diesem Ostermontag denken wir auch an unsere Verstorbenen: Schenke ihnen das Glück deiner ewig sichtbaren Gegenwart.

Pr: *Denn die Jünger konnten damals und wir können heute sagen: „Der Herr ist wirklich auferstanden", wenn wir dich suchen in diesen einfachen Lebenserfahrungen.*

2. Sonntag der Osterzeit
Lesejahr B

1. Lesung: Apg 4,32–35
2. Lesung: 1 Joh 5,1–6
Evangelium: Joh 20,19–31

Aus der ersten Lesung:
Die Gemeinde der Gläubigen war ein Herz und eine Seele. (Apg 4,32)

Aus dem Evangelium:
Am Abend des ersten Tages der Woche ... Acht Tage darauf waren seine Jünger wieder versammelt. (Joh 20,19.26)

Sonntag: der Protest des Anfangs

Heute muss ich beginnen mit einem kühnen Satz, mit einer Behauptung zunächst, die natürlich dann gleich begründet werden muss. Diesen kühnen Satz, diese Behauptung, können Sie als Ergebnis dieses Sonntags mitnehmen. Nämlich: Die ersten Christen, also ganz am Anfang, waren von solch einem Mut, solcher Kühnheit erfüllt, dass sie in wenigen Jahrzehnten die damalige Welt verändert haben. Nirgends sonst lässt sich das so eindeutig belegen wie mit dem heutigen Evangelium. Ich möchte Sie an dieser Stelle kurz auf ein interessantes Buch aufmerksam machen, auch wenn wir nachher nicht mehr darauf zurückkommen werden. Es heißt: „Menschen werden Christen. Das Drama der Bekehrung in den ersten Jahrhunderten". Hier wird mit großer Sorgfalt historisch nachgewiesen, wie und warum in einer heidnischen Götterwelt die ersten Christen mit ihrer neuen Lehre von diesem Gekreuzigten das ganze römische Imperium durchdringen und die Menschen grundlegend überzeugen konnten.

Ich will also aufzeigen, dass die ersten Christen die damalige Welt grundlegend verändert haben. Diese Tatsache lässt sich begründen – Sie werden's nicht glauben – durch diese winzigen Hinweise gerade in diesem Evangelium: erster Tag, achter Tag der Woche. Dies sind übrigens – an dieser Stelle sei es schon verraten – von Anfang an die Geheimworte, die Ursprungsworte, für den christlichen Sonntag. Ich möchte Ihnen jetzt aber auch erläutern, in welchem Wochenschema, in welcher Abfolge der Wochentage, die ersten Christen damals gelebt haben. Die Wochentage im römischen Weltreich können wir außer Acht lassen; nur beiläufig: Die Römer benannten die Wochentage nach den

Planeten, wobei der erste Tag der Woche der Tag der Sonne war, der „dies solis", der letzte, siebte Tag der Woche der des Planeten Saturn. Viel wichtiger für uns ist die jüdische Ordnung der Wochentage, denn das Christentum kam ja am Anfang aus dem Schoß der jüdischen Religion und blieb dort auch eine geraume Zeit. Die Juden hatten nur zwei Namen für Wochentage: Rüsttag und Sabbat. Beides kennen wir aus der Leidensgeschichte: Jesus wurde am Rüsttag des Sabbats in Jerusalem gekreuzigt, also am Tag, da man sich auf die Feier des Sabbats vorbereitete. Die übrigen Wochentage hatten keinen Namen, die wurden gezählt vom ersten bis fünften Tag, der Rüsttag war dann also der sechste, der Sabbat der siebte Tag der Woche. Das war damals die unverrückbare, seit ewigen Zeiten geltende Ordnung der Woche. Denken Sie nur an die Schöpfungsgeschichte: Am ersten Tag schuf Gott Himmel und Erde usw., am siebten Tag aber ruhte er von allen seinen Werken, denn er hatte Himmel und Erde vollendet. Der Sabbat war und ist also für die Juden so etwas wie ein Weihetag an Gott, der Gott geweihte Feiertag der Woche, der Abschluss, der Höhepunkt, ohne Arbeit, der von Gott selbst geheiligte und für ewige Zeiten festgelegte Tag göttlicher Ruhe. Die Begründung: Gottes Schöpfungswerk; was er begonnen hat, ist und bleibt ewiges Gesetz.

Und vor diesem Hintergrund wird uns bald deutlich werden, mit welcher Kühnheit und welchem Mut die ersten Christen diese Welt verändert haben. Dieser Mut, diese Kühnheit stecken wie gesagt in diesen winzigen Bemerkungen, auf die wir heute gestoßen sind: „am ersten Tag der Woche", „am achten Tag der Woche". „Am ersten Tag der Woche", in der Frühe, gehen die Frauen zum Grab. „Am ersten Tag der Woche", am Abend, sind die Jünger hinter verschlossenen Türen versammelt. „Am achten Tag der Woche" sind die Jünger wieder versammelt, und Thomas mit dabei. Haben Sie's schon bemerkt, was ich meine? Der erste Tag der Woche, und gleichlautend der achten Tag der Woche, das ist natürlich nach dem jüdischen Wochenschema, dem von Gott selbst sanktionierten Wochenschema, der erste Arbeitstag, der erste gewöhnliche Wochentag, der erste Werktag der Woche. Die ersten Christen halten aber unbeirrbar daran fest, dass auf diesen ersten Wochentag das Ereignis der Auferstehung Jesu zu datieren ist. Deshalb heißt es in den Osterberichten immer: „am ersten Tag". Und aus den ältesten Quellen der frühen Kirche erfahren wir, dass die Christen sich seit den Anfängen an diesem ersten Tag der Woche zum Gottesdienst versammelten, morgens oder abends; nicht dass sie der Arbeit ferngeblieben wären, das ging natürlich nicht, aber sie unterbrachen die Arbeit, um am ersten Tag der Woche, dem Tag der Auferstehung Jesu, gemeinsam Eucharistie zu feiern. Als dann Kaiser Konstantin knapp dreihundert Jahre später das Christentum zur Staatsreligion erklärte, da wurde dieser erste Tag der Woche, der christliche Gottesdiensttag, zum offiziellen und allgemein verbindlichen und arbeitsfreien Sonntag für alle. Die ersten Christen hatten also tatsächlich den Mut und die Kühnheit, die heilige, von Gott selbst eingesetzte Wochenordnung mit dem Sabbat auf den Kopf zu stellen und die Woche beginnen zu lassen mit dem Tag der Auferstehung Jesu und damit den heiligen Sabbat zum bedeutungslosen letzten Tag der Woche zu erklären.

Wenn Sie mir bei diesem mehr historischen, sachlichen Gedankengang gefolgt sind, dann kann uns jetzt plötzlich in verblüffender Einfachheit das heutige Evangelium aufgehen. Mit den Begriffen „erster Tag" und „achter Tag" können wir jetzt verbinden: Protest gegen die jüdische Wochenordnung. Dass die Jünger aus Furcht vor den Juden die Türen verschlossen haben – natürlich werden sich die Juden gewehrt haben gegen die Geringschätzung ihres Sabbats. Dass Jesus genau an diesem Tag in ihre Mitte tritt – natürlich, denn dies ist der Tag des Herrn, der Tag seiner Auferstehung, nicht der Sabbat. Dass sie sichtbar, spürbar den Heiligen Geist empfangen – nicht am Tag der Schöpfung (Sabbat) geschieht es, sondern am Tag der Auferstehung (Sonntag). Dass es da einen Mann namens Thomas gibt, der seine Zweifel, seine berechtigten Fragen stellt – natürlich ist das häufige Erfahrung der Christen bei ihren Gottesdiensten, dass da immer wieder gefragt wird: Wo ist denn dieser auferstandene Jesus zu finden? Und die Antwort des heutigen Evangeliums – eindeutig und klar –: Komm zu uns, und zwar am Sonntag, da und nur da kannst du ihn sehen und berühren.

Und der berühmte Schlusssatz: „Selig sind, die nicht sehen und doch glauben"? Den werden wir jetzt hoffentlich nicht mehr falsch, sondern richtig verstehen. Der Evangelist Johannes will uns sagen: Ich erzähle von eurem Gottesdienst am ersten Tag der Woche, vom Sonntagsgottesdienst eurer christlichen Gemeinde am Beginn des 21. Jahrhunderts. Macht also Schluss damit, auf den Thomas von damals zu starren; den nenne ich nicht selig. Sondern schaut auf euren Gottesdienst, eben am ersten Tag der Woche, am Sonntag. Dort ist der Auferstandene zu finden und zu sehen; wer das tut, wer daran glaubt, der ist selig zu preisen.

FÜRBITTEN

Pr: *Herr, unser Gott, zu den allerersten Quellen des christlichen Sonntags sind wir gelangt, als wir uns mit diesem Evangelium befasst haben. Wir haben den Sonntag und seinen Gottesdienst kennen gelernt als Protest gegen den jüdischen Sabbat. Höre unsere Bitten, denn auch bei uns ist jetzt der achte Tag nach Ostern.*

L: Schenke uns Dankbarkeit für das Wort der Evangelisten, das uns bestärken will bei dem, was wir jetzt tun.

L: Mache uns, die wir heute gekommen sind, auch ein wenig stolz auf den christlichen Sonntag, mit dem die Christen des Anfangs die Welt verändert haben.

L: Komm auch heute in unsere Mitte, sprich das Wort des Friedens und gib uns deinen Heiligen Geist.

L: Begleite uns mit deiner Gnade, wenn wir uns wie die Christen des Anfangs bemühen, alle Frager und Zweifler zu gewinnen und zu überzeugen.

L: Um die Hochschätzung des christlichen Sonntags in der heutigen Gesellschaft bitten wir, damit die Menschen über ihrer Arbeit nicht den Geschenkcharakter des Lebens aus dem Auge verlieren.

L: „Die Gemeinde der Gläubigen war ein Herz und eine Seele." – Hilf uns Christen, uns darum wenigstens ehrlich zu bemühen.

Pr: *Denn die Christen des Anfangs waren unter anderem deshalb so überzeugend, weil es „stimmte", was sie sagten und was sie lebten. Schenke auch uns heute diese überzeugende „Stimmigkeit", die im Sonntagsgottesdienst ihren Ursprung hat.*

3. Sonntag der Osterzeit
Lesejahr B

1. Lesung: Apg 3,12a.13–15.17–19
2. Lesung: 1 Joh 2,1–5a
Evangelium: Lk 24,35–48

Aus der ersten Lesung:
Den Urheber des Lebens habt ihr getötet, aber Gott hat ihn von den Toten auferweckt. (Apg 3,15)

Aus dem Evangelium:
Die beiden Jünger, die von Emmaus zurückgekehrt waren, erzählten den anderen Jüngern, was sie unterwegs erlebt und wie sie Jesus erkannt hatten, als er das Brot brach. (Lk 24,35)

Das einfache Brotbrechen ist es

Bei meiner Krankenkommunion am Herz-Jesu-Freitag habe ich jahrelang ein Ehepaar besucht. Eines Tages starb der Mann, und ich traf die Frau zum ersten Mal allein an. Wissen Sie, was sie tat, als ich genau zu der Zeit kam wie jeden Monat? Sie bemerkte mich gar nicht, sie saß in der Küche und machte Brotzeit, ganz langsam, und neben sich hatte sie das Messer und die Gabel von ihrem verstorbenen Mann liegen.

Aber zunächst die Arbeit am Text des heutigen Evangeliums. Jeder Religionslehrer merkt sofort, dass dieser Text eine Religionsstunde wiedergibt, eine Stunde über das Thema „Wie komme ich zum Glauben an den auferstandenen Christus?" Die Stunde beginnt mit der Anknüpfung an die Emmauserzählung vom Ostermontag, die viele nicht verstehen können, weil sie nicht dabei waren bei jenem Brotbrechen. Dann ein unerwartetes Ereignis: „Während sie noch darüber redeten, trat er selbst in ihre Mitte und sagte zu ihnen: Friede sei mit euch! Sie erschraken und hatten große Angst, denn sie meinten, einen Geist zu sehen." Schon haben wir den damals häufigsten Einwand gegen den Osterglauben: ein Geisterglaube! Ihr habt doch nur ein Gespenst gesehen und weiter nichts! Gilt dieser Einwand nicht bis heute ganz genauso? Wo ist denn euer Christus zu sehen? Habt ihr ihn gesehen? Nein? Was wollt ihr dann? Da wiederholt sich genau die Problematik des Thomasevangeliums vom letzten Sonntag. Und deshalb folgen jetzt in dieser Unterrichtsstunde die drei Lernschritte: das Sehen, das Berühren und das Brotbrechen. Bevor ich die drei

Schritte erkläre, gestatten Sie mir gleich die Frage: Welcher dieser drei Schritte führt zum Glauben – Sehen, Berühren oder Brotbrechen? Sie wissen es schon; deshalb kann ich mich bei den ersten beiden sehr kurz fassen.

„Warum lasst ihr in eurem Herzen solche Zweifel aufkommen? Seht meine Hände und Füße an: Ich bin es selbst." Das haben wir schon am letzten Sonntag entdeckt: Dieser erste Schritt, das Sehen, führt nicht zum Glauben: „Sie staunten, konnten es aber nicht glauben." Das Sehen bringt nichts für den Glauben. „Da sagte er zu ihnen: Habt ihr etwas zu essen hier? Sie gaben ihm ein Stück gebratenen Fisch; er nahm es und aß es vor ihren Augen." Wie heißt der zweite Schritt dieser Unterrichtsstunde? Das Berühren. Führt das zum Glauben? Wenn also dieser Jesus – so meint das der Lehrer namens Lukas – jetzt persönlich zu uns hereinkäme, körperlich sichtbar, spürbar, und er würde vor unseren Augen ein Stück gebratenen Fisch essen – würde dann niemand mehr an ihm zweifeln und jeder würde es endlich glauben: „Ja, dieser Jesus lebt, wir sehen und berühren ihn"? Ich muss das so deutlich darstellen, damit wir nachher den äußerst wichtigen dritten Schritt verstehen. Wenn das Berühren alle Zweifel ausschlösse, dann müsste um jeden Preis jetzt der Satz dastehen: „Und als er mit ihnen bei Tisch war und vor ihren Augen ein Stück gebratenen Fisch aß, da gingen ihnen die Augen auf und sie erkannten ihn". Aber dieser Satz steht nicht da, und außerdem merken wir, dass da etwas falsch ist, denn wir kennen diesen Satz ganz genau – er kam am Ostermontag in unsere Ohren: „Und als er mit ihnen bei Tisch war, nahm er das Brot, brach das Brot und gab es ihnen. Da gingen ihnen die Augen auf und sie erkannten ihn." So heißt der Satz richtig. Und damit ist alles erledigt, was wir bisher hörten: Das Sehen und das Berühren führen nicht zum Glauben. Sondern – das Brotbrechen! Was ist damit gemeint?

Das Brotbrechen ist eine der ältesten Handlungen der Menschheitsgeschichte. Im Volk Israel war es seit der Nomadenzeit, also seit unvordenklicher Zeit, üblich, dass jede Mahlzeit damit begann, dass der Hausvater den runden Brotfladen nahm und ihn in so viel Teile zerbrach, als Gäste am Tisch waren. Jesus hat es am Gründonnerstag beim Abendmahl ganz genauso gemacht. So fing jede Mahlzeit an, dass einer das Brot brach und es an alle austeilte. Warum konnte für die Jünger Jesu ganz am Anfang die Erinnerung an Jesu Brotbrechen zu einer der intensivsten Ostererfahrungen werden? Und warum konnte der Sonntagsgottesdienst jahrhundertelang „das Brotbrechen" genannt werden? Denn so nannte man die Sonntagsmesse lange Zeit: das Brotbrechen. Die Erklärung ist sehr viel einfacher, als wir uns das vorstellen möchten. Wir brauchen diese Handlung nur in die Entwicklung einer Ehe und Familie hineinzustellen: Was ist das tiefste und stärkste Erlebnis einer langen Ehe und Familie? Nicht das Sehen und Berühren, wie Mann und Frau zunächst leidenschaftlich meinen. Den Partner sehen und berühren dürfen, bis hin zur innigsten Berührung, die zwischen Mann und Frau möglich ist, das ist nur im Augenblick das Höchste. Das vergeht schnell wieder. Denn die Musik des Lebens spielt ganz woanders. Was in einer langen Ehe und Familie bleibt, unvergessen bleibt, ist das Brotbrechen. Nämlich: Jeden Tag am Tisch sitzen und einander das Brot brechen, mal ein karges, mal ein üppiges, mal ein süßes, mal ein bitteres Brot, jeden Tag einander das Brot brechen, das Leben teilen, den einfachen Alltag, lebenslang, das ist die intensivste, bleibende Form, wie Menschen sich einander mitteilen und schenken. Ich kann nur allen Eheleuten empfehlen, einmal still darüber nachzudenken, wie oft sie das schon getan haben – das Brot brechen, die Suppe ausschöpfen, den Teller leer essen, voreinander, nebeneinander, miteinander –, um zu erkennen, wie sehr – aufs Ganze des Lebens gesehen – sie das zusammengeschweißt hat.

Sie spüren, dass wir uns jenem winzigen Erlebnis wieder nähern, mit dem ich begonnen habe. Nur noch entfalten muss ich, was Brotbrechen, Ostern und Eucharistie miteinander zu tun haben: So wie die Eheleute beim täglichen Brotbrechen zusammenwachsen, so wie die Kinder am häuslichen Tisch unsichtbar die Lebenskraft der Eltern empfangen, so ist den Jüngern ganz am Anfang nach dem Karfreitag der Gestus des Brotbrechens, den Jesus am Abend vor seinem Tod zum letzten Mal praktiziert hatte, unvergesslich geblieben. Sie haben ihn schon bald wiederholt, wieder und wieder einander das Brot gebrochen wie er, und siehe da, sie lernten sehr bald, was jedes Ehepaar im Lauf der Jahre lernt, dass langfristig in diesem Geschehen das Leben selber sich mitteilt, dass dieser Christus in solchem Brotbrechen erlebbar, erkennbar wird wie bei nichts anderem.

Verstehen wir jetzt, warum jene alte Frau, von der ich anfangs erzählte, Brotzeit machte, langsam und ohne auf mich zu achten, Messer und Gabel ihres verstorbenen Mannes neben sich? Weil es keine intensivere Form des bleibenden Zusammenseins gibt als das Brotbrechen. Das gilt für ein altes Ehepaar, wenn der eine von beiden gestorben ist, und das gilt für die Christen bis heute, wenn sie begriffen haben, was der Sonntag wirklich ist.

FÜRBITTEN
Pr: *„Zeichen der Gemeinschaft: Brot und Fisch." – Wir denken in der Osterzeit an vielfältige Wunder und Erscheinungen. Dabei hat der Anfang des Christentums mit dem täglichen Brot zu tun, mit den Händen, die es brechen, und der Gemeinschaft, die so entsteht. Höre unsere österlichen Bitten, Herr:*

L: Schenke uns einen Zugang zu den einfachsten Gesten des Lebens, zum Bitten und Danken, zum Händedruck und Brotbrechen, weil darin das Leben selber sich mitteilt.

L: Dass wir aus der Religionsstunde, die unser heutiges Evangelium ist, lernen, nicht nur sehen und berühren zu wollen, sondern mehr auf die inneren Erfahrungen zu achten.

L: Gib den Eheleuten und Familien Augen und Ohren für das Brotbrechen, das gemeinsame Teilen des Lebens, damit sie erkennen, wie einfach und alltäglich der tragende Grund ihrer Gemeinschaft zu finden ist.

L: Mache uns deutlich, dass auch das Geheimnis von Ostern darin zu finden ist, dass uns im gewöhnlichen Brot, das untereinander gebrochen wird, die Augen für den gegenwärtigen Christus aufgehen können.

L: Gib den Kindern das Glück eines harmonischen Familientisches, damit sie dort die Erfahrung einer liebevollen Gemeinschaft machen können.

L: Und lass uns von den alten Menschen lernen, wie die Erinnerung des Brotbrechens stärker sein kann als die Trennung durch den Tod.

Pr: *Denn so hat der Osterglaube begonnen, und davon lebt er bis heute, dass da sonntags Brot gebrochen wird, wie es Jesus getan hat. Herr, jetzt feiern wir Eucharistie, hier an diesem Altar; lass auch uns die Augen aufgehen, weil er es ist, der uns das Brot bricht, Jesus selbst.*

4. Sonntag der Osterzeit
Lesejahr B

1. Lesung: Apg 4,8–12
2. Lesung: 1 Joh 3,1–2
Evangelium: Joh 10,11–18

Aus der ersten Lesung:
Im Namen Jesu Christi, des Nazoräers, den ihr gekreuzigt habt, steht dieser Mann gesund vor euch. (Apg 4,10)

Aus dem Evangelium:
Ich bin der Gute Hirt; ich kenne die Meinen, und die Meinen kennen mich. (Joh 10,14)

Der Gute Hirt in deiner Seele

Die Predigt an diesem hundertprozentigen Hirtensonntag bleibt nur bei diesem Bild vom Guten Hirten. Wir wollen einfach versuchen, mit diesem Bild zu sprechen, um vom äußeren, fotoartigen Gehalt zum inneren Bild zu kommen, wie es unserer Seele eingeprägt ist, und dadurch zum Christusbild der frühesten Zeit. Nehmen wir's zuerst in seinem äußeren, fotoartigen Gehalt: Dieses Bild spricht von einem Stärkeren und einem Schwächeren, vom Beschützen und Beschütztwerden, vom Tragen und Getragenwerden, es spricht von Wärme und Heilung und Heimkehr und Zusammengehören und ist auch für uns im Industriezeitalter, wo Schafhirten kaum noch anzutreffen sind, voll verständlich und zugänglich: Jeder Mensch braucht einen Guten Hirten. Besonders natürlich der Schwache und Verletzte und Kranke und Hilflose. Und deshalb könnte dieser Sonntag animieren, an jene Menschen zu denken, die in dieser Rolle sind, also die Kinder, die Kranken, die Alten, die Verletzten. Aber wir wollen auf etwas anderes zugehen, nämlich auf das älteste Christusbild überhaupt.

Ob Sie's gewusst hätten? Die Darstellungen Jesu Christi waren im Laufe der Zeit einem kräftigen Wandel unterworfen; im 19. Jahrhundert etwa hat man den Herrn nazarenisch dargestellt, also süßlich und lieblich, weil es die Zeit der Romantik war, die so gern in Gefühlen schwelgte. Im Barock hat man Christus gern als Weltenrichter dargestellt; denken Sie an die mächtigen Kuppelgemälde in den Barockkirchen. Im Hochmittelalter war der qualvoll leidende Heiland am Kreuz das beliebteste Motiv, wie wir es etwa kennen aus dem Kölner Dom oder dem Ulmer Münster mit ihren Kruzifixen. In der Romanik dagegen starb Jesus königlich am Kreuz; der Erlöser wurde voller Majestät dargestellt.

Ganz am Anfang der Christenheit aber gab es ein ganz anderes Christusbild. Es gibt in Rom auf ungezählten Epitaphen und Sarkophagen aus dem vierten, dritten, ja zweiten Jahrhundert das immer wieder auftauchende Motiv vom jungen Hirten Jesus Christus, also einem ganz jungen Mann, keinem durch und durch Erwachsenen, sondern einem Jüngling, der ein Schaf auf seiner Schulter trägt und kraftvoll aussieht und jugendlich gekleidet ist. Diese wie gesagt ungezählten Christusdarstellungen in den Grabstätten der frühen Christen wurden oft kombiniert mit Darstellungen von Bacchus, dem Gott des Weines und der Fröhlichkeit, und mit Jonadarstellungen, dem Hauptmotiv des neuen Lebens, das aus dem Tode kommt. Warum war dies die erste und früheste Art, Christus bildlich darzustellen? Eine Antwort darauf hängt eng mit der Lösung der eminent interessanten Frage zusammen, wie sich denn das Christentum ganz am Anfang so rasch ausbreiten und durchsetzen konnte. Und einer der Hauptgründe dafür war die Tatsache, dass das Christentum eine Antwort gab auf die Existenzfrage jedes Menschen, die keine andere Religion zu beantworten wusste, nämlich auf die Frage nach dem Schicksal und nach dem Tod. Jede Religion damals – und es gab ja viele im Römerreich – erzog den Menschen zur Ergebenheit in sein Schicksal und zur stoischen Ergebenheit in den Tod. Wer arm oder ein Sklave war – und das war ja die Mehrheit –, war eben arm oder Sklave, das war eben sein Schicksal, und dass es nach dem Tod ein neues persönliches Leben gebe – denken wir nur daran, wie Paulus ausgelacht wurde, als er in Athen davon reden wollte. Und da kam das junge Christentum daher und brachte diese menschennahe Botschaft: Du bist in den Händen des lebendigen Gottes, dieser Christus hat den Tod besiegt, er führt dich wie ein Guter Hirte auf die himmlische Weide, du bist nicht verloren, du ganz persönlich hast eine Zukunft, die schöner sein wird als alles auf Erden. Diese jugendlich-frische Botschaft der Christen schlug wie eine Bombe ein. Plötzlich waren die armen, einfachen, kleinen Leute etwas wert. Und daraus wuchs eben dieses erste und früheste Christusbild: Mit seiner jugendlichen Kraft nimmt er dich auf seine Schultern und trägt dich heim.

Also ist dieser 4. Sonntag der Osterzeit mit seinem beherrschenden Gute-Hirten-Christusbild wie eine Rückkehr zu den ersten Anfängen des Christentums: So ist das Christentum ursprünglich angetreten, mit dieser Menschen befreienden Botschaft, die gerade den Armen und Kleinen Perspektiven gab, die vorher in all den anderen Religionen undenkbar waren. Jesus Christus sah man noch nicht als den Gekreuzigten oder gar den königlichen Feldherrn, sondern als den jugendlichen Guten Hirten, der dir ewige Jugend im Himmelreich verspricht.

Kommen wir schließlich noch zu dem Stichwort „Das innere Bild, wie es unserer Seele eingeprägt ist". Es ist ja nicht so, dass dieses Gute-Hirten-Christusbild durch das Anschauen mit unseren Augen von außen in unsere Seele kommt. Sondern es ist genau umgekehrt: Auch ein Künstler kann ein Bild nur gestalten, wenn es vorher schon in seiner Seele ist. So auch bei der Darstellung vom Guten Hirten. Und weil dieses Bild bei den Betrachtenden auf so große Resonanz stößt, kann man sagen: Dieses Bild vom Guten Hirten ist in jeder Menschenseele. Jeder sehnt sich danach, geschützt, getragen, geborgen, geheilt zu werden. Diese Botschaft, dieser Christus, dieser Gott, der hinter ihm steckt, will der Seele des Menschen gut tun, so gut, wie ein Hirt seinem kranken, verletzten, frierenden Lamm gut tun will. Denken wir doch an dieses Bild auch einmal bei der heiligen Kommunion: So wie ich den Leib Christi in meiner Hand tragen darf, so trägt mich Jesus Christus, der jugendlich-kraftvoll-lebendige Christus, durch das Leben und hinüber auf die Weide des ewigen Lebens.

FÜRBITTEN

Pr: *Du bist der Gott, von dem das letzte Buch der Bibel sagt: „Er wird alle Tränen von ihren Augen abwischen". Zu dir dürfen wir kommen, was auch immer uns bedrängt oder bedrückt.*

L: Bitten wir zuerst für die Menschen, die den Guten Hirten am nötigsten haben, für die Verbitterten, die Alleingelassenen, die Verletzten und Erschöpften.

L: Gib uns einen Zugang zu diesem ersten und frühesten Christusbild, zum jugendlich-kraftvollen Jesus Christus, der uns auf die gute Weide des ewigen Lebens führen will.

L: Um ein solches Vertrauen zu ihm bitten wir, wie es sich in den Grabstätten der frühen Christen in Rom manifestiert hat.

L: Schenke jedem von uns einen „Guten Hirten", einen Menschen also, bei dem er sich aussprechen, dem er sich anvertrauen kann.

L: Und lass uns füreinander „Gute Hirten" sein, so dass keiner in der Gemeinde sich verlassen oder verloren fühlen muss.

Pr: *Denn so wie wir den Leib Christi in der Hand tragen dürfen, so will er uns durchs Leben tragen – und darüber hinaus. Herr, wir danken dir für diese wahrhaft tröstliche Sonntagsbotschaft.*

5. Sonntag der Osterzeit
Lesejahr B

1. Lesung: Apg 9,26–31
2. Lesung: 1 Joh 3,18–24
Evangelium: Joh 15,1–8

Aus der ersten Lesung:
Barnabas jedoch nahm sich seiner an und brachte ihn zu den Aposteln. Er erzählte ihnen, wie Saulus auf dem Weg den Herrn gesehen habe und dass dieser mit ihm gesprochen habe. (Apg 9,27)

Aus dem Evangelium:
Ich bin der Weinstock, ihr seid die Reben. Wer in mir bleibt und in wem ich bleibe, der bringt reiche Frucht. (Joh 15,5)

Was der Geist fertig bringen könnte

Wir kennen alle diese beiden Wörter. Sie sind heute vielleicht die meistverwendeten in der Kirche. Nämlich die Wörter „konservativ" und „progressiv". „Was ist das für ein Bischof? Ein konservativer." „Und wie ist jener neue Pfarrer? Ein progressiver ist das." Irgendwie machen diese Wörter verlegen; oft sind sie schon zu Schimpfwörtern entartet. Und doch signalisieren sie etwas sehr Wahres, dass nämlich tiefe Risse durch die Kirche gehen. Ich werde diese beiden Wörter in der ganzen Predigt nicht mehr verwenden, überlasse es vielmehr Ihnen, die Bezüge zur Gegenwart herzustellen, wenn wir heute einmal in das turbulente Geschehen der Kirche des Anfangs, in die Apostelgeschichte hineinschauen.

Doch beginnen wir, wie es sich gehört, ganz arglos beim Evangelium: Ich bin der Weinstock, ihr seid die Rebzweige. Wer in mir bleibt, der bringt reiche Frucht. – Klingt ganz harmlos, dieses Bildwort des 5. Sonntags der Osterzeit. Aber wir sollten uns nicht täuschen. Dieses Bildwort sagt nichts Geringeres, als dass echtes christliches Leben ein Leben voll unerwarteter Abenteuer sein kann. Denn dieser Christus, dieser Weinstock, ist ein Lebendiger, kein Toter. Und was der mit uns vorhat, was der in uns wachsen lassen will – das ist ein Abenteuer. Da ist nämlich nichts mehr mit eigener Planung und Absicherung; die Rebzweige am Weinstock sind völlig abhängig vom Leben, das von innen kommt. Das bedeutet Abenteuer und Überraschung. Und nun springen wir gleich hinein in dieses Oster-Lesungsbuch, das so harmlos Apostelgeschichte heißt. Da werden also Tag und Nacht Stadttore bewacht – so fängt es in der heutigen Lesung an –, denn die Juden wollen diesen Saulus/Paulus ermorden. Und dann wird oben an der Stadtmauer mit einem Seil ein Korb befestigt, und in dem wird dieser bedrohte Mann hinuntergelassen und kommt mit dem Leben davon.

Ich will nicht künstlich dramatisieren, aber schon sind wir drin in der abenteuerlichen Apostelgeschichte. Da hat sich also dieser Lukas, zugleich der Verfasser des dritten Evangeliums, auf seine alten Tage noch hingesetzt, um wie in einem spannenden Roman zu Papier zu bringen, was sich da vom Jahre dreißig bis zum Jahre sechzig oder siebzig Unglaubliches abgespielt hat: wie nämlich die Botschaft von diesem auferstandenen Gekreuzigten von dem Provinznest Jerusalem bis nach Rom, in die Hauptstadt des römischen Imperiums, dringen konnte. Diesen abenteuerlichen Weg zu schildern ist die Hauptintention dieser so genannten Apostelgeschichte. Lukas beginnt mit dem Pfingstereignis, wo er schon Völker aus allen Provinzen des Imperiums in Jerusalem auftreten und dort ihre Muttersprache verstehen lässt – eine Vorwegnahme dessen natürlich, was er, Lukas, vierzig, fünfzig Jahre später im ganzen Römerreich beobachtet. Nach den ersten Taten der Apostel und der Steinigung des Stephanus bringt er dann in Kapitel neun das spektakulärste Ereignis der frühen Kirche: wie dieser Jude und Pharisäer und hochintelligente Saulus vor den Toren von Damaskus dem auferstandenen Christus begegnet, wie er zu Boden fällt und von einem Moment auf den andern zum Jünger und Prediger dieses lebendigen Christus wird.

Und da setzt unsere heutige Lesung ein. Dieser Mann gerät zwischen alle Fronten: Die Juden, aus deren Mitte er stammt, verfolgen ihn und wollen ihn umbringen. Die Christen sperren die Türen vor ihm zu, weil sie ihn nach wie vor fürchten und verständlicherweise nicht fassen können, dass der plötzlich ein Christ sein soll. – Was soll er machen, dieser Neuling, dieser Neubekehrte, dieser plötzlich neu gewonnene Paulus? Natürlich, er muss ins Zentrum der jungen Kirche, nach Jerusalem muss er gehen. Dort sitzen die Alt-Apostel, also die alten Herren wie Petrus und Jakobus, die der Überzeugung sind, dass man nur in Jerusalem selig werden könne; dort in der engen Sicherheit bleiben und warten auf die Wiederkunft des Herrn, das sollte also ganz am Anfang die Perspektive des Christentums sein. Kein Wunder, dass sie sich fürchten vor diesem Neuerer namens Paulus. Sie wollen ihn nicht in ihren Kreis aufnehmen, denn er war ja nicht Zeuge des Lebens Jesu, und stammen tut er aus dem fernen Tarsus, nicht aus der heiligen alten Stadt Jerusalem. Und da gibt es nun einen einzigen Mann, diesen Barnabas, der nimmt sich seiner an. Schön find ich das: Wo alle diesem neuen Christen misstrauen, die Juden und die Alt-Apostel, da nimmt er sich dieses Paulus an und erzählt in Jerusalem: Der hat den Herrn selber gesehen. Und auch erst dieser Barnabas machte es dann möglich, dass

Paulus auf seinen großen Missionsreisen so unvorstellbare Erfolge haben konnte, dass Paulus im ganzen Mittelmeerraum predigte und Gemeinden gründete und das Christentum bis nach Italien und Spanien tragen konnte. Hätte sich Barnabas nicht dieses Paulus angenommen und diesem Neubekehrten vertraut, das Christentum wäre wahrscheinlich als jüdische Sekte in der Versenkung verschwunden. Bleibt noch zu erwähnen, dass es schon bald, im 15. Kapitel der Apostelgeschichte, zur offenen Auseinandersetzung kommen wird zwischen Petrus und Paulus, dass sich der neue Apostel namens Paulus durchsetzen wird nach hartem Kampf und dass seitdem die ursprünglich jüdische Kirche offen ist für die Heiden, für die Welt. Deshalb gehören auch wir zur Kirche, die wir nicht in Jerusalem geboren sind.

Sollen wir noch ein Fazit ziehen aus diesen abenteuerlichen Entwicklungen in der Apostelgeschichte? Eins scheint mir wichtig, ohne nun zu konkret zu werden: Es scheint der Kirche von Anfang an angeboren und eingepflanzt zu sein, dass sie immer offen sein muss für neue Entwicklungen. Wäre dieser Paulus nicht hereingelassen worden, wäre die Kirche wahrscheinlich abgestorben. Hätte dieser Barnabas nicht vermittelt zwischen dem Neuen und den Alten, und hätte er sich dieses Paulus nicht angenommen, dann wäre wohl alles beim Alten geblieben. Und warum offen sein für neue Entwicklungen und nicht stehen bleiben beim Bisherigen? Die Begründung ist ganz einfach, und wir kehren zum Evangelium zurück: Ich bin der Weinstock, ihr seid die Rebzweige. Wer in mir bleibt, der bringt reiche Frucht. Von was ist da die Rede? Von einem Gesetz, einem Buchstaben, einer Tradition? Nein, die Rede ist von einem lebendigen Christus, der es fertig brachte, einen der intelligentesten Männer der damaligen Zeit ins Herz zu treffen und zu gewinnen: Paulus. Und wer sich diesem lebendigen Christus überlässt, überlässt sich – dessen Überraschungen. Also wissen wir, seine Rebzweige, nie im Voraus, was er morgen von uns will. In drei Wochen ist Pfingsten, und da wird ein sehr bekannter Kernsatz heißen: „Der Geist weht, wo er will". Das ist wohl die wichtigste Lehre, die wir aus diesem Sonntag heute ziehen müssen: Offen sein für die Zukunft und für neue Entwicklungen ist wesentlich für die Kirche, weil der lebendige Christus, weil der unberechenbare Geist die Regie haben in der Kirche. Also ist das Hören nach innen wichtiger als das Tun nach außen. Denn das Tun nach außen ist unser Werk, ist nur unser Werk, das Hören nach innen aber lässt den Geist, lässt den lebendigen Christus wirken.

FÜRBITTEN
Pr: *Die Bildrede vom Weinstock und den Rebzweigen – die Apostelgeschichte hat uns gezeigt, was das im Ernstfall bedeuten kann: sich diesem Christus ganz zu überlassen. So ergeben sich die Bitten von selbst:*

L: Zunächst wollen wir dich bitten, Herr Jesus Christus: Lass jedem von uns dieses Bildwort persönlich aufgehen.

L: Auch um den Heiligen Geist dürfen wir schon bitten, dass wir das Hören auf seine Stimme in unserem persönlichen Leben lernen.

L: Seit der Bekehrung des Saulus zum Paulus bist du in vielen Menschen am Werk. Lass uns daran glauben, dass du, lebendiger Christus, die Kirche leitest, und mache uns immer mehr offen für dein Wirken in uns selber.

L: Zu den Stichworten „Abenteuer" und „Überraschung" in der Kirche: Bewahre uns vor Erstarrung und Sicherheitsdenken und hilf uns, dir ständig neue Abenteuer und Überraschungen zuzutrauen.

L: Für alle, die ein Amt in der Kirche haben und Entscheidungen treffen, dass sie das Offensein für neue Entwicklungen nie aus dem Auge verlieren.

L: Und noch einmal für uns selber: Herr, du unser Weinstock, lass deine österlichen Früchte in uns wachsen: Lebendigkeit, Gelassenheit, Offenheit und Vertrauen.

Pr: *Denn wer in dir bleibt, der bringt reiche Frucht. Lass das für uns selber gelten und für die ganze Kirche.*

6. Sonntag der Osterzeit
Lesejahr B

1. Lesung: Apg 10,25–26.34–35.44–48
2. Lesung: 1 Joh 4,7–10
Evangelium: Joh 15,9–17

Aus der ersten Lesung:
Petrus aber sagte: Kann jemand denen das Wasser zur Taufe verweigern, die ebenso wie wir den Heiligen Geist empfangen haben? (Apg 10,47)

Aus dem Evangelium:
Wie mich der Vater geliebt hat, so habe auch ich euch geliebt. (Joh 15,9)

Der Regisseur der Kirche

Gehen Sie wieder mit mir in die Apostelgeschichte hinein, ganz ähnlich wie letzten Sonntag? Wir hatten als Ergebnis aus der Bekehrung des Apostels Paulus gefunden, dass die Kirche grundsätzlich immer offen sein muss für neue Entwicklungen. Der heutige Abschnitt der Lesung ist kaum weniger spannend als letzten Sonntag, wenn wir heute nur hineingehen unter dem Stichwort dieses Sonntags, das da heißt: „Beistand". Ohne diesen Beistand, also den Heiligen Geist, ging in der frühen Kirche gar nichts, denn es gab ja noch keinen Papst, kein Kirchenrecht, kein Lehramt im heutigen Sinn; wir erleben also heute beim Blick auf diesen Petrus die Geburtswehen der frühen Kirche.

Inhaltlich geht es in der Lesung um die Hauptfrage der Apostelgeschichte: Sollen auch die Heiden zur neu entstandenen christlichen Kirche hinzukommen? Zugegeben: „Heiden" klingt für uns so negativ und nicht gut. Sagen wir's lieber so: Soll diese neu entstandene Kirche eine kleine jüdische Gruppe in Jerusalem und Galiläa bleiben, oder soll sie sich öffnen nach Syrien, nach Ägypten, vielleicht sogar bis nach Rom? Das war die Haupt- und Existenzfrage damals, sie zieht sich durch die ganze Apostelgeschichte. Und da haben wir heute als typische Szene gehört, wie da ein römischer Hauptmann mit seinem ganzen Haus sich bekehrt und getauft wird. Das war ähnlich spektakulär wie die Bekehrung des Saulus; denn wenn ein Hauptmann der römischen Armee sich zum Christentum bekehrt und getauft wird, dann war das ein Erfolg dieser neuen Religion, der nicht hoch genug einzuschätzen war.

Bevor wir die vier Schritte anschauen, wie diese Bekehrung vor sich ging, lassen Sie mich festhalten, wovon die heutige Lesung eingerahmt ist, also, was davor war und danach kommt. Davor war diese seltsame Vision des Petrus, danach der Widerstand der Rechtgläubigen. – Davor war diese Vision des Petrus: Er hat Hunger, es ist mittags um 12, und da sieht er den Himmel offen und eine große Schale kommt vom Himmel herab, in der allerlei Tiere sind, die er schlachten, kochen und essen soll. Und dabei sind nun auch Tiere, die den Juden zu essen verboten waren. Da kommt eine Stimme: „Was Gott für rein erklärt, nenne du nicht unrein!" Wir verstehen gleich diese Vision des Petrus: Die jüdischen Reinheitsvorschriften gelten nicht mehr, denn Gott will, dass alles gegessen werden darf, was es auf Erden an Nahrung gibt. Als Petrus noch ratlos ist und nachdenkt, klopft es an seine Tür und die Diener des Hauptmanns Kornelius stehen draußen und wollen zu ihm; denn dieser Hauptmann Kornelius hatte, 100 Kilometer entfernt, eine ähnliche Vision. Wir verstehen: Der Geist Gottes muss den beiden zeigen, wo's langgeht; dem römischen Hauptmann, wo und von wem er die wahre Botschaft zu hören bekommt; dem Petrus, dass auch die nichtjüdischen Heiden Zutritt zur Kirche haben sollen. – Und was der heutigen Lesung folgt: „Als Petrus nach Jerusalem hinaufkam, hielten ihm die gläubig gewordenen Juden vor: Du hast das Haus eines Heiden betreten und sogar mit ihm gegessen!" Der Widerstand der Rechtgläubigen gegen das Neue – dabei steckt doch der Heilige Geist hinter dem Handeln des Petrus! Vor wenigen Jahren wurde ein Mitbruder von mir seines Amtes enthoben, wobei ihm gesagt wurde: „Du hast das Abendmahl bei den Evangelischen genommen, und das ist verboten." Hier wie dort also ganz ähnliche Töne.

Schauen wir jetzt ganz schnell die vier Sätze, die vier Schritte, an, wie das ging, dass da ein erwachsener und angesehener römischer Hauptmann getauft wurde: „Als Petrus ankam in Cäsarea, lief ihm Kornelius entgegen und warf sich vor ihm nieder." Das heißt doch: Als Petrus diesen Mann zum ersten Mal sieht, ist das Spiel längst gelaufen; denn der Heilige Geist hat bereits die beiden Männer beeinflusst und zueinander geführt. – Petrus: „Jetzt weiß ich, dass Gott in jedem Volk willkommen ist, wer ihn fürchtet." Jetzt erst kapiert dieser Petrus, was der Heilige Geist längst schon gewollt hat. Ohne das innere Wirken des Heiligen Geistes hätte er es nie kapiert. – „Noch während Petrus redete, kam der Heilige Geist auf alle herab, die das Wort hörten." Die frühe Kirche des Anfangs war ganz eindeutig eine Geistkirche, also eine Kirche, in der sich ereignete, was heute nur von den Pfingstkirchen und Charismaten erzählt wird. – „Kann jemand denen das Wasser zur Taufe verweigern, die ebenso wie wir den Heiligen Geist empfangen haben?" Damals war also noch nicht zuerst die Taufe (gar an Kleinkindern), dann die Firmung, sondern zuerst musste jemand spürbar den Geist empfangen haben (als Erwachsener), dann erst konnte er getauft werden und wurde es auch.

Lassen Sie mich an dieser Stelle zwei aktuelle Beobachtungen anfügen, die zeigen, dass heute manches von der Kirche des Anfangs wieder neu aufbricht.

Wenn heute in Indien ein katholischer Bischof und ein Hindupriester miteinander reden, dann will keiner mehr den andern bekehren, sondern jeder von beiden will hören, was der Geist im anderen sagen will. Und wenn heute manche Freikirche oder die Pfingstbewegung wieder die Erwachsenentaufe einführen, dann ist das gar nicht so fern der Praxis der frühen Kirche, weil es bewusst um die selbständige Entscheidung eines Erwachsenen geht.

Was lernen wir also aus dieser Lesung am 6. Sonntag der Osterzeit? Wir sollten die heutige Gefahr sehen lernen, dass in der Kirche alles festgelegt scheint; oder soll man vielleicht sogar sagen: festgefahren, so dass der Heilige Geist kaum noch Platz hat? Deshalb kann ich mit demselben Satz schließen wie am letzten Sonntag: Offen sein für die Zukunft und für neue Entwicklungen ist wesentlich für die Kirche, weil der lebendige Christus, weil der unberechenbare Geist die Regie haben in der Kirche. Das können wir von der Kirche des Anfangs lernen.

FÜRBITTEN

Pr: *Dieser Sonntag handelt also vom Beistand, vom Heiligen Geist, der der Kirche hilft, immer den rechten Weg zu finden. Herr Jesus Christus, auch heute geht es nicht ohne diesen Beistand. Deshalb höre unsere Bitten zur heutigen Lesung:*

L: Was wäre aus der Kirche geworden, wenn der Heilige Geist nicht diesen Petrus und diesen Kornelius zusammengeführt hätte? – Hilf uns zu lernen, dass der Heilige Geist auch heute mächtig wirkt.

L: Aus jedem Volk ist Gott willkommen, wer ihn fürchtet. – Wir bitten um diese weltweite Offenheit, gerade in der heutigen, von Globalisierungsprozessen geprägten Zeit.

L: Vor der Taufe kam der Heilige Geist auf alle herab. – Du Heiliger Geist, lass dich heute deutlich spüren, damit wir wieder echte und überzeugende Bekehrungen erleben dürfen.

L: Und da wir alle getauft und gefirmt sind: Wecke du uns auf, die innere Bekehrung bewusst nachzuvollziehen, die sich aus unserem frühen Empfang dieser Sakramente ergibt.

Pr: *Denn Jesus wiederholt immer wieder: Bleibt in meiner Liebe. Das gilt besonders für alle, die die Sakramente der Taufe und Firmung empfangen haben. Herr, binde du uns immer fester an dich.*

Christi Himmelfahrt
Lesejahr B

1. Lesung: Apg 1,1–11
2. Lesung: Eph 1,17–23
Evangelium: Mk 16,15–20

Aus der ersten Lesung:
Als er das gesagt hatte, wurde er vor ihren Augen emporgehoben, und eine Wolke nahm ihn auf und entzog ihn ihren Blicken. (Apg 1,9)

Aus dem Evangelium:
Nachdem Jesus, der Herr, dies zu ihnen gesagt hatte, wurde er in den Himmel aufgenommen und setzte sich zur Rechten Gottes. (Mk 16,19)

Himmelfahrt und Frühlingswiese

„Als er das gesagt hatte, wurde er vor ihren Augen emporgehoben, und eine Wolke nahm ihn auf und entzog ihn ihren Blicken". Welche Erwartung richtet sich heute an die Predigt? Ich vermute, die Haupterwartung heißt: Sag uns, wie sich die Ereignisse wirklich zugetragen haben! War wirklich am ersten Tag (Ostern) das Grab leer, war wirklich am vierzigsten Tag (heute) die Himmelfahrt, war wirklich am fünfzigsten Tag (Pfingsten) die Herabkunft des Heiligen Geistes? Es ist kein Ausweichmanöver, wenn ich für die Antwort sofort ein Bild ins Spiel bringe. Mit diesen drei genannten österlichen Ereignissen, zu denen die Himmelfahrt gehört, ist es wie mit einer Frühlingswiese voller Blumen. Jede Blume auf der schönen Frühlingswiese ist in diesem Bild ein an Jesus glaubender Christ. Wer will nun feststellen, wo und wie das Wachstum dieser Blumen begonnen hat? Jeder sieht, dass die Blumen da sind, jeder weiß, dass sie einmal nicht da waren. Aber wann und wie sie zu wachsen begonnen haben? Da muss sicher vieles zusammengekommen sein, dass das Wachstum langsam einsetzte.

Und schon sind wir mittendrin in den Anfängen des christlichen Osterglaubens. Drei Männer sehen diese Frühlingswiese (drei deshalb, weil wir auf die Texte von drei Glaubenszeugen zugehen): Augustinus etwa im Jahre dreihundert, Lukas etwa im Jahre achtzig, Paulus etwa im Jahre fünfzig. Bevor wir auf ihre Äußerungen zum heutigen Fest eingehen, muss das Bild noch deutlicher werden. Im Jahre vierzig, also schon zehn Jahre nach den österlichen Ereignissen, blüht in Jerusalem und Galiläa eine Frühlingswiese voller Menschen, die an Ostern glauben. Diese Tatsache ist der Ausgangspunkt aller Schriften des Neuen Testaments. Woher kommt der österliche Glaube so vieler Menschen schon im Jahre vierzig? Das ist die Frage aller Fragen für jeden Prediger und Religionslehrer am Anfang der Kirche gewesen. „Welche Beweise habt ihr für das, was ihr behauptet?", so wurde natürlich schon damals gefragt. Und die Antwort war – ebenso frappierend wie enttäuschend –: „Keine! Der Osterglaube ist da, die Frühlingsblumen sind da – schaut doch und fragt nicht!"

Ja, was sollen dann die ganzen österlichen Texte im Neuen Testament vom leeren Grab bis zu Emmaus, von Thomas bis Maria Magdalena, von der Himmelfahrt bis zu Pfingsten? Es sind alles ungenügende Versuche, auf diese Frage zu antworten, die man nicht beantworten kann. Und all diese Versuche gehen in zwei Richtungen: zum einen, Ostern im Innern des Einzelnen anzusiedeln (Erzählungen mit Thomas, Maria Magdalena, Emmausgeschichte); das leere Grab ist nur Wegweiser dorthin: Im Grab von Jesus findest du gar nichts, nur in deinem Innern, im Innern der gläubigen Gemeinde ereignet sich Ostern! Zum andern werden die Schriften des Alten Bundes herangezogen: Wenn sich dort eine Ankündigung findet, dann sind die österlichen Ereignisse eindeutig bewiesen (eine uns heute fremde Denkweise, die aber damals sehr wichtig war).

In diese zweite Richtung gehören Himmelfahrt und Pfingsten. Um beim heutigen Fest zu bleiben: „Dann führte er sie hinaus in die Nähe von Betanien. Und während er sie segnete, verließ er sie und wurde zum Himmel emporgehoben" – so können wir bei Lukas lesen. Zum Vergleich: Im zweiten Buch der Könige heißt es z.B. wörtlich: „Während Elija, der Prophet, mit seinen Jüngern ging und redete, erschien ein feuriger Wagen und trennte sie voneinander. Elija fuhr im Wirbelsturm zum Himmel empor." Und Psalm 110 beginnt mit einer unverkennbaren Parallele zum heutigen Markustext: „So spricht der Herr: Setze dich zu meiner Rechten, und ich lege dir deine Feinde als Schemel zu Füßen." Was bedeuteten diese Entsprechungen für damalige Menschen, besonders für Juden, die damals schon seit 1000 Jahren mit diesen Heiligen Schriften lebten, die wir Altes Testament nennen? Das hatte die Kraft eines Beweises! Dessen Aussage lautet etwa beim ersten Beispiel: Was in den Heiligen Schriften nur ein einziges Mal erwähnt wird (Elija war der Einzige, der nicht wie alle andern starb, sondern in den Himmel fuhr), das hat sich in Jesus wiederholt, ja gesteigert: Er geht von selbst zum Vater, muss nicht im Grab bleiben (deshalb auch das leere Grab!) wie alle anderen. Also ist seine Himmelfahrt logische, zwingende Folge aus dem AT! Ich weiß, das hat für uns heute keine Beweiskraft mehr, aber umso mehr damals.

Viel näher liegt uns die erste Richtung und damit das Zeugnis von Lukas, Paulus und Augustinus. Noch einmal Lukas: „Während er sie segnete, verließ er sie und wurde zum Himmel emporgehoben. Dann kehrten sie in großer Freude nach Jerusalem zurück." Folge dessen, was Himmelfahrt genannt wird, ist, dass die Jünger von Jerusalem aus in der ganzen Welt zu predigen beginnen und viele Zeichen tun. Und das geschieht bis heute. – Paulus: „Er hat seine Macht an Christus erwiesen, den er von den Toten auferweckt und im Himmel auf den Platz zu seiner Rechten erhoben hat. Er erleuchte die Augen eures Herzens, damit ihr versteht, zu welcher Hoffnung ihr durch ihn berufen seid." Folge dessen, was Himmelfahrt genannt wird, ist, dass eine Hoffnung sich breit macht über allen Tod hinaus. Und das geschieht bis heute. – Augustinus: „Wenn Jesus seinem Leibe nach unter uns geblieben wäre, dann hätten wir die Augen des Leibes den Augen des Herzens vorgezogen. Aber er wusste, welche Augen besser sind; darum entzog er sich unseren leiblichen Augen, um in den Augen des Herzens den Glauben zu wecken." Folge dessen, was Himmelfahrt genannt wird, ist, dass bei vielen Menschen die Augen des Herzens aufgehen für den auferstandenen Herrn. Und das geschieht bis heute.

Was machen also alle drei Zeugen? Sie reden nicht über das Ereignis an sich, wollen es gar nicht beweisen, sondern richten den Blick auf die Folgen jenes Ereignisses: In der Predigt über diesen Jesus auf der ganzen Welt, in der Hoffnung über den Tod hinaus und in den Augen des Herzens, die das Geglaubte innerlich sehen und annehmen, erweist sich bis heute die Wahrheit der Himmelfahrt Jesu. Und weil diese drei Zeugen zu den angesehensten gehören (Lukas, Paulus und Augustinus), deshalb brauchen wir gar nicht zu diskutieren, sondern können diese authentischen Erklärungen für uns heute festhalten: Dass also bis zum heutigen Tag überall von Jesus gepredigt wird, dass Hoffnung sich breit macht über den Tod hinaus und dass ungezählten Menschen die Augen des Herzens aufgehen, all das kann nur von jenem Ereignis herkommen, das wir Himmelfahrt nennen.

Haben wir jetzt die Frage des Anfangs beantwortet: Sag uns, wie sich die Ereignisse wirklich zugetragen haben? Natürlich nicht genügend. Aber wir haben unser Bild von der Frühlingswiese durch Lukas, Paulus und Augustinus voll bestätigt bekommen: Keiner, der eine Frühlingswiese voller Blumen sieht, keiner, der heute Predigt, Hoffnung und offene Augen des Herzens sieht, wird bezweifeln, dass all das einmal zu wachsen begonnen hat. Und wodurch? Am besten sagt das Augustinus: „Es ist ja viel wichtiger, an Jesus Christus zu glauben, als ihn dem Leibe nach vor sich zu haben. Darum darf niemand darüber traurig sein, dass er zum Himmel aufgestiegen ist und uns verlassen hat. Er ist bei uns, wenn wir nur glauben." Himmelfahrt Jesu heißt also, um abschließend eine Definition zu versuchen, dass er in den Schoß des Vaters und in den Schoß der Erde heimgekehrt ist; und seitdem wächst und wächst der Glaube an ihn wie die Blumen einer Frühlingswiese.

FÜRBITTEN

Pr: *Herr, unser Gott, wir haben uns heute bemüht, die Himmelfahrt Jesu von der ganzen Bibel her zu verstehen. Das Ergebnis war unbefriedigend. Jedenfalls, wenn man Tatsachen erwartet. Aber wir haben die häufige biblische Aussage entdeckt, nach vorne zu schauen. Man soll die Wirkung des damaligen Ereignisses heute sehen. Um diese Wirkung wollen wir bitten:*

L: „Er wurde in den Himmel aufgenommen." – Dass auch wir den Herrn im Heute und nicht im Gestern suchen, in seinem Wirken in den Frühlingsblumen des Glaubens, die so zahlreich sind, dass man sie nicht übersehen kann.

L: „Er erleuchte die Augen eures Herzens." – Dass wir mit Paulus die Kraft der zukünftigen Hoffnung in uns wachsen lassen, die ihren Ursprung in der Himmelfahrt hat, im Sieg Jesu über alle Mächte und Gewalten dieser Welt.

L: „Damit ihr versteht, zu welcher Hoffnung ihr durch ihn berufen seid." – Herr, lass uns an diesem so missverstandenen Fest dessen innere Kraft spüren, die uns fähig machen will, an die Zukunft zu glauben und uns nicht zu fürchten.

L: „Es ist ja viel wichtiger, an Jesus Christus zu glauben, als ihn dem Leibe nach vor sich zu haben." – Lass uns wie Augustinus den Vorzug des Glaubens erkennen: wie der Herr im Glauben näher sein kann, als wenn man ihn dem Leibe nach vor sich hätte.

L: In besonderer Weise möchten wir an diesem Fest auch für unsere Verstorbenen bitten: Herr, lass sie voller Freude erfahren, dass sie dich schauen dürfen in all deiner Herrlichkeit.

Pr: *Denn was dieses Fest in allen Worten und Liedern kündet und was unseren leiblichen Augen verborgen ist, das ist ja schon längst Wirklichkeit: Im Schoß der Erde und im Schoß des Himmels ist der Herr zugegen. Alle Wege dieser Erde und unseres Lebens gehen auf ihn zu. Herr, festige uns in dieser kostbaren Hoffnung des Himmelfahrtstages.*

7. Sonntag der Osterzeit
Lesejahr B

1. Lesung: Apg 1,15–17.20a.c–26
2. Lesung: 1 Joh 4,11–16
Evangelium: Joh 17,6a.11b–19

Aus der ersten Lesung:
Und sie stellten zwei Männer auf ... Dann beteten sie: Herr, du kennst die Herzen aller; zeige, wen von diesen beiden du erwählt hast. (Apg 1,23f.)

Aus dem Evangelium:
Sie sind nicht von der Welt, wie auch ich nicht von der Welt bin. (Joh 17,16)

Wie geht christliche Demokratie?

Wenn ich mir diesen Sonntag anschaue, dann ergibt sich doch ein Zusammenhang, den ich so gar nicht geahnt hatte. Wir hatten doch an den letzten beiden Sonntagen in die Apostelgeschichte hineingeschaut, weil sie so etwas ist wie die Gründungsgeschichte, die Gründungsurkunde der frühen Kirche; und hatten erkannt, dass wir bis heute von diesen Anfängen der Kirche viel lernen könnten. Das spektakuläre Ereignis der Bekehrung des Saulus zum Paulus beschäftigte uns und dann, wie der Petrus kapieren musste, dass die kleine Judenkirche eine Weltkirche werden sollte. Auch die heutige Lesung aus der Apostelgeschichte bringt wieder ein bemerkenswertes Ereignis vom Anfang, und das hat Auswirkungen für die ganze Kirchengeschichte und bis heute; und das Evangelium wird dann die tiefste Begründung für dieses Beispiel kirchlicher Demokratie geben.

Es geht also um das Ereignis dieser Nachwahl, wie da ein gewisser Matthias zu den elf Aposteln hinzugewählt wird, weil Judas Iskariot sich erhängt hatte. Es war das zweite der ersten drei Ereignisse in der Apostelgeschichte: nach dem Heimgang Jesu zum Vater also diese Nachwahl, und dann das Pfingstereignis. Zunächst erfahren wir die Größe der allerersten Keimzelle der Kirche, die ja heute viele Hundert Millionen Mitglieder umfasst: 120 waren es am Anfang. Und diese 120 werden dann auch das erste Pfingsten erleben und vom Geist erfüllt werden. So klein also fing die Kirche an, und mittendrin ist Maria, die alle zusammenhält. Auch entdecken wir die uns nun schon bekannte Vorgehensweise, dass auf das AT geschaut wird: Immer wieder soll im Neuen Testament gezeigt werden, wie sich alte Schriftworte erfüllen; so wurde ja sogar der Tod Jesu am Karfreitag dadurch erklärt und verständlich gemacht, dass sich in ihm erfüllte und erfüllen musste, was längst vorausgesagt war; hier in der Apostelgeschichte wird sogar der unbegreifliche Selbstmord des Judas, der sich erhängte, durch ein alttestamentliches Zitat verständlich gemacht, nämlich durch das Wort: „Sein Amt soll ein anderer erhalten". Also immer: Es musste so kommen, also ist es richtig so und im Sinne Gottes.

Aber das alles ist nicht die Hauptsache. Unser Blick soll dieser Nachwahl zu den Aposteln gelten, wie das also am Anfang vor sich ging, dass man den richtigen Mann für das Kollegium der Apostel fand. Es geht zunächst sehr demokratisch zu. Ein Bewerbungsraster wird erstellt, dass der Kandidat nämlich Zeuge des Herrn Jesus sein muss; er muss also von der Taufe des Johannes bis zur Himmelfahrt dabei gewesen und Zeuge der Auferstehung sein. Sonst kann er nicht Apostel werden. Es finden sich zwei Kandidaten, die diesen Kriterien genügen; der eine, Josef, der Sohn des Sabbas, heißt mit Beinamen sogar Justus, zu Deutsch: der Gerechte, also offensichtlich ein sehr geeigneter Kandidat; sein Konkurrent ist dieser weiter nicht bekannte Matthias. Und was geschieht dann – und dem soll unser Hauptaugenmerk gelten –? Gebet und Los. Diese 120 Gläubigen beten zuerst, weil sie wissen, dass Gott längst einen der beiden erwählt hat, und werfen dann das Los, und das Los fällt auf Matthias. Und fraglos und kommentarlos wird der sofort den elf Aposteln zugerechnet.

Was ist das? Ist das demokratisch? Oder ist das autoritär? Ist das Entscheidung von oben? Oder ist das Entscheidung von unten? Oder gibt es eine eigene kirchliche Demokratie? Jedenfalls ist es keine Mehrheitsentscheidung, also 10 zu 9 oder 12 zu 7. Sondern alle miteinander beten zuerst, weil sie überzeugt sind, dass sich Gott entschieden hat. Und um dessen Wahl herauszufinden, dafür werfen sie das Los und akzeptieren es dann fraglos, weil ihnen der Wille Gottes wichtiger erscheint als die Meinungen der Anwesenden.

Weil das eben auch einer dieser Berichte aus der Gründerzeit der Kirche ist, deshalb hat dieses Geschehen bleibende Gültigkeit bis zum heutigen Tag. Die Entscheidung wird nicht getroffen durch das Machtwort eines Einzelnen, auch nicht durch demokratische Abstimmung in unserem heutigen Verständnis, sondern nach gemeinsamem Gebet und aus der Überzeugung aller, dass Gott entscheidet und dass es nur darum geht, diese Entscheidung zu finden und sich ihr zu beugen. Dies ist das Urmodell kirchlicher Demokratie. Ein Vergleich mit heute? Wir brauchen nur daran zu denken, wie das heute ist, wenn ein neuer Papst gewählt wird, wenn ein Bischof eingesetzt wird in Augsburg oder Salzburg oder Köln oder Chicago, wenn ein neuer Pfarrer in eine Pfarrei kommt. Wir wissen es alle: Da spielt oft einiges an machtpolitischen Überlegungen mit, die Entscheidungsbefugnis von oben wird immer wieder überstrapaziert, die Mitsprache der Einzelnen und Betroffenen ist oft äußerst gering, und dass die Entscheidung aus gemeinsamem und ehrlichem Gebet gewachsen ist, das ist leider nur selten zu beobachten.

Suchen wir noch die Begründung im Evangelium, dafür, dass weder Machtausübung von oben noch politische Demokratie das Richtige sind in der Kirche. „Sie sind nicht von der Welt, wie auch ich nicht von der Welt bin." Dieses klare und kühne Wort Jesu zeigt es an: Seine Kirche ist nicht die Welt, nicht von der Welt, sondern der Heilige Geist ist in ihr. Also sind darin nicht die Mehrheitsentscheidungen das wichtigste Mittel und schon gar nicht die Machtausübung eines Einzelnen, der niemand zu fragen braucht, sondern kirchliche Demokratie besagt, dass alle, die gläubig sind, miteinander hören und beten, den Willen Gottes herauszufinden versuchen und ihn dann auch tun. Und bei diesem Vorgehen sind alle in der Kirche gleich, wenn sie nur gläubig sind; alle sollen und dürfen mitreden, und doch entscheidet schließlich Gott selber.

Ist das nicht auch wieder ein wichtiges Lehrstück aus der frühesten Zeit der Kirche? Alle sind gleich, alle dürfen mitreden und mitbeten, alle hören miteinander auf Gott, denn in allen ist der Heilige Geist, und der möchte durch alle sprechen. So ist pfingstliche, kirchliche Demokratie.

FÜRBITTEN

Pr: *Heute, am Sonntag vor Pfingsten, wird der Sonntag der Einheit der Christen gefeiert. Beantworten wir die einzelnen Bitten, die sich aus diesem Anlass ergeben, mit dem Satz „Wir sind alle in einem Geiste zu einem Leibe getauft".*

L: Das hohepriesterliche Gebet Jesu, aus dem heute das Evangelium stammt, ist sein Herzensanliegen. Lass es uns verstehen und zu Eigen machen.

L: Uns beeindruckt das Vorgehen bei der Nachwahl des Matthias und diese Urzelle der Kirche ganz am Anfang. Auch heute suchen viele diese Gleichheit aller Christen im einen Geist.

L: Wir denken an unsere eigene Firmung vor vielen Jahren und ihre Wirkung bis heute. Herr, lass sie lebendig bleiben und sich entfalten.

L: Die vielen christlichen Konfessionen und ihr Getrenntsein bis heute bekümmern uns. Herr, führe uns näher zusammen.

L: Wir haben heute den Sonntag vor Pfingsten, vor der Gründung der Kirche. Komm, Heiliger Geist, wirklich und wirksam.

Pr: *Denn nur dein Geist, Herr, kann die Einheit schaffen, die wir suchen. Hilf uns, die pfingstliche, kirchliche Demokratie zu finden, dass wir miteinander beten und gemeinsam auf deine Stimme hören.*

Pfingsten
Lesejahr B

1. Lesung: Apg 2,1–11
2. Lesung: 1 Kor 12,3b–7.12–13
Evangelium: Joh 20,19–23

Aus der 2. Lesung:
Durch den einen Geist wurden wir in der Taufe alle in einen einzigen Leib aufgenommen, Juden und Griechen, Sklaven und Freie. (1 Kor 12,13)

Aus dem Evangelium:
Nachdem er das gesagt hatte, hauchte er sie an und sprach zu ihnen: Empfangt den Heiligen Geist! (Joh 20,22)

Kirche: Kasernenhof oder Bundesligastadion?

Auch heute, an Pfingsten, können wir die Frage stellen: Was hat es mit der Kirche auf sich? Womit kann man die Kirche von heute vergleichen? Ich meine nicht die Kirche einer bestimmten Gemeinde oder eines Dekanats oder die zahlreichen Pfarreien in der Diözese, sondern die Kirche in der ganzen Welt, wie sie sich im Fernsehen bei Großveranstaltungen zeigt. Könnte man die Kirche eher vergleichen mit einem Kasernenhof oder mit einem Bundesligastadion? Auf dem Kasernenhof marschieren alle auf Befehl im gleichen Schritt. Im Bundesligastadion stehen sich die Fangruppen schreiend gegenüber.

Die Antwort liegt auf der Hand, auch wenn sie manchen erschrecken möchte: Die Kirche gleicht heute eher einem Bundesligastadion als einem Kasernenhof. Das Bild vom Kasernenhof stimmte eher für die Kirche der Vergangenheit, deren Zeit erst vor etwa 35 Jahren zu Ende ging und in der vom Haupt bis zu den Gliedern völlig einheitlich gedacht, gesprochen, gehandelt wurde. Die Kirche als Bundesligastadion: Stellen wir uns ruhig ein voll gefülltes Stadion vor, wenn ich jetzt schnell vier Formen christlichen Lebens beschreibe. Hier in der Nordwestkurve meinetwegen sind die so genannten Marienkinder. Eine superstrenge christliche Gruppe, die vor wenigen Jahren bischöflicherseits verboten wurde. Dort wird Gewissensterror ausgeübt, Kinder werden ihren Eltern weggenommen, um nächtelang auf den Knien zu beten, man pflegt eine stickig-engstirnige Frömmigkeit und kapselt sich von der Welt ab. Dort in der Südostkurve meinetwegen sind die Basisgemeinden aus Brasilien. Sie entfalten aus der Bibel und dem gemeinschaftlichen Leben so eine Kraft, dass die bitterste Armut gemeinsam getragen und sogar besiegt wird. Weithin ohne Priester lassen sich diese Gemeinden der armen Leute vom Geist Gottes in eine neue Zukunft führen, die sie befreit aus Unrecht und Unterdrückung. Hier in der Nordostkurve die Anhänger des verstorbenen Erzbischofs Lefebvre. Sie lehnen alle Beschlüsse des letzten Konzils ab und halten die Kirche des 16. Jahrhunderts für die allein richtige. Und sie beschimpfen Papst und Bischöfe, weil sie neumodische Zerstörer des Glaubens seien. Und dort in der Südwestkurve sind diese so genannten kleinen christlichen Gemeinschaften aus Afrika. Sie nennen sich „Graswurzelkirchen", weil sie in kleinsten Gemeinschaften, wie Graswurzeln, einander helfen, einander beistehen, miteinander glauben. Sie teilen ihr weniges Geld und ihre ganze Zeit, um christliche Gemeinschaft zu ermöglichen.

Das sind nun nur vier weltweit sichtbare Richtungen der Kirche von heute. In jedem Teilbereich, in jeder Diözese, fast in jeder Pfarrei bietet sich das gleiche Bild. Eltern, deren Kinder mit Jugendsekten in Berührung kamen, wissen davon ein Lied zu singen. Also muss die Botschaft des Pfingstfestes diese Situation im Auge haben. Bei dieser Pfingstbotschaft wollen wir uns nur auf einen einzigen Satz des Apostels Paulus konzentrieren: „Durch den einen Geist wurden wir in der Taufe alle in einen einzigen Leib aufgenommen, Juden und Griechen, Sklaven und Freie; und alle wurden wir mit dem einen Geist getränkt." Um diesen Satz zu verstehen, muss man nur eins wissen: Es gab damals keinen größeren Gegensatz als den zwischen Sklaven und Freien: Die einen waren nichts und hatten nichts, die andern waren alles und hatten alles. Ähnlich der Gegensatz zwischen Juden und Griechen: Die Juden waren die Vertreter der alten Richtung, heute würden wir sagen: die Altmodischen, die Konservativen; die Griechen waren die Neumodischen, die Neuerer, die Modernen. Und da kam diese junge christliche Kirche daher und erhob den unerhörten Anspruch, aus diesen unüberwindbaren Gegensätzen eine gemeinsame Kirche zu bauen. Wodurch wurde das möglich? Etwa, indem man alle äußerlich gleich machte? Nein, das war gar nicht möglich. Sondern dadurch, dass alle trotz ihrer Gegensätze vom gleichen Geist erfüllt waren. Und Paulus gebraucht jenes großartige Bild, das bis heute gültig geblieben ist: das Bild vom menschlichen Leib und seinen verschiedenen Gliedern, die verschieden sind und bleiben und dennoch alle von der Zugehörigkeit zu dem einen Leib zusammengehalten werden. Also sollte die Kirche kein Bundesligastadion sein, wo man sich gegenseitig niederschreit, sondern ein Leib, in dem alle verschieden sind und doch zusammengehören. Vielleicht gewinnt dieses alte Bild gerade heute wieder neue Aktualität und Bedeutung.

Versuchen wir nun noch, sechs kleine und praktische Regeln für die heutige Kirche daraus abzuleiten; denn es ist so wichtig, Hilfen zu bekommen für den christlichen Umgang miteinander:

1. Die Kirche bestand und besteht immer aus verschiedensten Menschen und Richtungen, so wie der Leib des Menschen auch. Nur hat man das früher mehr zugedeckt. Heute wird es sichtbar, und darüber erschrecken viele.
2. Dass dieser große Organismus namens Kirche zusammenhielt und zusammenhält, das war und ist nur möglich durch den Heiligen Geist. Er vollbringt eigentlich ein Wunder, wenn er es fertig bringt, dass die unvorstellbar verschiedenen Christen in einem Boot bleiben.
3. Die am meisten geplagten Glieder der Kirche sind heute die Pfarrer und vor allem die Bischöfe. Sie werden von allen Seiten und Richtungen bedrängt und in die Enge getrieben. Jeder will sie auf seine Seite ziehen. Die Bischöfe vor allem verdienten mehr Verständnis.
4. Es gibt kein Zurück zum Kasernenhof der Vergangenheit, wo zwar alles im Gleichschritt funktionierte, aber vom lebendigen Geist wenig zu spüren war. Der Preis für eine lebendige Kirche ist ihre Vielfalt.
5. Eine solche Kirche, wo der Geist lebendig sein darf, braucht vor allem eins: dass man aufeinander hört und sich nicht gleich verurteilt. Dass das beiden Seiten noch schwer fällt, dem kirchlichen Amt und den andern Christen, das beweisen Ereignisse aus der jüngeren Vergangenheit zur Genüge. Vor allem sind da die radikal-entschiedenen Gruppen zu nennen: Ihr Hauptfehler besteht darin, dass sie auf die übrige Kirche nicht zu hören bereit sind.
6. Wo bleibt dann die Einheit der Kirche? Diese pfingstliche Hauptfrage beantwortet sich nun fast von selber. Die Einheit der Kirche kann nur von innen kommen, vom Heiligen Geist. Und der kann wirken, wenn wir Christen niemals aufhören, aufeinander zu hören, miteinander zu reden. Als abschließendes Bild fällt mir ein: ein großes Orchester. In einem großen Orchester ist jede einzelne Stimme wichtig. Nur alle zusammen ergeben den schönen, voll klingenden Klangkörper. In jedem getauften und gefirmten Christen, der für den Glauben offen ist, spricht der Heilige Geist. Wenn alle aufeinander hören, dann bleibt die Kirche beisammen.

FÜRBITTEN

Pr: *Papst Johannes XXIII. hat am Beginn des Zweiten Vatikanischen Konzils gesprochen vom „neuen Pfingsten", das beginnen solle. Leider sind viele von der Kirche enttäuscht, weil sie so uneins und ihre Erscheinungsform so verwirrend ist. Das „neue Pfingsten" scheint immer noch nicht gekommen zu sein. So sind unsere pfingstlichen Bitten umso notwendiger:*

L: Für alle Christen, die heute Pfingsten feiern: dass sie sich anstecken und entzünden lassen von diesem Geist und sein Kommen nicht verschlafen oder verhindern.

L: Und dass sie in dem verwirrenden Bild der Kirche von heute die vielfältigen Gaben des Geistes erkennen, der gerade in dieser Vielfalt seine Lebendigkeit zeigen möchte.

L: Für die Bischöfe und Theologen und Pfarrer in der Kirche: dass sie Raum schaffen für die verschiedensten Meinungen und Richtungen und mithelfen, dass das Gespräch miteinander niemals aufhört.

L: Für die „Juden und Griechen" von heute, also die gegensätzlichen christlichen Gruppen: dass sie lernen, aufeinander zu hören und vom anderen zu lernen, denn nur so gehören sie miteinander zur Kirche.

L: Für uns selber an diesem Pfingsttag: dass uns das Bild vom Leib mit den vielen Gliedern aufgeht – wie jeder andere Fähigkeiten und Aufgaben hat und wie der eine Geist dennoch uns alle verbinden will.

Pr: *Komm, du Geist des Pfingstfestes, und wirke mit deiner Kraft in uns, damit wir lebendige Glieder des Leibes der Kirche werden und diejenigen respektieren, die anders glauben als wir. Denn darin liegt das Geheimnis der Kirche, dass alle aufeinander hören, weil der gleiche Geist in ihnen ist.*

Dreifaltigkeitssonntag
Lesejahr B

1. Lesung: Dtn 4,32–34.39–40
2. Lesung: Röm 8,14–17
Evangelium: Mt 28,16–20

Aus der ersten Lesung:
Forsche einmal in früheren Zeiten nach, die vor dir gewesen sind, forsche nach vom einen Ende des Himmels bis zum andern Ende. (Dtn 4,32)

Aus dem Evangelium:
Darum geht zu allen Völkern, und macht alle Menschen zu meinen Jüngern. (Mt 28,19)

Finde Gott im eigenen Leben

Niemand kommt heute um diese Frage herum, auch ich nicht, auch Sie nicht: Wie kann ich Gott finden? Ich möchte ja – aber wie kann ich ihn finden? Wenn wir auf diese Frage eine echte Antwort finden, eine, die etwas taugt und die jeder gern mit nach Hause nimmt, dann haben wir das Spiel des Dreifaltigkeitsfestes gewonnen. Auf dem Weg zu meiner Antwort soll am Anfang eine Frage stehen, die nicht jedem sofort verständlich sein wird, nämlich: Wer kann leichter Gott finden, ein junger oder ein alter Mensch? Eindeutig sag ich: ein alter. Diese Behauptung und ihre Begründung wird für die Beantwortung der Ausgangsfrage eine entscheidende Rolle spielen.

Ist der Weg, den das Evangelium weist, der beste, um Gott zu finden? „Darum geht zu allen Völkern, und macht alle Menschen zu meinen Jüngern; tauft sie" – der so genannte Missionsbefehl oder Taufbefehl ganz am Ende des Matthäus-Evangeliums, dem sich dann die berühmte trinitarische Formel mit der Nennung von Vater, Sohn und Heilgem Geist anschließt. Also sich taufen lassen und das Kreuzzeichen machen – hat man dann Gott gefunden? Ach wissen Sie, wenn das so einfach wäre, dann wäre Gott längst keine Frage mehr. Wir alle sind einst getauft worden, viele tausend Mal haben wir das Kreuzzeichen gemacht; genügt das schon, um tatsächlich Gott zu finden? Ich habe da meine Zweifel.

Ein zweiter Versuch, auch aus den Originaltexten des heutigen Sonntags: „Heute sollst du erkennen und dir zu Herzen nehmen: Jahwe ist der Gott im Himmel droben und auf der Erde unten, keiner sonst." Wir vermögen uns die

Sprengkraft und Wucht dieses Satz in der damaligen Zeit nicht vorzustellen. Damals hatte jedes Volk, jeder Stamm, jede Stadt ihren eigenen Gott, ihre eigenen Götter. Überschritt man eine Grenze, musste man zuerst der Gottheit des nächsten Gebietes opfern. Es gab in der ganzen damaligen Welt nur lokal begrenzte Gottheiten, deren Macht am Ende war, wo die Grenzen erreicht waren – eine Welt voller Minigötter. Und da stellte sich das kleine Volk Israel hin und erhob den Anspruch, den Einen und Einzigen zu kennen, der nicht nur für Israel und Babylon und Ägypten, sondern für die ganze Welt, ja für den Himmel droben und die Erde unten Gültigkeit hat; und die größte Sprengkraft steckt im Schlusswort: „keiner sonst". Keiner von den ungezählten Göttern von damals taugt etwas vor ihm, dem Einen und Einzigen! Das ist sicherlich eindrucksvoll und imposant, diese Glaubensleistung des Volkes Israel. Es hat den Glauben an den einen Gott, der Himmel und Erde gemacht hat, in die Welt gebracht. Trotzdem: Unsere Frage ist noch nicht beantwortet: Wie kann ich Gott finden?

Aber es gibt ja noch – genau in dieser Lesung von heute – eine dritte Richtung. „Forsche einmal in früheren Zeiten nach, die vor dir gewesen sind. Hat sich je etwas so Großes ereignet wie dieses und hat man je solche Worte gehört?" Was sollst du tun, um Gott zu finden? Nachforschen sollst du in früheren Zeiten. Also sozusagen ein Forschungsauftrag in Sachen Gott. Dieses Wort steht im 5. Buch Mose, also dem letzten der für Israel grundlegenden Glaubensbücher, wo nur noch zusammenfassend zurückgeschaut wird auf all das, was von der Schöpfung über Abraham bis zum Auszug aus Ägypten und Einzug in Kanaan erzählt worden ist. Da sollst du stehen bleiben, du Volk Israel, dich besinnen und überlegen: Was ist alles geschehen, woher bist du gekommen, wer hat dich geführt und geleitet?; und triff aus diesem „Nachforschen-in-früheren-Zeiten" deine Entscheidung für heute, und die kann nur lauten: „Jahwe ist der Gott im Himmel droben ..., keiner sonst".

Und wenn wir uns noch klarmachen, was denn mit „früheren Zeiten" gemeint sein kann, dann haben wir endlich die Antwort entdeckt, wie du in deinem Leben Gott finden kannst. „Frühere Zeiten" – das kann natürlich nur meinen: deine eigene Lebensspanne, all das, was sich in deinem überschaubaren Leben bis heute ereignet hat. Dort und nur dort kannst du Gott tatsächlich finden, in dem, was sich bei dir ereignet hat.

Wie hieß meine andere Frage am Anfang, die jetzt allmählich auf Antwort drängt? Wer kann leichter Gott finden, ein junger oder ein alter Mensch? Eindeutig sag ich: ein alter. Sehen Sie schon die Begründung dafür? Ganz einfach deshalb, weil ein alter Mensch mehr an „früheren Zeiten", also mehr an Gotteserfahrungen erlebt hat als ein junger; also mehr „Stoff" zur Verfügung hat, um Spuren Gottes in seinem Leben zu finden. Ein 80-Jähriger hat da einfach mehr Möglichkeiten als ein 18-Jähriger. Machen Sie mir bitte nicht den Fehler – das muss ich an dieser Stelle sehr betonen –, das Leben des Menschen als eine absteigende Linie zu sehen, so dass der alte Mensch wie ein bald absterbender Ast wäre, bei dem ohnehin bald nichts mehr gehe. Falsch. Sondern: Je älter einer wird, desto mehr füllt sich die Ganzheit des Lebens, desto leichter und intensiver kann er zu Gott finden, ganz einfach deshalb, weil er mehr mit Gott erlebt hat als ein junger Mensch.

Darf ich Ihnen abschließend – nur andeutungsweise, aber entschieden – die Situation beschreiben, in der mir immer wieder diese Lesung von heute mit diesem Finden Gottes aufgeht? Dann, wenn ich mich auf einen Stuhl vor das Krankenbett eines bestimmten Menschen setze, um mit ihm auf Augenhöhe zu sein und ihm in die Augen schauen und ganz aufmerksam auf ihn hören zu können; es ist ein alter, ein sehr alter Mensch, äußerlich oft operiert und zerfurcht und bald zerfallen, innerlich durch Schmerzen und Qualen gegangen und das Zerbrechen seines Lebens im Auge; und wenn dieser Mensch nun zu mir sagt: „Wenn ich zurückschaue und überlege, dann muss ich sagen: Gott hat mich durch alles hindurchgeführt, er ließ mich nie im Stich", wenn er das sagt, dann sehe ich: Wer seine eigene Geschichte mit Gott zu sehen lernt, der kann sich endgültig entscheiden, bei diesem Gott zu bleiben, für immer mit ihm verbunden zu bleiben.

Der Ort, wo du Gott am sichersten finden kannst, ist die Geschichte Gottes mit dir, die Gott in deinem eigenen Leben geschrieben hat. Mehr als einmal habe ich in den Augen eines sehr kranken und sehr alten Menschen die ungeheure Wahrheit dieses Satzes aus dem Buch Deuteronomium sehen dürfen: Heute erkenne ich und nehme mir zu Herzen: Er ist der Gott im Himmel droben und auf der Erde unten, keiner sonst. Denn er ist der Gott meines Lebens.

FÜRBITTEN

Pr: *Du unser Gott, von Generation zu Generation reicht deine Treue. Diese Einsicht hat das Volk Israel allen kommenden Generationen hinterlassen. Deshalb bist du der Gott unserer eigenen Lebensgeschichte. Höre unsere Bitten an diesem deinem Sonntag.*

L: Lass uns lernen, was das Volk Israel uns vorgemacht hat: in der eigenen Lebensgeschichte deine Spuren zu entdecken.

L: Viele Menschen vermögen keine Spuren deiner Liebe in ihrem Leben zu finden. Lass gerade sie deine verborgene Nähe spüren.

L: Viele sind getauft auf deinen Namen, aber dich haben sie noch nicht gefunden. Hilf ihnen, sich bewusst hinzuwenden zu dir in ihrem eigenen Leben.

L: Alte Menschen haben mehr Gotteserfahrungen als junge gemacht. Lass deshalb die Jüngeren von den Älteren im Glauben lernen.

L: In jedem Menschenleben möchte Gott seine Geschichte schreiben. Öffne unsere Augen für deine Handschrift in den Lebensgeschichten der unterschiedlichsten Menschen.

Pr: *Denn in unserem eigenen Leben ist der beste Ort, um dich zu finden. Du bist der Gott, der mit uns geht von der Geburt bis zum Tod und der dann unserem Leben ewiges Bleiben schenken wird.*

Fronleichnam
Lesejahr B

1. Lesung: Ex 24,3–8
2. Lesung: Hebr 9,11–15
Evangelium: Mk 14,12–16.22–26

Aus der ersten Lesung:
Da nahm Mose das Blut, besprengte damit das Volk und sagte: Das ist das Blut des Bundes, den der Herr aufgrund all dieser Worte mit euch geschlossen hat. (Ex 24,8)

Aus dem Evangelium:
Amen, ich sage euch: Ich werde nicht mehr von der Frucht des Weinstocks trinken bis zu dem Tag, an dem ich von neuem davon trinke im Reich Gottes. (Mk 14,25)

Abschied und Wiedersehen

Sinn und Inhalt braucht dieses Fest des Herrenleibes. Für seinen Sinn nur ein paar geschichtliche Stichworte, für seinen Inhalt zwei Sätze aus dem Wort Gottes von heute.

Was heißt geschichtliche Stichworte? Kein christlicher Feiertag ist vom Himmel gefallen oder heute erfunden worden. Jeder hat vielmehr seine lange Geschichte, besonders der heutige, seit 700 Jahren.
1. Fronleichnam auf dem Dorf: Alles ist auf den Beinen, Blasmusik, Fahnen, Blumen streuende Kinder, Trachten, farbenprächtige Prozession auf den Straßen des Dorfes bis auf die Felder hinaus, in manchen Gegenden sogar auf Schiffen über den See.
2. Fronleichnamsprozession in der Stadt, in Münster, Köln, Mainz oder München: die Repräsentanten der Stadt, Ordensschwestern, Erstkommunionkinder, katholische Vereine, Studentenverbindungen, Domkapitel, Erzbischof, eine kostbare Monstranz, Traghimmel, zehntausend Teilnehmer, noch mehr Zuschauer, die katholische Kirche der ganzen Stadt zeigt sich in der Öffentlichkeit, Demonstration und/oder Zeugnis des Glaubens, Berichte darüber in den Zeitungen.
3. Fronleichnam im Jahre 1933: Hitlerjugend und katholische Jugend im großen Konkurrenzkampf. Wie es für die Hitlerjugend Ehrensache ist, für den Führer zu marschieren, so ist Fronleichnam für die katholische Jugend Eh-

rensache, jeder geht hinter dem Banner her, trotz Beobachtung und Anfeindung. Wir bekennen uns mutig zum Altarsakrament – wie man damals sagte.
4. Im 13. Jahrhundert, als dieses Fest entstand, ging fast niemand zur heiligen Kommunion. Man durfte nur bei der heiligen Wandlung den erhobenen Leib Christi sehen, davon essen kaum. Damals entstand dieses Fest: Aus der Lebensspeise war ein Schaustück geworden, deshalb wollte man es öffentlich zeigen, wenn man schon nicht davon essen durfte.

Geschichtliche Stichworte, die sich beliebig verlängern ließen. Man muss unbedingt nach dem heutigen Sinn dieses Festes fragen. Wir tun es, wenn wir auch heute wieder mit dem Leib Christi, der Lebensspeise, durch die Straßen gehen. Zum Inhalt des Fronleichnamsfestes schauen Sie bitte mit mir nur zwei Sätze aus dem Wort Gottes von heute an.

„Da nahm Mose das Blut, besprengte damit das Volk und sagte: Das ist das Blut des Bundes, den der Herr aufgrund all dieser Worte mit euch geschlossen hat." Die Worte, um die es hier geht, waren die Zehn Gebote vom Berg Sinai. Und die Szene, von der die Rede ist, muss man sich einmal vorstellen: Da werden mehrere Stiere geschlachtet, und dann wird das Blut dieser Opfertiere, so ähnlich wie bei uns das Weihwasser, über die Menschenmenge gesprengt. Für den Menschen des Altertums war das Blut der Opfertiere heiligstes Zeichen des Lebens. Also war dies die heiligste Form der Verbindung zwischen Gott und den Menschen, und damit war es die verbindlichste Form der Verpflichtung gegenüber Gott. Niemals und unter keinen Umständen durfte dieses Versprechen gebrochen werden, das unter dem Zeichen des versprengten Blutes gegeben worden war.

Was heißt das für uns? In der Eucharistie feiern wir die heiligste Form der Verbindung zwischen Gott und Menschen, und wir gehen die verbindlichste Form der Verpflichtung gegenüber Gott ein. Wenn ich Sie also zu besonderen Anlässen einlade zur Kommunion unter beiderlei Gestalt, also zum Eintauchen des Leibes Christi in das Blut Christi – übrigens: nicht in den Wein, den können wir zu Hause trinken, sondern in Christi Blut –, dann müssen wir uns bewusst sein, dass jeder, der daran teilnimmt und zu glauben vorgibt, eine heilige Verpflichtung eingeht, nach dem Willen dieses Jesus zu leben.

Und der andere Satz aus dem Evangelium, der ist fast vergessen; keine Kirche hat ihn in den Vollzug des Abendmahls aufgenommen; auch Paulus nennt ihn nicht, weil er ihn wahrscheinlich gar nicht gekannt hat; und doch bringen ihn die ältesten Evangelien alle an dieser Stelle, wo Jesus das Abendmahl beschließt und endgültig Abschied nimmt von den Seinen. Dieser Satz, der uns das Fronleichnamsfest im Lesejahr B deuten soll, lautet: „Bei Gott, ich sage euch: Ich werde nicht mehr von der Frucht des Weinstocks trinken bis zu dem Tag, an dem ich von neuem davon trinke im Reich Gottes." Was ist also die Eucharistie, wenn wir annehmen, dass Jesus selbst am Abend vor seinem Tod mit diesem Satz das Wesentliche beschreiben wollte? Dieses Wort zeigt am deutlichsten, was Jesus selbst beim letzten Abendmahl gedacht und empfunden hat: Es ist für ihn der Abschied in der Gewissheit des Wiedersehens. Die Eucharistie ist die Feier des Abschieds in der Gewissheit des Wiedersehens. Ich vermeide bewusst die beiden altgewohnten, abgegriffenen Worte „Tod" und „Auferstehung". Bleiben wir lieber bei „Abschied" und „Wiedersehen". Wer zur Messfeier kommt, wer die heilige Kommunion empfängt, der legt seine Abschiede – das ganze Leben ist ein Abschiednehmen, machen wir uns da nichts vor – hinein in den Abschied Jesu und lässt sich die Gewissheit des Wiedersehens schenken. Wenn man also den Leib Christi empfängt, dann ist dieses Brot Zeichen des Abschieds. Jesus hat im Brot Abschied genommen. So ist es eben viel mehr als Brot. Und es ist auch deshalb so verehrungs- und anbetungswürdig, weil es zugleich die Garantie, die Gewissheit des Wiedersehens enthält. In diesem Spannungsbogen liegt das Geheimnis der Eucharistie: Abschied und Wiedersehen. Ich erinnere nur noch an ein altes katholisches Wort, das uns wieder zum Blut führen wird: das Wort von der „Wegzehrung". So nennt man die überbrachte Krankenkommunion, wenn es die letzte ist.

Ich habe mit meine stärksten Eucharistieerlebnisse gehabt, wenn ich einem gläubigen Schwerkranken die Wegzehrung gebracht habe, weil nirgendwo der Spannungsbogen von Abschied und Wiedersehen so deutlich wird wie beim Sterbenden, der mit dieser Speise in den letzten Abschied hineingeht und auf das zugesagte Wiedersehen unmittelbar und endgültig zugeht. Und damit sind wir letztendlich wieder beim Blut gelandet: Jesus vergießt seine letzten Blutstropfen, das Volk Israel wird am Berg Sinai mit Blut besprengt, auf dem Altar im Kelch wird die Gegenwart des Blutes Christi verkündet und geglaubt, wir selber empfangen die heilige Kommunion als Leib und Blut Christi, damit der Tod, unser Tod, der Abschied, unser Abschied vom Leben, einmal besiegt und aufgehoben wird durch die Gewissheit des Wiedersehens.

FÜRBITTEN

Pr: *An dieser Stelle sollen nur vier Gedanken der Meditation vorgetragen werden, denn Orte ausführlicher Fürbitten sind an Fronleichnam die Stationen der Prozession. Als Antwort auf die einzelnen Impulse singen wir: „Der Kelch, den wir segnen, gibt uns Gemeinschaft im Blute Christi" (GL 176,5).*

L: Herr Jesus Christus, wer gläubigen Herzens zur heiligen Kommunion kommt, der darf deinen Leib und dein Blut, also dein ganzes Leben, empfangen.

L: Dieses Sakrament will uns die innigste Verbindung mit Gott schenken, wie eine Blutsbrüderschaft, wie eine Blutsverwandtschaft.

L: All unsere Abschiede sind in diesem Brot gemeint und zugleich das sichere Wiedersehen, denn du hast beim Abendmahl Abschied genommen in der Gewissheit des Wiedersehens.

L: Abschied mussten wir auch nehmen von unseren Verstorbenen: Schenke uns in Eucharistie und Kommunion aber die Gewissheit des Wiedersehens mit ihnen.

Pr: *Denn beim letzten Abendmahle, die Nacht vor deinem Tod – ja, da hast du der Menschheit geschenkt, was bis zum Ende der Zeiten gilt: Du erwartest uns, wir werden uns wiedersehen.*

Die Zeit im Jahreskreis
im Lesejahr B

Die Zeit im Jahreskreis im Lesejahr B

2. Sonntag im Jahreskreis
Lesejahr B

1. Lesung: 1 Sam 3,3b–10.19
2. Lesung: 1 Kor 6,13c–15a.17–20
Evangelium: Joh 1,35–42

Aus der ersten Lesung:
In jenen Tagen waren Worte des Herrn selten geworden. Als Gott ihn zum dritten Mal rief, sagte Samuel: Rede, Herr, dein Diener hört. (1 Sam 3,1.10)

Aus dem Evangelium:
Jesus sagte zu den beiden Jüngern: Kommt und seht! Da gingen sie mit und sahen, wo er wohnte, und blieben jenen Tag bei ihm. (Joh 1,39)

Mit dem Hören fängt es an

Das war sie schon, die erste Anleihe aus dem Johannes-Evangelium im diesjährigen Jahreskreis, in dem hauptsächlich der Evangelist Markus zu Wort kommt. Ich habe es schon kurz erwähnt am Fest der Taufe des Herrn, mit dem die Zeit des Jahreskreises beginnt, dass es mehrfach so eine Anleihe geben wird. Denn das Markus-Evangelium ist zu kurz, um ein ganzes Jahr mit all seinen Sonntagen zu füllen. Und die heutige Anleihe ist sehr gut ausgewählt, denn sie passt genau hinein in die „Landkarte" des Markus, die den Weg unseres Glaubens und den Weg unserer Erlösung durch Jesus beschreiben will. Ein Weg für Erwachsene ist das, bei Johannes genauso wie bei Markus; ergänzend werden wir nachher Gelegenheit haben, auf den jungen Samuel zu schauen. Also auch heute die Ausgangsfrage: Wie ist dein Glaubens- und Erlösungsweg als Erwachsene/als Erwachsener?

Eine Zwischenbemerkung an dieser Stelle, die für das ganze Jahr gilt: Ich schreibe gerne Fortsetzungsromane in meinen Predigten; ich suche und finde immer so gern die Zusammenhänge zwischen vorhergehendem und aktuellem Sonntag, weil das Evangelium doch eigentlich ein Lebensroman ist, ein zusammenhängender. Das ist mein Beitrag zum regelmäßigen Mitfeiern der Sonntage.

Wo und wie fängt er also an, dein Glaubens- und Erlösungsweg nach diesem Johannes, den man so gerne einen komplizierten Evangelisten nennt? Aber was ist denn hier kompliziert? Es ist so einfach wie irgendeine Begegnung auf der Straße: Ganz am Anfang also steht dieser Täufer Johannes.

Den können wir außer Acht lassen, denn der wird bald in den Hintergrund treten, und er ist nur so etwas wie die Startfigur der ganzen Glaubensgeschichte, bei Markus wie bei Johannes. Dieser Täufer streckt also seinen Finger aus und deutet auf diesen Neuen hin, diesen Jesus. Und was tun die beiden Jünger, die bisher ihm, dem Täufer, folgten?

Sie folgen ab sofort diesem Jesus. So einfach: Sie folgen sofort diesem Jesus. Und wie reagiert dieser Jesus? Er ist weder dankbar noch begeistert, er stellt ihnen eine Frage, wie sie kühler und distanzierter nicht sein könnte: „Was wollt ihr?", fragt er sie. Ja, was wollen sie von ihm? Sie wollen wissen, wo er wohnt. Und Jesus sagt: „Kommt und seht!", und sie gehen mit und sehen, wo er wohnt. Und sie bleiben einen Tag bei ihm. Es muss eine sehr tief gehende Begegnung gewesen sein, denn sie wissen später noch genau die Uhrzeit dieser Erstbegegnung: Es war um die zehnte Stunde, als sie ihm zum ersten Mal begegnet sind. Und nun erfahren wir die Namen der beiden: Andreas und Simon Petrus waren das. Wir wissen, das waren die Urväter, die Urzeugen der frühen Kirche.

Andreas für den Osten, für die Griechisch sprechende Welt von damals, Petrus für den Westen, für Rom, für die lateinische Welt. Also beschreibt der Evangelist hier eindeutig, wie das alles angefangen hat mit der Kirche. Und wie hat es angefangen? Ich fasse die Antwort noch mal zusammen:

Ganz am Anfang, will der Evangelist sagen, ganz am Anfang all eurer Glaubensgeschichten stand ein ausgestreckter Finger, ein Blick, eine Begegnung und ein Besuch. Und schon an diesem Anfang wussten unsere beiden Urväter, Urzeugen: Das ist er, der Messias, der Gesalbte, der Christus. Der und kein anderer. Und weil das eine Art von Wahrheit ist, die für alle Zeiten gilt, deshalb gilt das für dich und für dich und für mich heute: Diesem Jesus persönlich begegnen, damit fängt dein Glaubens- und Erlösungsweg an. Und jemanden haben, der dich zu ihm hinführt. Und selber jemand werden, der andere zu ihm führt. So fängt's an.

Wie war das mit der Berufung des jungen Samuel? „In jenen Tagen waren Worte des Herrn selten geworden". Ja, das kann man wohl sagen. Es war eine schreckliche, gottlose Zeit, die graue Vorzeit, in die der Verfasser des Samuelbuches seine Hörer hinabführen möchte. Der Priester Eli hatte nämlich mehrere Söhne, und die versahen ihren Dienst so, dass sie mit einer dreizinkigen Gabel dastanden, wenn die Leute Fleisch zum Opfern brachten, und „alles, was die Gabel aus dem Kessel holte, nahmen diese Priester für sich", wie es heißt. Mit Blick auf jene Zeit der schlimmen Sünde will der Abschnitt der heutigen Lesung zeigen, worauf es wirklich ankommt, will man ein von Gott Berufener und Gerufener sein. Nämlich darauf, das reine und uneigennützige Hören zu lernen. Dieser ganz junge Samuel, der endlich kommt so weit zu sagen: „Rede, denn dein Diener hört". Und von diesem Moment an geht es aufwärts mit dem Volk Israel, weil es endlich einen gibt, der nicht mehr das heilige Opferfleisch im Tempel dem Herrn wegstiehlt, sondern hören will, was der Herr zu sagen hat. Von da an gilt: „Der Herr war mit ihm und ließ keines von all seinen Worten unerfüllt".

Also ich finde sie schön, diese Botschaft des heutigen Sonntags. Es ist so ähnlich wie bei zwei Eheleuten nach 20 oder 30 Jahren. Immer wieder lebt ihre Ehe vom Anfang, nämlich von der Frage: Wie hat alles angefangen? Das empfehlen alle Eheberater und Therapeuten: Kehrt zum Anfang, zu den Quellen, zurück; davon lebt eure Ehe, dass ihr euch immer wieder bewusst macht, wie alles zwischen euch anfing. Und so ist es auch mit unserem Leben als Christen, und darin liegt die Bedeutung dieser Botschaft. Der bleibende Anfang christlichen Lebens ist das Hörenlernen auf Gott, die persönliche Begegnung mit diesem Jesus, jemanden zu haben, der einen zu ihm führt und selber jemand zu werden, der andere zu ihm führt. Ich glaube, dieser Sonntag lässt sich nicht besser zusammenfassen als mit den Worten eines Liedes. So ist der Anfang christlichen Lebens, der bleibende, gültig bleibende Anfang, der uns wie eine ständig sprudelnde Quelle immer wieder erneuern will: Gehet nicht auf in den Sorgen dieser Welt, suchet zuerst Gottes Herrschaft. Ihr seid das Volk, das der Herr sich auserwählt, seid eines Sinnes und Geistes. Ihr seid das Licht in der Dunkelheit der Welt, ihr seid das Salz dieser Erde. Denen, die suchen, macht hell den schweren Weg (GL 919, Erweiterung Augsburg).

FÜRBITTEN

Pr: *Herr, unser Gott, du hast uns heute so schön gezeigt, was der bleibende Anfang des christlichen Lebens ist, dass wir bei unseren Bitten jetzt genau am Wort des heutigen Tages entlanggehen können:*

L: Beim dritten Mal sagte der junge Samuel: Rede, Herr, dein Diener hört. – Führe du uns zum richtigen Hören, dass wir in aller Flut des Geschwätzes deine Stimme heraushören können.

L: Die Jünger hörten, was er sagte, und folgten Jesus. – Öffne uns für diese einfachsten aller einfachen Wörter des Christentums: Jesus einfach zu folgen.

L: Da gingen sie mit ihm und sahen, wo er wohnte, und blieben jenen Tag bei ihm. – Herr, gib uns die Bereitschaft, dir persönlich begegnen zu wollen und bei dir zu sein.

L: Andreas sagte zu seinem Bruder: Wir haben den Messias gefunden. – Lass uns immer mehr den Auftrag wahrnehmen, die Begegnung mit dir unserem Bruder/unserer Schwester weiterzusagen.

L: Und er führte ihn zu Jesus. – Gerade darum bitten wir dich in dieser Zeit, da viele weggehen und wegbleiben: Lass uns Glaubensbegleiter und Glaubensführer für andere werden.

L: Und der Herr war mit ihm und ließ keines von all seinen Worten unerfüllt. – Mache unser Leben so reich wie das des Samuel, indem wir lernen, ganz von deinem Wort zu leben.

Pr: *Denn wir sollen nicht aufgehen in den Sorgen dieser Welt. Ja, Herr, unser Gott, gib uns immer wieder diese Frische des Anfangs, rufe uns, damit wir in Wahrheit von dir Gerufene sind und bleiben.*

3. Sonntag im Jahreskreis
Lesejahr B

1. Lesung: Jona 3,1–5.10
2. Lesung: 1 Kor 7,29–31
Evangelium: Mk 1,14–20

Aus der ersten Lesung:
Das Wort des Herrn erging an Jona: Mach dich auf den Weg nach Ninive, in die große Stadt. (Jona 3,1f.)

Aus dem Evangelium:
Als Jesus am See von Galiläa entlangging, sah er Simon und Andreas, die auf dem See ihr Netz auswarfen. Da sagte er zu ihnen: Kommt her, folgt mir nach! Sogleich ließen sie ihre Netze liegen und folgten ihm. (Mk 1,16–18)

Faszination ging von Jesus aus

Es lässt sich tatsächlich ein Zusammenhang herstellen zwischen den ersten drei Sonntagen im Jahreskreis: der Taufe des Herrn, dem vergangenen Sonntag und heute. Sie erinnern sich an mein Wort vom Fortsetzungsroman, den ich so gerne in meinen Predigten schreibe. Wenn Sie das heutige Evangelium sehen, dann ist Ihnen ohne viel Erklärung klar, warum sich dieser Markus damals in Rom hingesetzt hat, um als Erster ein Evangelium zu schreiben. Er will einfach der Frage nachgehen: Wie hat das alles angefangen mit diesem Jesus Christus? Und wir müssen ihm bis heute dankbar sein, dass er das auf sich nahm, denn es ist wie bei einer Ehe – so der Vergleich am letzten Sonntag –: Eheleute sollten immer wieder zu den Anfängen, zu den Quellen, ihrer Liebe zurück; und ebenso wichtig ist es für Christenleute, für gläubige Leute, die Botschaft des Glaubens aus der Quelle, von ihrem Anfang her, zu hören. Wie ist da das heutige Evangelium des 3. Sonntags zu verstehen? Ganz eindeutig sind da konkrete Menschen – Simon, Andreas, Jakobus, Johannes –, die sich an ihre allererste Liebe, ihre allererste Begegnung, erinnern. Bevor wir darauf eingehen und es auf unser Leben übertragen, noch einmal die zwei Stichworte der beiden vergangenen Sonntage:

Da war die Taufe Jesu. Und Markus wollte damit sagen: So sieht deine ganze Wirklichkeit aus, über dir ist der Himmel offen, Gottes Sohn/Tochter bist du. Und da war das mit den ersten Jüngern und dem jungen Samuel. Hören lernen auf Gott – damit fängt das christliche Leben an. Und nun heute. Da geht also Jesus am See von Galiläa entlang und sieht zwei Fischer arbeiten, zwei Brüder, Simon und Andreas heißen sie, und er sagt zu ihnen: „Kommt her, folgt mir!", und sogleich – sogleich! – lassen sie ihre Netze liegen und folgen ihm. Was soll das? Was bedeutet das für uns? Welche Anfangsbotschaft will Markus damit bringen?

Hier soll nicht dargestellt werden, wie bestimmte Personen zu Aposteln erwählt werden, gar der Zwölfer-Kreis ins Leben gerufen wird. Diese Männer haben noch keinen kirchlichen Titel oder gar eine Bischofsweihe; es sind Männer mit schwieligen Arbeitshänden, Fischer mit konkreten bürgerlichen Namen. Und auch die Zwölfer-Zahl kam erst viel später hinzu und aus ganz anderen Gründen. Sie taucht auf, als Markus die kirchliche Bedeutung der Genannten hervorheben will. Da soll dann aus der Sicht des Evangelium schreibenden Markus deutlich werden: Simon Petrus ist der soeben verstorbene Bischof von Rom, Andreas der Apostel Griechenlands; in Patras wird sein Martyrium lokalisiert. Jakobus steht für Jerusalem, die alte Kirche, die Urkirche. Johannes findet Erwähnung als der geistliche Vater der Ostkirche, Ephesus, Byzanz, Kleinasien. Also will Markus in unserer heutigen Schriftstelle zeigen, wie für diese gewichtigen Persönlichkeiten alles angefangen hat. Nämlich mit einem Blick, einem Wort und einer sofortigen, unglaublichen Reaktion. Dieser Jesus von Nazaret ist so ein Mensch, dass er nur ein Wort zu sagen braucht – „Folge mir!" –, und diese berufstätigen, verantwortungsbewussten Männer stehen auf und folgen ihm.

Mir ist an dieser Stelle nur eins wichtig zu sagen, da wir doch alle an diesen Jesus glauben. Welch eine Faszination, welch eine Verzauberung muss von der Person Jesu ausgegangen sein, wenn er imstande war, Menschen aus ihrem Alltag, aus ihrem sicheren Lebenszusammenhang herauszulösen und in eine ganz neue Welt hineinzustellen; und zwar sogleich, wie Markus immer wieder betont; 102-mal kommt dieses „sogleich" bei Markus vor. Menschen in der Nähe Jesu müssen gespürt haben, dass jetzt tatsächlich die Zeit erfüllt ist, dass dieser Mensch Jesus eine Chance ist, wie es sie noch nie gegeben hat. Vielleicht haben diese ersten Jünger gespürt, dass der Mensch nicht nur von seiner Arbeit, seinem Job, lebt, sondern dass etwas Tieferes im Menschen verborgen ist; und wenn einer kommt und das aufdeckt und sichtbar macht, dann wird alles anders. Dieser Jesus muss auf eine Weise von Gott erfüllt gewesen sein und von Gott gesprochen haben, dass man ihm glauben musste, dass es keinen anderen Vater gibt als diesen Gott.

Und wie ist dieser Gott, von dem Jesus so erfüllt war? Da hilft uns das kleine Büchlein Jona von heute. Für mich ist das eine köstliche Erzählung. Wie ist dieser Gott Israels, dieser Jahwe, wirklich? Er ist so, dass du ihm an keinem Punkt der Erde davonlaufen kannst. Wenn du nach Tarschisch fährst – das ist Gibraltar, das damalige westliche Ende der Welt –, kannst du ihm nicht entflie-

Die Zeit im Jahreskreis im Lesejahr B

hen. Und wenn du in der Tiefe des Meeres versinkst, ja, von einem übergroßen Fisch verschluckt wirst – Gott kannst du nicht entkommen. Dieser Gott ist sogar mitten in der gottlosen Stadt Ninive, in den Herzen dieser angeblich Ungläubigen ist dieser Gott da, denn er bewirkt die Umkehr ihrer Herzen. Und der Jona, der sitzt da vor dieser Stadt und kann das alles nicht fassen. Von diesem Gott ist Jesus von Nazaret ganz und gar erfüllt. Und das hat auf die Menschen, die ihm begegnen, so eine Wirkung, dass sie alles stehen und liegen lassen, ihr Handwerkszeug, ihren Beruf, ihre Sicherheit, nur um diesem Gott nachzulaufen und mit diesem Gott zu leben. Darum geht es eigentlich.

Halten wir's also fest als dritte Anfangsbotschaft des Markus: Den Weg deines Glaubens und deiner Erlösung durch Jesus sehe ich so, sagt Markus, dass du in ihm, nur in ihm, dem wahren und eigentlichen Gott begegnen kannst, der überall ist, am Ende der Welt, in der Tiefe des Meeres, sogar in den Herzen der Gottlosen. Diesem Gott zu begegnen in Jesus von Nazaret verändert dein Leben von Grund auf, macht dich wahrhaft frei, lässt dich endlich zu dir selber finden, denn auch in dir, in deinem Innersten, ist dieser Gott. Simon hat's erlebt, Andreas hat's erlebt, Jakobus und Johannes haben's erlebt, und ungezählte andere Christen haben's erlebt: In Jesus findest du zum wahren Gott. So hat's angefangen, so fängt's immer wieder an mit der Christusnachfolge.

Schließen wir auch heute wieder mit einem Lied, wie schon letzten Sonntag: „Die Kirche ist erbauet auf Jesus Christ allein. Wenn sie auf ihn nur schauet, wird sie im Frieden sein ... Seht Gottes Zelt auf Erden! Verborgen ist er da; in menschlichen Gebärden bleibt er den Menschen nah ... Sein wandernd Volk will leiten der Herr in dieser Zeit; er hält am Ziel der Zeiten dort ihm sein Haus bereit" (GL 639,3–5). Ja, das ist die Quelle des christlichen Lebens: Nur dieser Jesus von Nazaret lässt dich zu Gott und zu dir selber finden.

FÜRBITTEN

Pr: *Großer Gott, der du Himmel und Erde geschaffen hast, noch einmal durften wir heute der Markus-Botschaft des Anfangs begegnen; wie es angefangen hat mit dem faszinierenden Menschen Jesus von Nazaret. Höre unsere Bitten, du, den Jesus den Menschen zeigen wollte.*

L: „Jesus ging nach Galiläa und verkündete das Evangelium Gottes." – Um die Hochschätzung des Evangeliums bitten wir, dass es auch für uns das Wort des Lebens sei und bleibe.

L: „Jesus sagte zu den beiden Brüdern: Kommt her, folgt mir nach!" – Um die Begegnung mit der faszinierenden Persönlichkeit Jesu bitten wir, dass wir uns heute von ihm ansprechen und rufen lassen.

L: „Sie ließen ihre Netze liegen und folgten ihm." – Lass uns diesen allerersten Anfang des Christentums verstehen, wie ein Christ ganz neu beginnen kann und darf.

L: „Das Wort des Herrn erging an Jona: Mach dich auf den Weg." – Um die große und gewaltige Gottesvorstellung des Volkes Israel bitten wir, dass es keinen Punkt der Erde gibt, wo du nicht bist und lebst.

L: Und Erbarmen hast du sogar gehabt mit der gottlosen Stadt Ninive: Lass uns immer mehr aufgehen, wie groß und tief dein Herz ist, größer und tiefer als jedes Menschenherz.

Pr: *Denn was sonst sollte der Sinn christlichen Lebens sein, als dir zu begegnen, dich zu finden, Gott, der du einfach alles bist. Schenke uns diese Begegnung immer mehr.*

Die Zeit im Jahreskreis im Lesejahr B

4. Sonntag im Jahreskreis
Lesejahr B

1. Lesung: Dtn 18,15–20
2. Lesung: 1 Kor 7,32–35
Evangelium: Mk 1,21–28

Aus der ersten Lesung:
Mose sprach zum Volk: Einen Propheten wie mich wird dir der Herr, dein Gott, aus deiner Mitte, unter deinen Brüdern, erstehen lassen. (Dtn 18,15)

Aus dem Evangelium:
In ihrer Synagoge saß ein Mann, der von einem unreinen Geist (Dämon) besessen war. Der begann zu schreien: Was haben wir mit dir zu tun, Jesus von Nazaret? Bist du gekommen, um uns ins Verderben zu stürzen? (Mk 1,23f.)

Die Holzschnitt-Technik des Markus

Dieses Jahr wird ein schwieriges Predigtjahr. Sie wissen ja: Ein Jahr liest man Matthäus, ein Jahr Markus, ein Jahr Lukas; und heute wird zum ersten Mal spürbar, wie schwierig dieses Markus-Evangelium ist. Nicht nur, dass da von Propheten und Dämonen und Besessenheit die Rede ist – vor allem die Art, wie der Evangelist Markus diesen Jesus beschreibt, ist seltsam. Deshalb zuerst ein Vergleich, den wir uns für das ganze Markus-Jahr merken können: Seine Methode ist der Holzschnitt. Da werden mit einem Messer Vertiefungen eingeschnitten. Dann wird eingefärbt und ein Stück Papier draufgepresst. Das Bild, das so entsteht, kennt nur schwarze und weiße Flächen, keine Farben. Ganz hart nebeneinander stehen die schwarzen und die weißen Flächen und Linien. Genauso beschreibt Markus diesen Jesus, gerade in dieser heutigen Szene. In schwarzer Farbe also der unreine Geist, die Besessenheit, der Dämon, und unmittelbar daneben ganz weiß der Heilige Gottes und die Vollmacht Jesu. Markus macht das so, um den deutlichen Unterschied zwischen dem Guten und dem Bösen herauszuheben, um scharf zu zeigen, wie ganz anders dieser Jesus ist und welche Macht er hat. Wir werden das noch oft bemerken in diesem Jahr, und auch am Palmsonntag stürzt Jesus am Kreuz in die schwarze Verzweiflung wie bei keinem anderen Evangelisten.

Bevor wir das heutige Evangelium auf unser Leben anwenden können, müssen wir zwei Begriffe klären: Was ist ein Prophet? Und: Gibt es Dämonen? Ein Prophet – das machte die Lesung deutlich – ist ein Mensch, dessen Worte Wirkung zeigen. Der sich also abhebt von all den Schwätzern und Moderednern und Honig-um-den-Mund-Schmierern. Der Prophet redet im Namen Gottes. Und das hat seine Wirkung.

Propheten sind selten. Mose war so einer. Und Jesus ist so einer. – Und gibt es in unserer Welt Dämonen? Zur Beantwortung nur ein einziges Bild und drei Beispiele aus unserer Zeit: Das Bild, das sicher jeder kennt, stammt aus dem Konzentrationslager in Auschwitz, wo man einen ganzen Berg von Brillen und Goldplomben und Gebissen aufgehäuft hat, alles Dinge, die man den Opfern in den Gaskammern abgenommen hat. Hinter jenen Gräueltaten stecken Dämonen, nämlich irrationale, unfassbare Mächte, die tief in uns Menschen schlummern, die plötzlich ausbrechen können und stärker sind als der Mensch. Drei Beispiele aus unserer Zeit: der Dämon „Gewalt", der Dämon „Sozialprestige", der Dämon „Hass".

Dass der Dämon „Gewalt" ganz plötzlich über einen Menschen kommen kann, das hat der Hinweis auf die Konzentrationslager eben schon angedeutet. Oder wenn Terroristen in eine Wohnung gehen und kaltblütig (was heißt kaltblütig?, man kann nur sagen: dämonisch) einen Menschen erschießen – dann zeigt sich: In uns sitzt dieser Dämon „Gewalt", der plötzlich ausbrechen und mächtiger sein kann als wir. Oder der Dämon „Sozialprestige": Immer wieder stellen wir das Haben und das Können über das Wollen und das Sein des Menschen. Es ist einfach nicht auszurotten, dass wir die anderen einschätzen nach Geld und Besitz, Rang und Titel, nach Position und Macht. Und der Arme, Kleine, Schwache, der zählt nichts. Das nennt man Sozialprestige – sich über andere erheben, reich und prominent sein wollen und den Wert des Menschen nach diesen Äußerlichkeiten bemessen. Und dabei wissen wir mit unserem Verstand alle, dass jeder Mensch gleich viel wert ist, dass ganz andere Tugenden wichtiger sind, dass jeder sterben muss und nichts mitnehmen kann und dass jede Verachtung des Menschen eine Verachtung des Schöpfergottes ist. Aber nein – da sitzt ein Dämon in uns, der für Geld die Ehre des Armen verkauft. Und schließlich der Dämon „Hass": Muss man dazu überhaupt etwas sagen? Wir Menschen müssen uns einfach schämen, dass immer wieder, sei es zwischen Völkern oder zwischen einzelnen Familien, ein Hass ausbricht, der oft über Generationen reicht. Wer genügend Lebenserfahrung hat, der weiß es auch ohne nähere Erklärung: Nirgendwo ist die Hässlichkeit und Gefährlichkeit der Dämonen so sichtbar wie beim Hass, der Menschen einnehmen kann, ohne dass sie sich dagegen wehren können und wollen.

„In ihrer Synagoge saß ein Mann, der von einem unreinen Geist (Dämon) besessen war. Der begann zu schreien: Was haben wir mit dir zu tun, Jesus von Nazaret? Bist du gekommen, um uns ins Verderben zu stürzen?" – Dies ist keine Geschichte aus irgendeinem Gruselfilm, über die wir uns erhaben fühlen dürften. Sondern die realistische Beschreibung unserer Innenwelt, die wir verdrängen, aber nicht besiegt haben. Die Gewalt, das Sozialprestige, der Hass sind Mächte in uns, die stärker sind als wir. In den Konzentrationslagern und in den Ausbrüchen von Gewalt und Hass zeigt sich, wozu wir Menschen im negativen Sinn fähig sind.

Und damit können wir endlich die Frage an dieses Evangelium richten: Wie kann man die Dämonen in sich besiegen?

Dazu brauchen wir nur auf Jesus zu schauen. – „Da erschraken alle, und einer fragte den anderen: Was hat das zu bedeuten? Hier wird mit Vollmacht eine ganz neue Lehre verkündet". – Das Wort Vollmacht soll deutlich machen: Dieser Jesus ist ein Mensch, der volle Macht über sich selber hat. Und warum hat er volle Macht über sich selbst?

„So wie dieser Mensch hat noch keiner zu uns gesprochen. Lass uns spüren, dass du, und nur du, unser Gott bist."

Volle Macht über sich selbst gewinnt der Mensch, wenn er sich ganz Gott überlässt. Denn der allein ist mächtiger als diese Dämonen in uns. In Jesus wird sichtbar, wozu ein Mensch positiv fähig ist. Wir Menschen stehen immer, ob wir das sehen oder nicht, im Kräftespiel zwischen Gott und den Mächten der Dämonen in uns. Nur wer sich zunehmend Gott anvertraut, ihn über sein Leben verfügen lässt, der kann die Dämonen besiegen; aus eigener Kraft schafft das keiner. Ich habe in meinem Leben immer dann am überzeugendsten von Gott reden gehört, wenn mir ein Mensch gegenübersaß, der mit Gottes Hilfe einen Dämon besiegt hatte. Ein Mensch, der z.B. den Dämon „Alkohol" oder „Verzweiflung über einen Todesfall" überwunden hat, der hat diese Erfahrung am stärksten gemacht: Wenn ich mich Gott überlasse, dann verändert sich mein Leben von innen her, dann gelingen mir Siege, die undenkbar schienen.

„Lass uns spüren, dass du, und nur du, unser Gott bist." Darin liegt die stärkste Kraft des Menschen.

FÜRBITTEN

Pr: *Herr, unser Gott, unsere Welt ist nicht so klar und gesichert, wie wir meinen. Böse Mächte und Dämonen sind mit im Spiel, und sie treiben ihr Spiel mit uns, weil sie mächtiger sind als wir. Dabei sind sie kaum zu erkennen und zu fassen. Im Namen Jesu, der zu sprechen wusste wie einer, der Vollmacht hat, rufen wir zu dir und bitten dich:*

L: Wenn wir in eine ausweglose Lage geraten, wenn Fragen und Probleme sich auftürmen und niemand eine Antwort gibt, dann lass uns beten: „Antwort auf alle Fragen, Ausweg aus allen Plagen, zeig uns dein Wort."

L: Wenn Leid und Dunkel uns quälen, wenn deine Nähe zur Ferne wird und wenn wir nicht aus noch ein wissen, dann hilf uns zu sprechen: „Gepriesen sei der Herr, der Sohn des lebendigen Gottes."

L: Wenn wir mit Erschrecken bemerken, dass eine dämonische Macht wie Gewalt oder Hass über uns kommt, die stärker ist als wir: „Lass uns spüren, dass du, und nur du, unser Gott bist."

L: Wenn unser Leben zu scheitern droht, wenn wir das Gefühl haben, ins Verderben zu stürzen und das Ziel nicht zu erreichen, wollen wir rufen: „Komm, Herr, dass wir dich sehen, bist du uns nicht überall nah?"

L: Und in unserem Alltag, wo wir uns sicher fühlen, lass uns das Gottvertrauen einüben, damit wir uns dir anvertrauen können, wenn die Dämonen uns in Besitz nehmen wollen.

Pr: *Denn du, Gott, lässt uns schon spüren, dass du da bist, wenn wir nur unsere Ohnmacht einsehen und uns dir anvertrauen – dir, der du doch stärker bist als alle dunklen Mächte. Sei du in unserer Nähe mit deinem Wort. Lass uns spüren, dass du, und nur du, unser Gott bist!*

5. Sonntag im Jahreskreis
Lesejahr B

1. Lesung: Ijob 7,1–4.6–7
2. Lesung: 1 Kor 9,16–19.22–23
Evangelium: Mk 1,29–39

Aus der 2. Lesung:
Wenn ich das Evangelium verkünde, kann ich mich deswegen nicht rühmen; denn ein Zwang liegt auf mir. Weh mir, wenn ich das Evangelium nicht verkünde! (1 Kor 9,16)

Aus dem Evangelium:
Am Abend, als die Sonne untergegangen war, brachte man alle Kranken und Besessenen zu Jesus. Die ganze Stadt war vor der Haustür versammelt. (Mk 1,32f.)

Ein normaler Tag im Leben Jesu

Das Evangelium vom letzten Sonntag und dieses von heute gehören unbedingt zusammen. Nicht nur, weil jenes mit einer Dämonenaustreibung begann und dieses heute mit Dämonen endet. Vor allem deshalb, weil beide Abschnitte genau 24 Stunden umfassen. Ein Tag, ein Sabbat – wir dürfen sagen: ein Sonntag –, im Leben Jesu wird geschildert. Morgens geht er in die Synagoge, wo er diesem besessenen Mann begegnet, dann – hier setzt unser heutiger Text ein – geht er zu Freunden zum Mittagessen, bei Sonnenuntergang die Begegnung mit den herbeigetragenen Kranken und Besessenen, schließlich das einsame Gebet am frühen Morgen und das Weiterziehen. Ein Lebenstag Jesu. Wir kommen am Schluss auf diesen Tag und seine Bedeutung zurück. Wenn also Markus hier drei Ereignisse eines Tages einfach so hinerzählt, dann soll auch in der Predigt darüber das Gleiche versucht werden: zu den drei Szenen drei Gedanken einfach so hinerzählen, die mir so kommen in und aus meinem Leben.

Ein Mensch ist krank. Die Schwiegermutter des Petrus. Also waren die Freunde Jesu, die Jünger, die Apostel – aber diese Bemerkung wirklich nur ganz nebenbei – verheiratet. Viele Menschen sind krank. Das Wissen darum, das einen sehr belasten kann. Das immer wieder sehen müssen. Das Krankenhaus als Ort dieser Erfahrung. (Mk 1,30a)

Über den Kranken reden. Am Telefon. Auf der Straße. Vor dem Krankenzimmer. Wie kann man den Kranken heilen? Wo beginnt das Heilen? Es beginnt schon beim Gespräch über den Kranken. Dass er mich interessiert, dass ich sein Schicksal in mich hereinlasse, dass ich, der Gesunde, unter seiner Krankheit mitleide, dass ich mir also nicht erspare, mich dem Kranken auszusetzen, ja auszuliefern.

Kann man noch einfacher, undramatischer, selbstverständlicher erzählen, was Heilen heißt? Das Wort Wunder kommt überhaupt nicht vor. Was denn – Wunder? (1,30b)

Zu dem Kranken gehen, ihn an der Hand fassen und aufrichten. Wenn in deiner Hand, die du dem Kranken reichst, keine Spritze ist, kein Morphium, keine Tablette, nur das Vertrauen, das aus deinen Augen kommt, dann ist deine Hand eine heilende Hand. Denn der Kranke bettelt zuallererst und zutiefst um eine Hand, der er vertrauen kann. Im Strom des Vertrauens strömt die Heilung. Ich erzähle davon nur, weil ich das selber schon oft und oft erlebt habe. (1,31)

Was mag sich Markus gedacht haben, als er diesen doch maßlos übertriebenen Satz hingeschrieben hat: „alle Kranken" – „alle Besessenen"? Er mag sich gefragt haben: Wie schildere ich am deutlichsten, welche Wirkung von diesem Jesus ausging? Die Wirkung eines Menschen ist ein Magnetfeld. Je mehr Liebe, je mehr Vertrauen, je mehr Leben in einem Menschen ist, desto stärker ist sein Magnetfeld, seine Ausstrahlung. Wer Kranke und Besessene anzieht, der muss ein guter Mensch sein.

Von Pater Rupert Mayer, dem Münchner Männerseelsorger im 2. Weltkrieg, ist bekannt, dass er oft Tag und Nacht, telefonisch und persönlich, ununterbrochen, beansprucht wurde, so dass er oft nicht mehr konnte. Die Spur des guten Jesus findet sich am deutlichsten, wo ein Mensch ist, der Kranke und Besessene anzieht, wo einer sein Leben ständig für diese Menschen hergibt. Wenn du dich schon einmal überbeansprucht, verausgabt, verbraucht gefühlt hast, dann hast du in Wahrheit gelebt, dann warst du Jesus nahe, denn du hast dein Leben verströmt so wie er. (1,32f.)

Du musst immer wieder das Schweigen und das Gebet suchen. Nur so kannst du zum Wesentlichen vordringen. In der Hektik allein, in der Aktivität allein, in der Verausgabung allein erschließt sich das Wesentliche nicht. Die kostbaren Dinge des Lebens gibt es nicht ohne Mühe und Verzicht. Zu diesen kostbaren Dingen gehören Schweigen und Gebet. (1,35)

Aber bleiben wir bei Jesus, denn jetzt kommt eine sehr interessante Reaktion seiner engsten Freunde auf dieses schweigende Gebet: „Alle suchen dich." – Eine Hauptgefahr für uns Priester und Pfarrer und für viele kirchliche Mitarbeiter heute liegt in diesen drei Worten: „Alle suchen dich". Sich jagen, hetzen, zerreißen zu lassen von Terminen, Veranstaltungen, Gesprächen, Notwendigkeiten endloser Zahl und immer mehr darin aufgehen. Der Terminkalender und die Armbanduhr sind heute in der Kirche beinahe zu Ersatzgöttern geworden, denen man sich wehrlos ausliefert, weil sie eine Gegenwehr gar nicht mehr zu erlauben scheinen. (136f.)

Wie reagiert Jesus darauf? Jesus will gar nicht bleiben, er will sich gar nicht von immer mehr Bedürfnissen und Notwendigkeiten beanspruchen lassen. Jesus gehört niemanden. Er ist für alle da. Seine Aufgabe heißt predigen, heißt nicht Feste organisieren, Streit schlichten, bei Veranstaltungen repräsentieren, sondern predigen, weiterziehen und predigen! (1,38) Paulus sagt das Gleiche so: „Weh mir, wenn ich das Evangelium nicht verkünde!" (1 Kor 9,16)

Ich darf hinzufügen: Vieles andere wäre leichter und angenehmer: sich feiern zu lassen, sich habhaft machen zu lassen, jemandem ganz zu gehören. Nein!

Fassen wir zusammen: Der typische Lebenstag Jesu sieht also so aus: Vertrauen schenken und dadurch Menschen heilen, das eigene Leben verströmen, es verausgaben für die Kranken und Besessenen, die Einsamkeit des Schweigens und des Gebetes suchen, und diese drei Schritte zusammen heißen also: predigen. Und weil auch dieses Wort noch so sakral und alltagsentrhoben klingt, nennen wir's einfach: leben, christlich leben. Christlich leben heißt also: vertrauen / verströmen / Einsamkeit. Wer diese drei Dinge in seinen eigenen Lebenstagen immer wieder entdeckt, natürlich oft verschoben, verzerrt, misslungen, aber in wessen Lebenstagen diese drei Dinge doch immer wieder auftauchen, der ist auf der richtigen, auf der guten Spur, auf der christlichen Lebensspur, auf der Lebensspur Jesu.

FÜRBITTEN

Pr: *Herr Jesus Christus, wir sind dem Evangelisten dankbar, dass er uns hineinschauen ließ in einen Tag deines Lebens. Wir alle verbringen unser Leben in einzelnen Tagen. Also spielt sich auch unser christliches Leben in einzelnen Lebenstagen ab. Weil du unser Meister und Wegbegleiter bist, deshalb bitten wir dich:*

L: Zuerst für die Kranken, denen deine besondere Liebe galt – dass jeder Kranke wenigstens einen hat, der einfach zu ihm geht, ihn an der Hand nimmt und aufrichtet.

L: Für uns, die Gesunden, wenn wir zu Kranken gehen – dass aus unseren Händen und Augen ehrliches Vertrauen strömt, denn das sucht der Kranke am tiefsten und das heilt ihn am meisten.

L: Für jene, die sich überbeansprucht fühlen – dass sie nicht nur jammern und sich ständig selbst bemitleiden, dass sie vielmehr Freude daran gewinnen, ihr Leben zu verströmen, und so tiefen Lebenssinn finden.

L: Für jene, die von Termin zu Termin hetzen müssen – dass sie den Mut haben, sich zu wehren, sich das Schweigen und das Gebet nicht stehlen zu lassen und sich energisch die notwendige Zeit für sich selber zu nehmen.

L: Für alle Mitarbeiter in der Kirche und für alle Prediger – dass sie wie Paulus nichts anderes als den Dienst am Evangelium an die erste Stelle setzen und dass sie sich von niemandem diese Entscheidung ausreden lassen.

L: Für uns selbst an diesem heutigen Tag wie auch an jedem anderen – dass wir uns an jedem Tag bemühen, unserem Meister und Wegbegleiter nachzufolgen, der wie kein anderer wusste, welchen Sinn das Leben hat.

Pr: *Über drei Dinge haben wir heute nachgedacht: Vertrauen schenken, das Leben verströmen, die Einsamkeit des Schweigens und Gebetes suchen. Wer sich um diese drei Dinge ehrlich und geduldig bemüht, dessen Weg kann nicht falsch sein, dessen Lebensweg ist ein guter Weg, dessen Leben führt zu Christus.*

6. Sonntag im Jahreskreis
Lesejahr B

1. Lesung: Lev 13,1–2.43–46
2. Lesung: 1 Kor 10,31–11,1
Evangelium: Mk 1,40–45

Aus der ersten Lesung:
Solange das Übel besteht, bleibt er unrein. Er soll abgesondert wohnen, außerhalb des Lagers soll er sich aufhalten. (Lev 13,46)

Aus dem Evangelium:
Jesus hatte Mitleid mit dem Aussätzigen; er streckte die Hand aus, berührte ihn und sagte: Ich will es – werde rein! (Mk 1,41)

Außerhalb des Lagers

Möchten Sie in einem Lager leben? Sie wissen, es gibt Lager für Flüchtlinge, für Aussiedler, für Fremde, für Kriegsgefangene. Ein Lager hat einen Zaun, einen Stacheldraht, eine Wachmannschaft, das Verlassen und Betreten ist strengen Kontrollen unterzogen. Niemand lebt gern darin. Das grundsätzliche Hauptmerkmal eines Lagers ist: die Abgeschlossenheit.

„Solange das Übel besteht (nämlich der Aussatz, also diese ansteckende Hautkrankheit), bleibt er unrein; er ist unrein. Er soll abgesondert wohnen, außerhalb des Lagers soll er sich aufhalten." So endet heute die Lesung aus dem 3. Buch Mose. Und gleich noch ein Satz, der erst am Schluss zur Geltung kommen wird, aber ich muss ihn am Anfang bringen, damit die dramaturgische Spannung deutlich wird: „Deshalb hat auch Jesus, um durch sein eigenes Blut das Volk zu heiligen, außerhalb des Tores gelitten. Lasst uns also zu ihm vor das Lager hinausziehen und seine Schmach auf uns nehmen." So schreibt der Hebräerbrief über den Ort der Kreuzigung Jesu: außerhalb des Lagers.

Möchten Sie in einem Lager leben oder lieber außerhalb? Nur selten ist die Lesung aus dem Alten Testament so wichtig für das Verständnis des Evangeliums und der Tat Jesu wie an diesem Sonntag. Wie würden wir wohl diese Heilung des Aussätzigen durch Jesus verstehen ohne den Hintergrund und die Erklärung jener Lesung aus dem 3. Buch Mose? Vermutlich so falsch, dass es falscher nicht mehr geht. Nämlich etwa so: So wie Jesus, der Heiland und Retter der Sünder, diesen Aussätzigen von seinem schrecklichen Aussatz geheilt hat, so heilt er auch dich von deinen Sünden, vom schrecklichen Aussatz deiner

Sünden, wenn du voll Vertrauen zu ihm kommst! – Ich will ja nicht behaupten, dass so eine Auslegung nur falsch wäre. Aber sie wäre billig und moralisierend und zweckentfremdet. Vor allem bibelfremd.

Wir müssen zuerst die hintergründige Erklärung des Alten Testaments anschauen, um das für damalige Verhältnisse unglaubliche Handeln Jesu zu verstehen. Da hatten also die Priester im Volk Israel die Aufgabe, den Aussatz möglichst frühzeitig zu erkennen, um den Betroffenen aus Ansteckungsgründen zu isolieren, damit er nicht zur Gefahr würde und andere anstecken könnte. Aber wir dürfen das nicht missverstehen. Das AT dachte nicht hygienisch, wie man das heute tut.

Sondern das AT dachte immer religiös und kultisch: Wenn einer Aussatz bekam, dann war das ein religiöser Vorgang, eine Strafe Gottes. „Im Lager" – das war ein Fachausdruck für das auserwählte Volk Gottes; im Lager lebten die gläubigen Israeliten, die Gottes Gebote hielten, die Recht taten und rein waren, die keinen Aussatz hatten und deshalb von Gott nicht gestraft waren. „Um das Lager herum" dachte man sich einen Zaun, damit man genau wisse, wer zu den Erwählten und Reinen gehöre; dieser Zaun, das waren alle Gebote und Vorschriften, die peinlich genau zu erfüllen waren, um Gottes sicher und rein zu sein. „Außerhalb des Lagers" aber, ausgesperrt vom Heil und von der Nähe Gottes, waren jene, die unrein geworden waren vor Gott. Wer aussätzig ist, ist unrein vor Gott; der muss draußen bleiben, wo es kein Heil und keine Rettung mehr gibt – so die damaligen Denkschemata.

Erst jetzt verstehen wir die wahre Bedeutung dieser Tat Jesu: „Nimm dich in Acht", sagt Jesus zu dem geheilten Aussätzigen, „erzähl niemand davon, sondern geh, zeig dich dem Priester und bringe das Reinigungsopfer dar, das Mose angeordnet hat. Das soll für sie ein Beweis meiner Gesetzestreue sein." Wenn Jesus so redet und handelt, dann heißt das: Schaut her, ihr Priester im Lager, die ihr die Sachwalter Gottes sein wollt, die ihr genau wisst, wem Gott sein Heil schenkt und wem nicht, schaut her, diesen Ausgesperrten habe ich geheilt, außerhalb eures Lagers, d.h. außerhalb eures perfekten religiösen Systems, außerhalb eurer Opfer und Gebete. Schaut ihn euch an, diesen Mann, den ihr ausgesperrt habt, weil er nicht mehr würdig war, innerhalb des Lagers zu leben und zu Gottes Volk zu gehören. Schaut ihn euch an und merkt euch wohl: Nicht dieser Aussätzige ist krank. (Ihr seht doch, wie leicht er zu heilen war!) Sondern ihr seid krank, die ihr das Heil und die helfende Nähe Gottes in ein geschlossenes Lager einsperrt und jene ausschließt, die das Heil am nötigsten hätten. So etwa haben die Zeitgenossen Jesu diese Aussätzigenheilung verstanden.

Wir hatten mit der Frage begonnen, ob Sie in einem Lager leben möchten. Und jeder wird spontan antworten: Nein, natürlich nicht. Wir haben von dieser Vorschrift im AT her das Verhalten Jesu neu verstanden: Er greift das geschlossene religiöse System seiner Zeit direkt an, weil dort das Heil gepachtet war für wenige und die vielen ausgesperrt blieben.

Es wäre natürlich jetzt reizvoll, in die heutige Gegenwart zu springen und zu schauen, ob Jesus auch heute Grund hätte, in dieser Weise vorzugehen. Aber das ist nicht Aufgabe der Predigt. Nur noch eine Vermutung und jenes Wort aus dem Hebräerbrief. Vielleicht haben schon zur Zeit des Evangelisten Markus jene Bestrebungen begonnen, die im Lauf der Kirchengeschichte so unheilvolle Folgen zeitigen sollten, nämlich dass sich Christen so gern in ein geschlossenes Lager zurückziehen, wo nur die Geretteten und Auserwählten leben dürfen, alle anderen aber ausgesperrt und ausgeschlossen bleiben.

Jeder möge sich seine eigenen Gedanken machen, ob diese Gefahr heute gebannt ist oder ob wir nicht auch heute vor diesem Lagerdenken auf der Hut sein müssen. Und jenes Wort aus dem Hebräerbrief: „Deshalb hat auch Jesus, um durch sein eigenes Blut das Volk zu heiligen, außerhalb des Tores gelitten. Lasst uns also zu ihm vor das Lager hinausziehen". So wie man Jesus damals außerhalb der Stadtmauern gekreuzigt hat, so muss unser Platz bei all jenen sein, die man aussperrt und ausschließt, denn Jesus ist gekommen, um deren Qual zu teilen und zu heilen; und wir Christen müssten es genauso machen.

FÜRBITTEN

Pr: *Herr, unser Gott, was eine harmlose Krankenheilung bedeuten kann! Jesus war nie ein Wunderdoktor, sondern ein Prophet des echten Glaubens. Und er ließ sich dabei von niemandem täuschen oder etwas vormachen. Die Frommen seiner Zeit haben bald gespürt, wie prophetisch er handelt. Höre unsere Bitten, weil sein Anliegen auch heute gilt:*

L: Zuerst bitten wir natürlich für alle Kranken in unserer Gemeinde: Herr, schenke ihnen Vertrauen und Hoffnung, vor allem auch verständnisvolle Ärzte und Helfer, die ihnen zur Seite stehen.

L: Für uns selbst, wenn wir mit Kranken umgehen – dass wir uns ihnen selbstlos und gütig zuwenden, so wie es unser Herr als ganzer Mensch getan hat.

L: Dass wir als Christen die Gefahr erkennen, um die es Jesus hier geht, nämlich sich selber als gerecht anzusehen und andere auszuschließen.

L: Dass wir niemals ein „Lager" bilden, das zugesperrt ist für andere, sondern dass wir offen sind für alle, die guten Willens zu uns kommen wollen.

L: Dass in der ganzen Kirche niemand ausgesperrt wird, der es gut meint, sondern jeder einen Platz findet, weil Jesus ebenso offen war für jeden.

L: Und dass wir Christen uns gerade den Andersdenkenden und Andersartigen zuwenden und ihnen die Türen öffnen, damit sie bei uns Lebensraum finden.

Pr: *Denn wenn Jesus außerhalb des Lagers gestorben ist und wenn er den Aussätzigen gerade zu den Hütern des Lagers schickt, dann ist das Lagerdenken für uns Christen verboten. Herr, heile uns von dieser inneren Krankheit, die so weit verbreitet ist.*

Die Zeit im Jahreskreis im Lesejahr B

7. Sonntag im Jahreskreis
Lesejahr B

1. Lesung: Jes 43,18–25
2. Lesung: 2 Kor 1,18–22
Evangelium: Mk 2,1–12

Aus der ersten Lesung:
So spricht der Herr: Denkt nicht mehr an das, was früher war; auf das, was vergangen ist, sollt ihr nicht achten. (Jes 43,18)

Aus dem Evangelium:
Als Jesus ihren Glauben sah, sagte er zu dem Gelähmten: Mein Sohn, deine Sünden sind dir vergeben. (Mk 2,5)

Vergebung? Dach aufbrechen!

Ist das nun eine Dachdeckergeschichte, eine Beichtgeschichte oder eine Krankenheilungsgeschichte?

Natürlich ist es eine Krankenheilungsgeschichte, verbunden mit einer Beichtgeschichte: Jesus heilt den Gelähmten, er vergibt ihm seine Sünden, eins nach dem anderen, das eine mit dem anderen, das andere mit dem einen; den Kranken sollte man beichten lassen, wer beichtet, ist wie ein Kranker, Krankheit des Leibes, Krankheit der Seele, Jesus heilt beides, am besten beides im Schnellverfahren, ach wie schön, dass es Jesus gibt, der dich heilt und Schuld vergibt! – Sicher, so könnte man auch predigen! Bleiben wir lieber beim Dachdecker. Was macht ein Dachdecker? Der macht das Dach dicht. Macht, dass es ganz dicht wird. Wenn das Haus so weit fertig ist, steigt er oben auf das Haus hinauf und macht es dicht, dass kein Regen mehr hinein kann. Ohne das Haus kann er natürlich nicht arbeiten. Er kann kein Dach decken, wenn kein Haus da ist, auf das er steigen kann. Andererseits: Das Haus nützt nichts, wenn kein Dach drauf ist. Das Haus braucht das Dach. Das Dach braucht das Haus. So ist das nun einmal.

Was kommen da für Leute? Die tun das Gegenteil! Die decken das Dach wieder ab, das so kunstfertig abgedichtet wurde! Was werden die Leute in dem Haus drin denken? Ja, was fällt denn denen ein! Unser schönes Haus kaputtzumachen! Statt zu warten, bis sie hereinkönnen! *Wir* sind jetzt bei Jesus. Die sollen warten, bis wir ihnen Platz machen. Wozu ist denn schließlich das Dach auf dem Haus? Doch, damit die Leute durch die Tür hereingehen! Wer keinen

Platz mehr findet, der soll draußen warten und nicht unser Dach kaputtmachen (Mk 2,4). – Natürlich will ich Sie provozieren. Und zwar gerade dadurch, dass alles so überzeugend klingt, was ich bis hierher sage. Provozieren heißt eben auch, Sie bereit machen für eine andere, tiefere Sicht dieses Evangeliums. Und ohne Provokation würde das wohl kaum gelingen. Was oder wer ist dieses Haus mit dem festen Dach, von dem ich andauernd rede? Wenn diese Frage beantwortet ist, können wir es wagen, dieses Evangelium anders und tiefer zu lesen, als es meistens gelesen wird.

Im Bild des Hauses finden wir die lupenreine Beschreibung der christlichen Gemeinde. Ein Haus, voll mit Menschen, darin wird das Wort von Jesus verkündet. In jedem Gottesdienst geschieht, was nun folgt. (2,1f.)

Wir dürfen nicht meinen – und meinen es doch nur allzu oft –, der Gottesdienst sei unsere Veranstaltung, für uns, für uns allein! Gewiss, dort ereignet sich Jesu Wort und Jesu Sakrament, wir wissen darum, sind dankbar dafür, und deshalb kommen wir auch. Aber es gibt viele Menschen, die dieses Ereignis, eben das Ereignis des Wortes und Sakramentes Jesu, viel nötiger hätten als wir. Aber sie sind wie gelähmt. Sie bleiben nicht deshalb draußen, weil sie schlechter, ungläubiger, unchristlicher wären als wir, sondern sie haben niemanden, der sie herbringt. (2,3)

Hier ist der erste provozierende Gedanke, der uns selbst betrifft: Wir, die Volksmenge um Jesus herum, können ein Hindernis sein für diejenigen, die eigentlich kommen möchten. Warum? Ich versuche nur ein paar vage Andeutungen: weil unsere Reihen dicht geschlossen sind. Weil wir darauf achten, dass möglichst nur bekannte Gesichter da sind. Weil wir nicht gestört werden wollen. Weil wir meinen, nur wir seien gläubig. Und – weil wir das Dach so schön dicht gemacht haben. (2,4a)

Was ist das Dach? Das ist der feste Riegel, mit dem wir Jesus eingesperrt haben. In unser Gefängnis. Dass er uns gehört. Dass er allein bei uns bleibt. Dass wir ihn besitzen. Wer sind die vier Männer? Das sind diejenigen, die dem Gottesdienst ferngeblieben sind. Ist doch klar: Sonst wären sie ja jetzt nicht draußen. Die ihrem Glauben Füße gegeben haben, um mit ihrem Glauben einen herbeizutragen, der sonst nie zu Jesus kommen könnte. (2,3b.4b)

Da haben wir's! Jesus sieht „ihren Glauben"! Er schaut aufs Dach, auf das geöffnete Dach der Gemeinde, und sieht den Glauben dieser vier Männer. In der Gemeinde ereignet sich also nach Markus Vergebung der Schuld unter zwei Bedingungen: Wenn das feste Dach der Gemeinde aufgebrochen wird und wenn Menschen da sind, die stellvertretend für den Sünder glauben. (2,5)

Wie reagiert die Gemeinde darauf?

Natürlich, Schriftgelehrte haben ja Gott in Besitz. Sie verfügen über ihn. Die wissen genau, wann und wem Gott vergibt. Und wer anders denkt, der lästert eben Gott. Jede Gemeinde hat ihre Schriftgelehrten. (2,6f.)

Gegen solche Verstocktheit hilft nur der Holzhammer. Die meinen, Vergebung der Schuld sei bloß so ein Blabla. Dabei ist Vergebung der Schuld ein ungeheuerliches Ereignis. Allerdings begreift das nur der, der tatsächlich seine Schuld erkannt hat. Wer sein Leben lang seine Hände in Unschuld wäscht, hat davon keine Ahnung. (2,8f.)

Was ist die Tragbahre? Das ist das äußere Zeichen der Schuld! An die Tragbahre gefesselt sein – jeder sieht: Der ist krank. An das äußere Zeichen der Schuld (bitte haben Sie Phantasie, was das alles heißen kann!) gefesselt sein – jeder sieht: Der ist schuldig.

Diese Tragbahre, dieses äußere Zeichen der Schuld, das, woran man sich die Finger schmutzig macht, woran man ja nicht rühren darf, sonst wird man mitschuldig, das haben vier Männer, vier im Glauben kräftige Männer, fest auf die Schulter genommen, und dadurch ist Vergebung der Schuld möglich geworden. (2,9–12a)

Es entspricht dem Charakter dieser Art von Predigt, dass ich zwei Fragen an den Schluss stelle: Warum geschieht es in unseren Versammlungen, in unseren Gottesdiensten, so gut wie nie, dass Leute außer sich geraten angesichts dessen, was sich hier ereignet? Und: Wo stehe ich in dem Geschehen, von dem hier die Rede ist? (2,12b)

FÜRBITTEN

Pr: *Barmherziger Gott, eindringlich wurde hier geschildert, welcher Mühe es bedarf, den Sünder an den Ort der Vergebung zu bringen, und wie wichtig in der Mitte der Kirche die Vergebung ist. Wir bitten dich mit den Bildern dieses Evangeliums:*

L: Für uns, die wir als Gemeinde ein Stück Kirche sind: dass wir uns nicht abschließen wie in einer geschlossenen Versammlung.

L: Für die vielen Kranken, die an die Tragbahre ihrer Hilflosigkeit gefesselt sind: dass sie jemanden finden, der sie zu Jesus trägt, um dort Heilung zu erlangen.

L: Für unsere ganze Kirche: dass sie den Mut findet, ihr geschlossenes Dach zu öffnen, eigene Fehler und Sünden einzugestehen und gerade so an Glaubwürdigkeit zu gewinnen.

L: Für jene, die in der Kirche Amt und Verantwortung tragen: dass sie mehr auf den Glauben der Menschen als auf das Gesetz schauen und dass ihnen der Geist Gottes die Kraft schenkt, die Vergebung in die Mitte der Kirche zu stellen.

L: Für jene Christen, die das Verständnis für die Kirche verloren haben: dass sie sich nicht enttäuscht abwenden, sondern auf die Kraft des Evangeliums vertrauen, das sich immer wieder durchgesetzt hat und durchsetzen wird.

Pr: *Wir bitten dich, Herr: Lass die vorbehaltlose Vergebung in der Mitte der Kirche zu Hause sein, damit sie viele überzeugen kann.*

8. Sonntag im Jahreskreis
Lesejahr B

1. Lesung: Hos 2,16b.17b.21–22
2. Lesung: 2 Kor 3,1b–6
Evangelium: Mk 2,18–22

Aus der ersten Lesung:
So spricht der Herr: Ich will Israel, meine treulose Braut, in die Wüste hinausführen und sie umwerben. (Hos 2,16b)

Aus dem Evangelium:
Auch füllt niemand neuen Wein in alte Schläuche. Sonst zerreißt der Wein die Schläuche. Neuer Wein gehört in neue Schläuche. (Mk 2,22)

Neuer Wein in neue Schläuche

Das heutige Evangelium besteht aus einem Streitgespräch über die Fastenfrage und einem Bildwort Jesu (Mk 2,22): Dieses Wort gehört zu den mündlich weitererzählten Worten, die den Leuten aus Galiläa von Jesus in Erinnerung geblieben waren. Man ist sich ziemlich sicher, dass dieses Bildwort aus dem Munde Jesu stammt, dass also der historische Jesus in solchen Bildworten geredet hat. Was will dieses Wort sagen? Und warum gebraucht Jesus gerade solche Bildworte?

Was dieses Bildwort aus dem Markus-Evangelium inhaltlich sagen will, ist eigentlich etwas sehr Erstaunliches. Dass nämlich das Anliegen Jesu, nennen wir es seine Botschaft vom Reich Gottes, sein Gottesbild, das er verkündet, den Inhalt seines Lebens, oder nennen wir es die Grundlage, das Fundament, das letzte Fundament unseres Glaubens, das Bleibende, das, was bleiben muss und was wir nie aufgeben dürfen – das Bildwort will also sagen, dass dieses Anliegen Jesu wie junger Wein ist, der nur in neue Weinschläuche passt, weil er die alten, brüchigen glatt zerreißen würde! Junger Wein ist ja noch nicht ausgegoren, er muss einen längeren Gärungsprozess durchmachen, er muss arbeiten, seinen Geschmack verändern, muss sich verfeinern, reifen, ausreifen, fertig werden.

Wenn nun Jesus selbst dieses Bild gebraucht für sein Grundanliegen und damit für die Grundlage unseres Glaubens, dann hat das erstaunliche Konsequenzen – nicht zuletzt deshalb erstaunliche, weil uns dieses Jesuswort so fremd geblieben ist wie kaum ein anderes!

Es hat nämlich die Konsequenz, dass in dieser Gemeinschaft der Glaubenden, also in der Kirche, niemals Ruhe einkehren darf, dass da kein fest gefügtes Depositum an Glaubenssätzen die Grundlage bildet, dass es da überhaupt kein „festes", starres, unveränderliches Fundament gibt, sondern dass in dieser Kirche immer Bewegung da sein muss, dass da andauernd Gärungsprozesse ablaufen, Spannungen auftreten, dass da eine fortwährende Entwicklung und Veränderung ist, die man nicht ungestraft unterdrücken oder verbieten darf, dass also in der Kirche die schöpferische Unruhe das Normale sein muss und nicht die Ruhe!

So ist dieses Jesuswort eines der revolutionärsten Worte, die man sich überhaupt denken kann! Revolution im guten Sinn des Wortes, also als die ständige Bemühung, klarer zu sehen, ungerechte Verhältnisse zu ändern, nie mit dem Erreichten zufrieden zu sein, immer nach neuen und besseren Wegen zu suchen; dies alles ist ein urchristliches Anliegen, muss ein Wesensmerkmal der Kirche sein, ist eigentlich das Selbstverständlichste, was es gibt. Von hier aus könnte man Überlegungen, notwendige Überlegungen, anstellen über die Realität in der Kirche, ob sie nach diesem Jesuswort lebt oder ob nicht die Ruhe und das Mundhalten und Erstarren eine viel zu große Rolle spielen. Halten wir von diesem Jesuswort nur dies eine fest: Die Kirche ist auf dem falschen Weg, wenn sie die Friedhofsruhe für den besten Weg hält, wenn sie alles beim Alten lässt und wenn sie sich jeder Änderung und Neuerung versperrt; sie ist auf dem richtigen Weg, auf dem Weg Jesu, wenn sie immer in Bewegung bleibt, wenn sie nicht aufhört, nach dem besseren Neuen zu suchen und wenn sie die schöpferische Unruhe für den besten Zustand hält.

Und die zweite Frage: Warum gebraucht Jesus gerade solche Bildworte? Die Antwort ist sehr einfach: weil Jesus die Menschen gekannt hat! Wer die Menschen wirklich kennt – und das ist zu allen Zeiten so –, der weiß, dass der Mensch eben nicht zu 90% aus rationalem Gehirn besteht, sondern dass er ganz andere Dinge als verstandesmäßige Befriedigung braucht, um leben zu können, nämlich die Bilder und Symbole und Geschichten! Und wenn diese Bilder und Symbole und Geschichten gar noch aus dem Erfahrungsmaterial des alltäglichen Lebens gewoben und gestrickt sind, dann darf man sicher sein, dass solche Bildworte unendlich viel tiefer in den Menschen eindringen als die besten rationalen Erklärungen! Das hat Jesus gewusst und deshalb hat er so geredet.

Diese Redeweise Jesu in Bildern und Symbolen, sie zeigt sich heute auch bei den Lesungstexten von Hosea und Paulus. Wenn es bei Hosea heißt: „Ich will Israel, meine treulose Braut, in die Wüste hinausführen und sie umwerben", und wenn Paulus den Korinthern schreibt: „Unverkennbar seid ihr ein Brief Christi, geschrieben nicht mit Tinte, sondern mit dem Geist des lebendigen Gottes", dann begegnen uns auch hier Worte wie das vom „jungen Wein in neuen Schläuchen". Die Beziehung zwischen Gott und seinem Volk ist nach Hosea wie die Beziehung einer jungen Liebe. Gott begibt sich in das Risiko der Liebesbeziehung zu seinem Volk, die auch Untreue riskiert und neues Werben um Treue erforderlich machen kann. Und wenn die Christen in Korinth für Paulus wie ein Brief Christi sind, geschrieben mit dem Geist des lebendigen Gottes, dann steckt auch in der Denkweise des Paulus diese unberechenbare Lebendigkeit, wie sie in Jesu Wort vom „jungen Wein" zum Ausdruck kommt. Unser christliches Leben ist also nach Jesus und Hosea und Paulus ein lebendiges, dynamisches, ständiger Veränderung unterworfenes Geschehen. Nicht festgeschriebene Sicherheit und risikoloses Beharren zeichnen also christliches Leben aus, sondern Offenheit und Beweglichkeit und Veränderlichkeit. Seien wir dankbar, dass im Ursprung des Christentums diese nach vorne offene Lebendigkeit zugrunde gelegt ist.

FÜRBITTEN

Pr: *Ein Sonntag wie ein frischer Wind ist das, wie ein Neubeginn. Herr Jesus Christus, du bist gekommen, um eine neue Zeit anzukünden, das hereinbrechende Reich Gottes. Wir wollen zu dir rufen:*

L: Mache uns offen für das Bild von der Hochzeit, dass wir uns freuen dürfen über dein Kommen wie die Gäste bei der Hochzeit. Christus, höre uns.

L: Im Evangelium begegnet uns auch dein Bild vom jungen Wein in neuen Schläuchen. Zeige uns Christen, dass nicht das Festhalten und die Erstarrung, sondern Bewegung und Veränderung im Innern der Kirche sind. Christus, höre uns.

L: Der Prophet Hosea zeigt uns sein Bild vom Bräutigam, der um die treulose Braut wirbt. Schenke uns einen Zugang zu diesem Gottesbild, das mit der Freude einer jungen Liebe vergleichbar ist. Christus, höre uns.

L: Paulus sieht seine Gemeinde als Brief Christi, geschrieben mit dem Geist des lebendigen Gottes. Mache uns diese Würde bewusst, dass wir von deinem lebendigen Geist erfüllt sind, wenn wir uns für ihn öffnen. Christus, höre uns.

L: Eine Bitte für die jungen Menschen in der Kirche von heute: Herr, lass sie etwas spüren von dieser Ursprungsdynamik, die du in die Kirche einpflanzen wolltest. Christus, höre uns.

Pr: *Denn Kirche ist nur Kirche, wenn sie lebendig bleibt. Herr, stecke uns an mit der Frische dieser heutigen Botschaft.*

9. Sonntag im Jahreskreis
Lesejahr B

1. Lesung: Dtn 5,12–15
2. Lesung: 2 Kor 4,6–11
Evangelium: Mk 2,23–3,6

Aus der ersten Lesung:
So spricht der Herr: Achte auf den Sabbat: Halte ihn heilig, wie es dir der Herr, dein Gott, zur Pflicht gemacht hat. (Dtn 5,12)

Aus dem Evangelium:
Jesus sagte: Der Sabbat ist für den Menschen da, nicht der Mensch für den Sabbat. (Mk 2,27)

Zuerst der Mensch, dann der Sabbat

Was bringt uns das Angebot des Wortes Gottes an diesem 9. Sonntag im Markus-Lesejahr?
    Es bringt uns einen Konflikt. Das merkt jeder auf den ersten Blick. Einen dramatischen, gefährlichen, folgenschweren Konflikt. Auf der einen Seite also in der Lesung der heilige Sabbat, der nach dem 3. Gebot von jedem heilig zu halten ist. Und daneben ein Jesus von Nazaret, der in einer souveränen Freiheit darüber hinweggeht, der Ähren abreißt, weil er Hunger hat, obwohl das am Sabbat untersagt war, und der einen Menschen heilt am heiligen Sabbat, wo so etwas doch streng verboten war. Um das gleich in aller Deutlichkeit zu sagen: Hier handelt der historische Jesus von Nazaret. So war er. So hat er gedacht. Mit diesen Sätzen hat er seine Zeit herausgefordert. Für diese Ansichten und Handlungen ist er am Kreuz hingerichtet worden. Uns wird noch nicht gleich aufgehen, warum dieser Konflikt so dramatisch ist. Mancher Prediger wird Ihnen an diesem Sonntag erklären – und ich kann das natürlich auch –, wie entartet und teilweise lächerlich die Praxis der Sabbatruhe zur Zeit Jesu war; und dass es höchste Zeit war, dem Sabbat wieder den eigentlichen Sinn zu geben. Aber ich sag Ihnen gleich: Das ist nicht der eigentliche Konflikt, um den es hier geht. Dennoch ein paar Beispiele, bevor wir auf das eigentliche religiöse Anliegen Jesu kommen. In den Schriften von Qumran – die sind ja inzwischen in aller Munde: sozusagen Ordensregeln für die wirklich fromm und vorbildlich Lebenden zur Zeit Jesu –, da finden sich etwa Sabbatvorschriften wie die, dass niemand am Sabbat aufs Feld gehen darf, um irgendeine Arbeit zu tun; dass

niemand mehr als 1000 Ellen, also 300 Meter, aus der Stadt hinausgehen darf; dass niemand etwas essen darf, außer es sei schon am Tag zuvor vorbereitet worden oder würde sonst verderben; und dass ein lebendiger Mensch, der ins Wasser fällt, am Sabbat nicht mit einem Strick oder einer Leiter herausgeholt werden darf.

Direkt darauf spielt ja die Äußerung Jesu im heutigen Evangelium an. Und wenn es in einer der Qumran-Schriftrollen sogar heißt, am Sabbat dürfe man nicht mal auf die Toilette gehen, dann wäre es natürlich ein Leichtes, Jesus darzustellen als den, der gegen diese lächerlichen Entartungen vorgeht und dem Sabbat den wahren Sinn zurückgeben will. Aber nein, das ist nicht der eigentliche Konflikt, um den es hier geht. Wir müssen unseren Blick nur richten auf diesen gewaltigen Satz, der jeden Rahmen sprengt: „Der Sabbat ist für den Menschen da, nicht der Mensch für den Sabbat." Die frühe Kirche ist über diesen überlieferten Satz nämlich so erschrocken, dass sie gleich im Evangelium anfügt – wir können es in der heutigen Textstelle nachlesen –: „Deshalb ist der Menschensohn Herr auch über den Sabbat".

So also würde dieser gewaltige Satz nur für den Menschensohn, also Jesus Christus selber gelten. Nein, Jesus stellt den Menschen, jeden Menschen, über den Sabbat: Wenn es einen Menschen gibt, der Hilfe braucht – dann ist der wichtiger als der heilige Sabbat. Und wenn jemand Hunger hat – dann ist das wichtiger als das Verbot des Ährenabreißens. Jesus ruft also auf und lädt dazu ein, ein Gebot wie das heilige Sabbatgebot zu brechen. Man muss sich das einmal vorstellen: Geh hinweg über ein Gebot Gottes, sagt Jesus, wenn es dem Menschen nicht dient und seiner Beziehung zu Gott, dann geh drüber hinweg!

Wie klingt das in Ihren Ohren? Sind denn Gebote, religiöse Gebote, nicht absolut unantastbar, weil von Gott gegeben? Wo kämen wir hin, wenn wir die Freiheit hätten, darüber wenn nötig hinwegzugehen?

Ein Beispiel aus unserer religiösen Erziehung – und wir werden verstehen: Wir kennen alle noch das Freitagsgebot, also keine Wurst, kein Fleisch zu essen am Freitag. Seit 30 Jahren heißt es allerdings: Bringe am Freitag einen Verzicht, über den du selbst entscheidest. Die erste, die alte Formulierung gibt Sicherheit: keine Wurst, kein Fleisch essen; aber sie nimmt dir auch das Denken ab, ja, sie erzeugt Angst, macht dich zum Sklaven. Die zweite, die neuere Formulierung machte viele unsicher, sie mussten selber denken, und sie mussten mit ihrer Freiheit umgehen lernen. Dennoch waren die Fragwürdigkeiten in den überlieferten Vorschriften letztlich doch unübersehbar: Was haben denn Leberwurst und Schnitzel mit Gott zu tun? Was hat das Verbot des Ährenabreißens und mehr als 300 Meter am Sabbat zu gehen, was hat das mit meiner Beziehung zu Gott zu tun?

Da tritt ein Gesetz, ein Gebot, an die Stelle der persönlichen Beziehung zu Gott. Und das ist das Gefährliche.

Worum geht es also Jesus von Nazaret – und diesen Gedanken werden wir noch öfter brauchen in diesem Markus-Jahr –? Es geht ihm um die unmittelbare Beziehung des Menschen zu Gott. Alles, was dieser Beziehung schadet oder sie fast unmöglich macht, bekämpft er. Gegen ein Gebot wie das erste – Du sollst keine anderen Götter haben – ist er niemals vorgegangen, denn das dient ja dieser unmittelbaren Beziehung. Aber was sich als Hindernis zwischen mich und Gott stellen könnte, dagegen geht Jesus an. Am besten kann ich Ihnen diesen originalen Jesus mit einer Textstelle aus einem bekannten Danklied verdeutlichen. Wenn da gesungen wird: „Gehet nicht auf in den Sorgen dieser Welt. Suchet zuerst Gottes Herrschaft. Und alles andre wird euch dazugeschenkt", dann zeigt sich darin, was Jesu Grundanliegen war – und ist: Es geht in der Religion um Gott, nicht um Gesetze. Gesetze und Gebote sollen nur Hilfen sein, um zu Gott zu finden, aber wenn sie die Freiheit zu Gott hin verdunkeln und zudecken, sind sie sinnlos geworden.

Und damit ist schlussendlich leicht zu erklären, was Sinn des christlichen Sonntags ist. Der christliche Sonntag will den Menschen befreien von all den Zwängen, denen er sonst, die ganze Woche über, unterworfen ist: Arbeitszwang, Kaufzwang, Konsumzwang usw.; er lässt uns die Befreiungsgeschichten der Bibel hören und Gott begegnen, damit wir wieder Menschen sind, die ihr Leben als sein Geschenk empfinden dürfen. Jesus und der Sonntag wollen den Menschen befreien von aller Versklavung und ihn die Luft der gottgeschenkten Freiheit atmen lassen.

FÜRBITTEN

Pr: *Für das sonntägliche Fürbittgebet können wir heute die Gedanken von zwei schönen Kirchenliedern zu Hilfe nehmen. Herr, unser Gott, um der Menschen willen, für uns, ist der Sabbat, der Sonntag, da.*

L: „Dein Tag, o Herr, uns hell anbricht nach dieser Woche Sorgen." – Lass dieses Gefühl nicht verloren gehen, gerade für uns heutige Menschen, dass die Sorgen der Woche nicht alles sind im Leben.

L: „Es strahlt uns auf in seinem Licht ein neuer Ostermorgen." – Hilf uns zu leben von dem, was Ostern in die Welt gebracht hat: die Befreiung von Angst und Ausbeutung und Tod.

L: „Ein Tag des Friedens hebt nun an, der Gnade und der Güte." – Wir bitten für unsere Familien um den wahren Sonntagsfrieden, und dass dieser nicht zerstört werde durch die Zwänge der Freizeitindustrie.

L: „Lass uns empfangen, Herr, dein Wort in gläubigem Vertrauen." – Schenke uns das gläubige Vertrauen, das Jesus von Nazaret fähig gemacht hat, gegen alle Gebote und Gesetze vorzugehen, die diesem Vertrauen hinderlich sind.

L: „Gehet nicht auf in den Sorgen dieser Welt, suchet zuerst Gottes Herrschaft." – Um diese ehrlich-innerliche Beziehung zu dir bitten wir, du unser Gott, damit keine Vorschrift, kein Gebot sich zwischen uns schieben kann.

L: „Ihr seid das Licht in der Dunkelheit der Welt, ihr seid das Salz für die Erde." – Schenke uns am Sonntag die Luft der gottgeschenkten Freiheit und hilf uns, sie an andere weiterzugeben.

Pr: *Denn wie könnte der Mensch Mensch bleiben ohne dich? Das wollte Jesus, dass wir Menschen bleiben in Freiheit und Geborgenheit. Wir danken dir für Jesus und für den christlichen Sonntag.*

10. Sonntag im Jahreskreis
Lesejahr B

1. Lesung: Gen 3,9–15
2. Lesung: 2 Kor 4,13–5,1
Evangelium: Mk 3,20–35

Aus der ersten Lesung:
Die Frau, die du mir beigesellt hast, sie hat mir von dem Baum gegeben, und so habe ich gegessen. (Gen 3,12)

Aus dem Evangelium:
„Wer ist meine Mutter, und wer sind meine Brüder?" Und Jesus blickte auf die Menschen, die im Kreis um ihn herumsaßen, und sagte: „Das hier sind meine Mutter und meine Brüder." (Mk 3,33f.)

Jesus will den aufrechten Menschen

Es hat lange gedauert in diesem Jahr, bis uns der Evangelist Markus fest an der Hand nimmt; und wie kräftig er es heute tut mit diesem eigenartig-schwierigen Evangelium, das wird uns hoffentlich bald aufgehen. Jedenfalls: So ist der Evangelist Markus, genau so. Ob Sie sich noch an meine Worte vom Anfang des Jahres erinnern können? Damals habe ich gesagt: „Der Evangelist Markus will den Weg unseres Glaubens und unserer Erlösung zeigen." Das heutige Evangelium will zeigen, wie jeder erlöst werden kann zu einem Menschen, wie Gott ihn haben möchte und wie er in Jesus verwirklicht und sichtbar ist.

Allerdings – wer diese Absicht des Evangelisten Markus nicht kennt, der kann sich durchaus an diesem Evangelium die Zähne ausbeißen; oder er vermeidet es, darüber zu predigen. Und wenn es ein Prediger doch versucht – darf ich Ihnen ganz schnell zwei Wege andeuten, wie man mit diesem Text von heute ganz falsch umgehen könnte? Etwa wenn man sich auf den Satan konzentrieren würde, der ja so massiv vorkommt, und dann auch noch die Schlange aus der Sündenfallgeschichte hinzunehmen würde; dann wäre die Predigtaussage bald diese: Hüte dich vor den Nachstellungen des Satans. Als Prediger könnte man sich aber auch gleich stürzen auf den Begriff „Sünde"; wenn schon die Sündenfallgeschichte als Lesung angeboten ist, dann – so ließe sich folgern – müssen natürlich die Dämonen und der Satan im Evangelium Bilder für die Sünde sein und was die anrichten kann im Menschen. Also wäre die Aussage: Hüte dich vor der Sünde. Aber, lieber Prediger, den ich gerade apostrophiere: Begeht nicht Jesus selber eine Sünde wider das 4. Gebot, wenn er hier seine eigenen Eltern, seine Familie so von sich stößt?

Nein, so kommen wir nicht weiter. Satan und Sünde sind nicht die Aussagen dieses Sonntags. Sondern etwas ganz anderes, nämlich die Frage: Wie soll der Mensch sein und leben vor Gott? Diese Frage will Markus beantworten mit diesem Abschnitt des 10. Sonntags, denn er will den Weg unserer Erlösung zeigen; so sollen wir sein vor Gottes Angesicht, so wie Markus hier Jesus beschreibt mit klaren und deutlichen Konturen. Und die Lesung wird großartig dazupassen, wie wir gleich sehen werden. Also unter dieser Überschrift: Wie soll der Mensch sein und leben vor Gott? Während ich über die heutigen Schrifttexte nachdachte, ist mir ein Vergleich eingefallen, ein sehr einfacher; ich hoffe, dass er uns dieses eigenartig-schwierige Evangelium schnell aufschließen wird. Nämlich der Vergleich zwischen einem niedrigen Gebüsch und einem aufrecht stehenden Baum. Der Mensch kann sein wie ein niedriges Gebüsch, oder er kann sein wie ein aufrecht stehender Landschaftsbaum.

Bleiben wir zuerst beim Bild, um doch bald zu uns Menschen zu kommen und zu diesem Evangelium und zu dieser Lesung von heute. Das Gebüsch ist niedrig und undurchsichtig, es ist verzweigt/gespalten in viele Einzelteile, anlehnungsbedürftig und vernetzt und verfilzt ineinander, es existiert nur als Kollektiv, als Gruppe. Der aufrecht stehende Einzelbaum aber ist frei und unabhängig und stark und selbstbewusst; er zeigt seine aufrechte Gestalt, ist mutig, zur Sonne hin gestreckt, er braucht das Kollektiv, die Gruppe der anderen, nicht, er steht selbständig, aufrecht und stark.

Wie hat Gott den Menschen gewollt, wie soll er sein: ein Gebüsch oder ein Baum? Ich hoffe, Sie haben bei meinen eben verwendeten Adjektiven zur Beschreibung von Gebüsch und Baum schon einige Berührungspunkte zu uns Menschen gespürt. Der Mensch als Gebüsch – das ist etwa das da: „Wie kann der Satan den Satan austreiben? Wenn ein Reich in sich gespalten ist, kann es keinen Bestand haben. Wenn eine Familie in sich gespalten ist, kann sie keinen Bestand haben." Dämonen und Satan treten in der Bibel immer als Gruppe auf. Der gespaltene, zerrissene Mensch, der in sich selber uneins ist. Oder: „Als seine Angehörigen davon hörten, machten sie sich auf den Weg, um ihn mit Gewalt zurückzuholen; denn sie sagten: Er ist von Sinnen." Jeder Mensch muss sich vom Mutterboden seiner Familie rechtzeitig lösen, sonst verkehren sich diese Familienbande ins Gegenteil. Sie halten dich fest, nageln dich fest und verhindern deine Entwicklung zur Selbständigkeit und zum erwachsenen Glauben. Oder: „Die Frau, die du mir beigesellt hast, sie hat mir von dem Baum gegeben. Die Schlange hat mich verführt, und so habe ich gegessen." Das klassische Bild für das Schieben aller Schuld auf andere, auf das Kollektiv; niemals bin ich selber verantwortlich, die andere war's, die anderen sind's gewesen. Verfilzung, Vernetzung der Verantwortlichkeit wie in einem undurchsichtigen

Gebüsch. Oder mit Worten aus dem heutigen Leben gesagt: Der Mensch als Gebüsch, der lebt nach Sätzen wie „Was sagen die anderen über mich?" / „Wie wird der und der über mich urteilen?" / „Kann ich mich in diesem Aufzug sehen lassen?" / „Nur ja nicht auffallen!" / „Pass dich an, dann hast du keine Schwierigkeiten!" / „Was denken meine Eltern über mich?"

Nun aber endlich: der Mensch als aufrecht stehender Baum. Hier steht er: „Jesus erwiderte: Wer ist meine Mutter, und wer sind meine Brüder? Und er blickte auf die Menschen, die im Kreis um ihn herumsaßen, und sagte: Das hier sind meine Mutter und meine Brüder." Spüren Sie jetzt, was das für ein Wort, ein Satz, eine Antwort, von nie da gewesener Freiheit und Sicherheit und Souveränität und Größe ist? So will Gott den Menschen haben, dass er seine eigene Gestalt findet, ein Individuum, eine Persönlichkeit, frei und glücklich, und niemand darf ihn daran hindern. Nicht niedergebückt und niedergedrückt von den Meinungen und Erwartungen der anderen – was die anderen über ihn dachten, das hat Jesus von Nazaret nie interessiert –, sondern aufrecht und selbständig vor Gottes Angesicht soll der Mensch seine eigene Gestalt sein. Wie war es denn vor der Sündenfallgeschichte? Da setzte Gott den Menschen ins Paradies, in den Garten Eden, wo es ihm an nichts fehlte, wo er Gott sehen und mit ihm sprechen konnte und sich nie verstecken musste. So hat Gott uns Menschen gewollt, wie einen aufrechten, selbständigen Baum.

Möchten Sie noch einen Beweis haben, dass diese Auslegung des heutigen Evangeliums richtig ist? Dann schauen Sie sich ein Kind an, ein 3-jähriges Kind meinetwegen, am besten beim Spielen. So ein Kind ist noch nicht zu einem Gebüsch entartet, noch nicht gespalten und zerrissen. Es ist eine eigene Persönlichkeit, es lebt sich selber, es mag sich selber. So hat Gott uns Menschen gewollt, so hat Jesus von Nazaret vor Gott gelebt: erhobenen Hauptes, aufrecht gewachsen, vertrauensvoll, gelassen und frei.

FÜRBITTEN

Pr: *Gerade heute dürfen wir ihn direkt ansprechen, diesen Jesus von Nazaret, diesen Christus, von dem seine Verwandten sagten, er sei von Sinnen, der aber ein so aufrechter und freier Mensch war, dass er uns den Weg zu echter Erlösung zeigen kann.*

L: Herr Jesus Christus, zeige uns den Weg zum ursprünglichen Menschsein, so wie Gott uns eigentlich gewollt hat. Christus, höre uns.

L: Weise uns also den Weg zum aufrechten Gang, zum erhobenen Haupt, zur vertrauensvollen Gelassenheit und Selbständigkeit. Christus, höre uns.

L: Viele Menschen sind innerlich zerrissen, haben sich selber verloren, fühlen sich wie von Dämonen besetzt. Erbarme dich ihrer. Christus, höre uns.

L: Viele Christen verwechseln den Gott, mit dem du, Herr, gelebt hast, mit Geboten und Moral, die viel verbieten und immer Grenzen stecken wollen. Zeige ihnen den Gott, der ihre innere Freiheit will. Christus, höre uns.

L: Allzu gut kennen wir das Schieben der Schuld auf andere, wie es die Sündenfallgeschichte beschrieben hat. Hilf uns, aus diesem Kollektivdenken herauszukommen und die eigene Verantwortung vor Gott zu lernen. Christus, höre uns.

L: Uns bewegt dein großes Wort von heute: „Das hier sind meine Mutter und meine Brüder." Schenke uns viele Mütter und Brüder und Schwestern im Glauben, die mit uns den aufrechten Gang gehen. Christus, höre uns.

Pr: *Lass uns spüren, Christus, dass du unser Gott bist. In diesem Sinn bist du unser Gott, dass du uns hilfst, unsere eigene Gestalt zu finden und aus aller Fremdbestimmung und Angst vor Gott herauszukommen. Danke, Herr, dass du ein so freier Mensch gewesen bist.*

11. Sonntag im Jahreskreis
Lesejahr B

1. Lesung: Ez 17,22–24
2. Lesung: 2 Kor 5,6–10
Evangelium: Mk 4,26–34

Aus der ersten Lesung:
Ich selbst nehme ein Stück vom hohen Wipfel der Zeder und pflanze es ein. Dort treibt es dann Zweige, es trägt Früchte und wird zur prächtigen Zeder. (Ez 17,22f.)

Aus dem Evangelium:
Mit dem Reich Gottes ist es so, wie wenn ein Mann Samen auf seinen Acker sät. Die Erde bringt von selbst (griech.: „automatä") ihre Frucht. (Mk 4,26.28)

Aktiv sein oder warten können?

Manchmal frage ich mich schon, was ich denn eigentlich an der Kanzel für ein Geschäft betreibe. Wobei Sie mir nur das Wort „Geschäft" verzeihen wollen.

Ich meine einfach meine Arbeit, dieses allsonntägliche Predigen also – was ist das denn für eine Art von Arbeit, von Tätigkeit, von Geschäft? Ich sehe einen wichtigen Sinn des Predigens darin, den Menschen – Ihnen also – anzubieten, was sie leben lässt, was sie zum Leben brauchen, zum wirklichen Leben. Und ich muss gleich hinzufügen, dass nicht ich dieses Geschäft erfunden habe, sondern es war und ist die Methode Jesu von Nazaret – gerade bei diesen Gleichnis-Reden – anzubieten, was die Leute leben lässt, was sie zum wirklichen Leben brauchen. Was ist es heute, nach der harten Kost des letzten Sonntags? Sie erinnern sich: Rede über Beelzebul, den gespaltenen Menschen, die Trennung von seinen leiblichen Verwandten. Heute ist es die sanfteste, geduldigste, vertrauensvollste Botschaft, die es nur gibt: Mit dem Reich Gottes, also mit deinem Leben und seiner Entwicklung und Vollendung, ist es wie mit einer Saat, die gesät ist und dann wie von selber wächst. Lerne also das Vertrauen in das ruhige Wachsen und Reifen der guten Kräfte in dir. Das ist eigentlich schon die ganze Botschaft dieses heutigen Sonntags.

Aber nun doch ein paar Worte mehr, um die „nächsten Verwandten" dieser Botschaft zu zeigen und um sie zunächst einmal abzuheben von all den anderen Weltverbesserungsbotschaften – Jesus selbst wollten ja seine Landsleute zwingen, das Schwert in die Hand zu nehmen und Revolution und Aufstand gegen die Römer anzuführen –: Die Propheten des Alten Bundes – wie oft haben die verbal und tatsächlich dreingeschlagen, weil sie im Namen Gottes die Sünde und Borniertheit des Volkes nicht mehr mit ansehen konnten.

Und die Propheten der modernen Zeit – von Thomas Münzer bis zu Marx und Lenin, von den Revolutionären und Umstürzlern aller Couleur bis zu den Extremisten der heutigen Zeit –: Sie alle wollten und wollen aus Unzufriedenheit und Elend und Ungeduld mit den Zuständen eine äußere Explosion herbeiführen, die angeblich alles besser machen würde.

Nur Jesus wendet den Blick so konsequent nach innen und rät zur Geduld, zur Geduld mit der von selbst wachsenden Saat und zum Vertrauen in die Kräfte des Guten. Am nächsten verwandt scheint Jesus mit dieser heutigen Botschaft dem Buddhismus und Menschen wie Mahatma Gandhi zu sein, die keine gewalttätige Aktion wollen, sondern die Gewaltlosigkeit predigen und leben und auf die inneren Kräfte hören.

Nur ein griechisches Wort noch aus dem Originaltext des Evangeliums: Dieses „von selber", mit dem die Art des Wachsens der Saat beschrieben wird, heißt im Griechischen: „automatä"; daher kommt unser deutsches Wort „automatisch"; ja tatsächlich, das meint Jesus: Automatisch, ganz von selber, ohne dass du etwas dazutun kannst und zu tun brauchst, wachsen die guten Kräfte in deinem Leben, die Samenkörner, die Gott in dich gepflanzt hat. Lerne also Vertrauen und Geduld mit dir und deinem Leben, wie ein Landwirt, der sich schlafen legt, weil er weiß, dass die Saat von selber – automatisch – wächst. Und um noch die 1. Lesung zu erwähnen: Zweige, Äste, hohe Wipfel, Vögel darin, in all dem von selber Wachsenden ist Gottes Hand zu spüren und zu greifen; also ist unser Leben umgeben von einer Fülle von Gleichnissen für unser Leben: So wächst alles in deinem Leben wie von selber; lerne deshalb Geduld und Vertrauen.

Weil dies schon alles ist heute, deshalb legt sich die Frage nahe und bietet sich an: Wie kommt die Botschaft an, bei mir, bei dir, bei Ihnen, bei uns allen? Findet sie sofort Zustimmung oder löst sie auch Widerstand aus? Gehen wir noch diesen beiden Fragen nach, die sehr in unser persönliches Leben gehen.

Auf Widerstand stößt diese Botschaft von der selbst wachsenden Saat und der daraus zu lernenden Geduld sicherlich bei den Aktiven, den Leistungsbewussten, den Jüngeren, den Erfolgreichen, bei den unter Druck und Stress Stehenden. Die interpretieren dieses heutige Evangelium gern mit Bemerkungen wie: „Soll ich denn die Hände in den Schoß legen?" / „Will Jesus der Faulheit das Wort reden?" / „Ich kann mir passives Herumsitzen nicht leisten" / „So kann nur ein Ahnungsloser reden". Zustimmung findet diese Botschaft sicherlich eher bei den Kranken, den vom Leben Geprüften, den Gereiften, den Gescheiterten, den unter die Räder Gekommenen, den vom Tod Berührten. Die interpretieren das Evangelium eher mit: „Ja, das habe ich gelernt" / „Ich bin längst an meine Grenzen gekommen" / „Geduld bringt mehr als alle Ungeduld!" / „Ich wäre schon längst zerbrochen, wenn ich nicht solch inneres Vertrauen gelernt hätte". Schon diese Unterscheidung – also derer mit Widerstand von denen mit Zustimmung – macht ein Grundmuster der Verkündigung Jesu offenkundig. Jesus wollte gar nicht primär für die Lebenstüchtigen da sein, für die also, die ihr Leben – angeblich, muss man einfügen – schon alleine und selber schaffen, sondern er wollte primär für die da sein, die am Leben zu zerbrechen drohen, die ihre Hand ausstrecken nach einer Hand, die ihnen Hilfe sein will.

Aber dabei dürfen wir nicht stehen bleiben; soweit wäre Jesu Botschaft dann ja nur eine „Arme-Leute-Botschaft", eine Sklavenreligion, eine Not-Lösung für Notleidende. Nein, wir müssen dieses Evangelium auf das ganze Leben beziehen und werden dabei verstehen, dass es für alle ohne Ausnahme notwendig und helfend und heilend sein kann. Denn keiner meistert sein ganzes Leben aus eigener Kraft. Ein kühner Satz, aber zu dem steh ich voll und ganz. Früher oder später, und je früher, umso besser, kommt jeder an den Punkt, wo er sich sagt: Entweder lernst du Geduld mit dir selber und Vertrauen auf die selbst wachsenden Kräfte, oder du gehst zugrunde, weil du ein äußerlicher Mensch geblieben bist.

Zur Ganzheit des Lebens gehört diese Harmonie: alles tun, was ich äußerlich tun kann, und zugleich auf die inneren, selbst wachsenden Kräfte vertrauen. Eigentlich ist das ganze Leben ein fortlaufender Erziehungsprozess zu dieser Harmonie hin. Nun wäre es fatal, erst sehr spät, in hohem Alter, in Krankheit, zu spät vielleicht erst, lernen zu wollen, auf die inneren Kräfte zu achten, also erst äußerlich zerbrechen, scheitern zu müssen, bevor man auf das Eigentliche schaut. Viel besser ist es, rechtzeitig sich von Jesus sagen zu lassen, worauf es das ganze Leben lang ankommt, damit das ganze Leben gelingen kann: vertrauen lernen auf die guten inneren Kräfte, Geduld haben mit dem eigenen Leben und mit sich selber und Gott zutrauen, dass die guten Samenkörner, die er in einen gelegt hat, reiche Frucht bringen. Ich schließe mit einem Zitat, mit einem Wort, das ich oft und oft am Krankenbett höre: „Hier habe ich gelernt, die Dinge meines Lebens ganz anders zu sehen." „Gott sei Dank", füge ich dann meistens hinzu.

FÜRBITTEN

Pr: *Hat uns dieser Sonntag nicht helfen wollen und geholfen, die Dinge des Lebens anders zu sehen? – Beantworten wir heute die Bitten mit dem Kehrvers „Wer allzeit lebt in deiner Liebe, bringt seine Frucht zur rechten Zeit" (GL 536,2).*

L: Gott, unser Vater, du bist es, der guten Samen in den Acker meines Lebens gesät hat, damit dein Reich in mir wächst.

L: Wie von selber – automatisch – wächst diese Saat. Lass uns lernen, daran immer mehr zu glauben.

L: Geduld möchte aus der Botschaft von der selbst wachsenden Saat wachsen, Geduld mit unserem Leben und Geduld mit uns selber, wie wir sind und wie wir noch werden können.

L: Schenke uns diese innere Ruhe und das äußere und innere Vertrauen, dass unsere gute Gestalt unaufhaltsam wachsen wird.

L: Hilf uns, alles Scheitern im Leben, auch Versagen und Krankheit, in diesem Licht zu sehen, dass es das gute Wachsen nicht aufhalten kann.

L: Um den Blick auf das ganze Leben bitten wir, das doch erst beurteilt werden kann, wenn es ganz ausgewachsen ist.

Pr: *Denn Jesus wusste, wie sehr diese Botschaft uns Menschen Not tut. Deshalb danken wir dir, Gott, dass Jesus uns Menschen so sehr kennt. Schenke uns Geduld und Vertrauen und Frieden.*

12. Sonntag im Jahreskreis
Lesejahr B

1. Lesung: Ijob 38,1.8–11
2. Lesung: 2 Kor 5,14–17
Evangelium: Mk 4,35–41

Aus der ersten Lesung:
Der Herr antwortete dem Ijob aus dem Wettersturm: Wer verschloss das Meer mit Toren, als schäumend es dem Mutterschoß entquoll? (Ijob 38,1.8)

Aus dem Evangelium:
Da stand Jesus auf, drohte dem Wind und sagte zu dem See: Schweig, sei still! Und der Wind legte sich. (Mk 4,39)

Schlafen in der Angst

Mit dem kleinen Evangelium von heute haben wir schon einen gewissen Höhepunkt des Markus-Jahres erreicht. O doch, es ist ein Höhepunkt, ganz gewiss. Wenn Sie sich noch an meine Erläuterung zu Beginn des Jahres erinnern: Der Evangelist Markus will den Weg unseres Glaubens und unserer Erlösung zeigen. Wie könnte bei diesem Vorhaben all das fehlen dürfen, was hier mit dem Schiff und dem Sturm gemeint ist? „Wer erlöst uns und wie können wir erlöst werden vom Untergang in der Angst?" So etwa lautet die Lebensfrage, auf die dieser Sonntag antworten möchte.

Haben wir die Antwort schon, liegt sie schon für uns offen? Gestatten Sie mir in diesem Zusammenhang eine Testfrage:

Welche von den beiden Textstellen im Evangelium ist die wichtigere? Ist es Stelle Nr. 1: „Da stand er auf, drohte dem Wind und sagte zu dem See: Schweig, sei still! Und der Wind legte sich, und es trat völlige Stille ein"? Oder ist wichtiger die Textstelle Nr. 2: „Er aber lag hinten im Boot auf einem Kissen und schlief"? Für viele wird Textpassage Nr. 1 im Blickpunkt stehen: Jesu göttliche Macht werde demonstriert, seine Erhabenheit über die Naturgewalten deutlich, er allein besiege den Sturm.

Wie sollte aber dann dieses Evangelium irgendetwas mit meiner Angst zu tun haben? Wenn Jesus ohnehin nur aufstehen und den Finger ausstrecken muss, um mit einem Wort den Sturm zu besiegen – dann ist er natürlich erhaben über alle Ängste menschlicher Kreatur und dann lässt es sich natürlich leicht schlafen zwischen all den angstvollen Jüngern. Nein, die wichtigere

Stelle des Textes ist Nr. 2. Warum aber kann Jesus mitten im Sturm im Boot schlafen? Diese Frage zu beantworten, müssen wir uns bemühen, um der Aussage nahe zu kommen, die uns wirklich helfen kann in unserem lebenslangen Ausgeliefertsein an vielfältigste Formen der Angst. Die Antwort steckt nicht im Äußeren, sondern im Inneren. Äußerlich steckt Jesus in derselben Angst wie die Jünger: Sturm, Nacht, schlingerndes Boot. Mittendrin aber, nicht daneben oder darüber, sondern mittendrin im Boot der Angst schläft er. Also steckt die Antwort im Inneren. Er hat mitten in der Angst diese Ruhe und diesen Frieden, die aus der täglich gelebten und geglaubten Gottesnähe kommen.

Darum allein geht es in diesem Evangelium: Wie finde ich diese Tiefe innerer Ruhe, dass ich mitten im Sturm der Angst und untergehend im Meer schlafen kann? Um eine möglichst tief gehende Auseinandersetzung mit dieser Fragestellung zu ermöglichen, schenkt uns nun dieser Sonntag als Rahmenhandlung in der Lesung den Blick auf das Buch Ijob. Darf ich versuchen, in aller Kürze diesen ganzen Rahmen zu zeichnen, nicht nur das vorhin gehörte Kapitel 38, sondern das Ganze? Dann werden wir hoffentlich verstehen, was gemeint ist mit dem Schlafen mitten in der Angst.

Dieses alttestamentliche Buch erzählt also von einem gottesfürchtigen Mann namens Ijob, über den plötzlich aus heiterem Himmel alles Unglück der Welt hereinbricht – ganz ähnlich wie hier der nächtliche Sturm über dem See Gennesaret. Er verliert all seinen Reichtum, all seinen Besitz, alle seine Söhne, und dann verliert er noch seine Gesundheit; der Aussatz befällt seinen Körper, bösartige Geschwüre von Kopf bis Fuß. In dem Moment treten seine so genannten Freunde auf den Plan: Elifas, Bildad und Zofar. Und die nutzen die Gunst der Stunde, machen diesen geschlagenen Ijob lächerlich und treiben ihn schier in den Wahnsinn, weil sie Schlag auf Schlag nachzuweisen scheinen, dass doch seine Frömmigkeit, sein Gottesglaube überhaupt keinen Wert gehabt haben. „Wo ist dein Gott, was nützt dir dein Gott", so schlagen sie bohrend auf ihn ein, „wenn er dich jetzt so in Dreck und Elend sitzen lässt?" Und Ijob windet sich unter diesen Schlägen wie ein Wurm; immer wieder versucht er, seinen Gott zu verteidigen, verweist auf seine Unschuld, leidet schrecklich unter Gottes Schweigen, klammert sich an Gottes Macht, aber der hilft ihm ersichtlich nicht, bis er zu klagen beginnt, er, der Verhöhnte und Verzweifelte, bis ihm allmählich alles zerbricht, was ihm bisher Halt war. Nicht weniger als 37 Kapitel lang geht diese innere Folterung eines gläubigen Menschen; es gibt wohl keine erschütterndere Schilderung des Zusammenbruchs des Gottesglaubens als diese, ein Zusammenbruch wie der heftige Wirbelsturm, in dem das Boot unterzugehen droht. Und dann endlich, im Kapitel 38 – und da setzt die Lesung heute ein –:

„Da antwortete der Herr dem Ijob aus dem Wettersturm". Endlich, endlich macht dieser schweigende Gott den Mund auf und gibt Antwort. „Wer hat das

Meer und das Land und den Morgenstern geschaffen?", fragt er. In einem Wort: Gott zeigt, wer er wirklich ist, unfassbar größer als jeder Mensch auf Erden. Und als dem Ijob diese wahre Größe Gottes aufgeht, da wendet sich sein Geschick und er wird überreich gesegnet mit doppelt so großem Besitz wie zu Beginn – übrigens ähnlich wie Abraham, der Gott seinen Sohn nicht vorenthielt und daraufhin gesegnet wurde wie nie ein Mensch zuvor.

Stellen wir jetzt dieses kleine Seesturm-Evangelium in diesen großen Rahmen hinein. Wie kannst du deine Angst besiegen und sogar schlafen mitten im Sturm der Angst? Das ist keine Sache eines momentanen Interesses an Gott und seiner Hilfe. Sozusagen: Schwuppdiwupp, komm, Gott, hilf mir, dazu bist du doch da! Das funktioniert nicht, wie wir alle wissen, denn dadurch würde Gott ja nur ein Faktor in unserer Logik: Wenn ich dich brauche, dann bist du mir recht und musst mir helfen, Gott. Nein, zur tiefen inneren Ruhe finden, die alle Angst bestehen lässt, ist ein Lebensvorgang. Dieser Ijob muss erst alles verlieren, um ein Auge zu bekommen für Gottes wahre Größe. Dieser Abraham muss das Liebste hergeben, um mit Segen überschüttet zu werden. Dieser Jesus von Nazaret muss lernen, ein Kind zu werden, geborgen in Gottes liebevollen Händen, um dann mitten im Sturm der Angst schlafen zu können wie ein Kind. Deine Angst kannst du nur besiegen, wenn du rechtzeitig und langfristig und täglich dich der Größe Gottes anzuvertrauen lernst; dann wird deine Seele in einer immer tieferen Tiefe verankert werden, die da Gott heißt und die dich auch in der Eskalation des Angststurmes innerlich ruhig bleiben lässt. Je größer Gott für dich ist, je kleiner du vor ihm bist, desto weniger Chancen hat die Angst, dich zu besiegen, denn Gott allein ist größer als sie.

FÜRBITTEN
Pr: *Heute ist es volle Absicht, wenn wir nicht antworten mit einem „Wir bitten dich, erhöre uns", sondern mit dem Liedvers „Bleib bei uns, o Herr, bleib bei uns" (GL 18,8).*

L: Bitten wir zuerst ganz einfach für diesen heutigen Tag, so wie man beim Morgen- oder Abendgebet bitten sollte ...

L: Für die nun beginnende Woche bitten wir, für die Woche nach diesem Sonntag ...

L: Wenn Leid und Schmerz über uns kommen, die wir nicht erwartet hatten und nicht verkraften können ...

L: Wenn das Boot unseres Lebens in das Meer der Angst hinunterfährt wie bei diesem Evangelium vom Seesturm ...

L: Wenn uns manchmal deine wahre Größe aufgeht, du Schöpfer des Himmels und der Erde und Herr unseres Lebens ...

L: Wenn wir Momente des inneren Friedens und der Geborgenheit erfahren dürfen, in denen wir deine bleibende Nähe spüren ...

Pr: *Denn in alldem beginnt der Sieg über die Angst, in der Erfahrung und Gewissheit, dass du größer bist. Schenke uns die Verankerung in deiner Größe, du unser Gott.*

13. Sonntag im Jahreskreis
Lesejahr B

1. Lesung: Weish 1,13–15; 2,23–24
2. Lesung: 2 Kor 8,7.9.13–15
Evangelium: Mk 5,21–43

Aus der ersten Lesung:
Gott hat den Tod nicht gemacht und hat keine Freude am Untergang der Lebenden. (Weish 1,13)

Aus dem Evangelium:
Jesus fasste das Kind an der Hand und sagte zu ihm: Talita kum! Sofort stand das Mädchen auf. (Mk 5,41)

So hilflos sind wir vor dem Tod

Sie meinen, diese Sätze wären nun wirklich nicht aktuell, kämen heute nicht mehr vor – die Sätze: „Das Kind ist nicht gestorben, es schläft nur. Da lachten sie ihn aus"? Wenn es einer wagt – heute, meine ich – über den Tod zu reden, vielleicht gar nachzudenken oder über ihn hinauszuschauen, dann wird er oft ausgelacht. Denn unsere heutige Gesellschaft hat eine solche Angst vor dem Tod und dem Gespräch darüber, dass man sich wirklich fragen muss, ob sie unter solchen Voraussetzungen überhaupt das Leben noch richtig sehen kann. Ein paar Tatsachen gefällig?
■ Wenn auf einer Rennstrecke der Formel 1 in Imola oder Monte Carlo ein tödlicher Unfall passiert und noch einer und noch einer, dann ist das Wichtigste heute die Perfektion der Rettungs- und Bergungsdienste. Alle Spuren beseitigen, die Blechlawine muss rollen. Auf unseren Autobahnen ist es doch genau dasselbe.
Sich Gedanken machen – nein, nur das nicht. Nur nicht dran denken.
■ Wenn ein Flugzeug abstürzt, dann zählt man die Toten, sucht akkurat nach der Unfallursache, ist überzeugt, alle denkbaren technischen Ursachen in den Griff zu bekommen und trägt das Ereignis in eine Statistik über die gewesenen Abstürze ein.
Was den Verunglückten jetzt geschieht, was nach dem Tod kommt – das interessiert die Öffentlichkeit überhaupt nicht.
■ Wenn ein Vertreter einer Lebensversicherung seine Ware verkaufen will, dann bietet er Sicherheit für den Todesfall und für den Erlebensfall an. Wört-

lich steht das so in den Verträgen. Die meisten Menschen meinen, sich mit Geld und Prämien absichern zu können vor der radikalsten und einfachsten aller Fragen: Werde ich nach dem Tod das Leben finden?

■ Und wenn jemand einen schwarzen Anzug anziehen und aus gesellschaftlichen Gründen an einem offenen Grab reden muss, dann wird da gelogen und geheuchelt, dass es diejenigen, die das oft erleben müssen, nicht mehr mit anhören können: Da ist der Mensch nur noch ein innerweltliches Tier, das da sanft ruhen und dann eben verfaulen darf.

Gehen wir lieber gleich dorthin, wo der Mensch noch etwas wert ist, sogar in seinem Tod, wo ihm Erbarmen und nicht eiskalte Verdrängungspolitik begegnet. Nämlich im Evangelium: „Der Synagogenvorsteher fiel Jesus zu Füßen und flehte ihn um Hilfe an: Meine Tochter liegt im Sterben. Komm und leg ihr die Hände auf!" Und Jesus sagt: „Sei ohne Furcht, glaube nur!" Übrigens – und dies sei meine letzte emotionsgeladene Zwischenbemerkung –: Unter welcher Telefonnummer kann man heute diesen Dienst anfordern, dass da also jemand kommt und dem Sterbenden nur die Hände auflegt? Diesen Dienst gibt es überhaupt nicht. Wo in der heutigen Gesellschaft gibt es im Umkreis des Sterbens und des Todes diese Reaktion? Dass da die Furcht genommen, Glaube an das Leben danach geweckt, Vertrauen geschenkt und schlicht und einfach Erbarmen zuteil wird, Erbarmen mit dem, der sterben muss? Nein, fangen wir noch weiter vorne an: Wo darf heute noch öffentlich vom Tod gesprochen und gejammert und geklagt werden mit der Hoffnung auf Gehör oder gar Hilfe? Heute ist es vielmehr so: Der Tod darf für die meisten Menschen gar nicht existieren, ab ins Krankenhaus mit dir, Vorhänge zu, Türen zu, um Gottes Willen, erschreckt mir die Leute nicht, vom Tod wird nicht geredet, nur das Leben zählt! Was für ein Leben? Nur dieses kurze irdische Leben.

Welch eine Blindheit, welch eine Verdrängung ist das! Was tut Jesus? Er ist nicht blind und verdrängt nicht, sondern sieht den Gott des wahren Lebens. Und dem vertraut er. Und dafür lässt er sich auslachen. Und er schickt alle hinaus, die zwar viel Lärm machen, aber kein Erbarmen kennen. Und er nimmt eine Hand und sagt ein Wort. Und das ist alles, wirklich alles. Beachten wir doch bitte, dass die Evangelisten das Wort „Wunder" so gut wie überhaupt nicht in den Mund nehmen, höchstens „Zeichen" heißt es bei Johannes öfter. Und schon gar Markus: Der hätte sich empört, würden wir ihm ein Wunder unterstellen. Sondern: eine Hand nehmen und ein Wort sagen. Das ist alles. Das Wort, das Jesus hier sagt, das aramäische „Talita kum", das heißt nicht „Hokuspokus" oder „Simsalabim" oder „Schnell eine Wunderdroge her!", sondern dieses Wort heißt auf Deutsch – und deshalb ist es im Text ja in beiden Sprachen beigegeben –: „Mädchen, steh auf!" Und weiter nichts. Und dieses einfache Wort in die höchste theologische Sprache übersetzt heißt: Auferstehung.

In dieser Nebeneinanderstellung aber liegt die Lösung des ganzen Todesproblems: Nur der kann dem Tod und dem Sterbenden und dem Sterben des Menschen richtig begegnen und Erbarmen haben und die Furcht wegnehmen und nicht verdrängen, der an den Gott des wahren Lebens glaubt, an den Gott der Auferstehung. Und daran krankt unsere Gesellschaft heute in diesem Bereich am meisten: dass man des Menschen Leben verkürzt zu einem Fliegendasein von 70 oder 80 Jahren, und dann ist eben alles aus und vorbei und nichts geht mehr.

Von dieser Einstellung her sind all die eingangs erwähnten Verhaltensweisen verständlich. Der Mensch kann aber nur als Mensch behandelt werden, besonders wenn's ans Sterben geht, wenn klipp und klar gewusst und geglaubt und gesagt wird, dass es dann erst richtig losgeht. Hören wir bitte noch einmal das ungeheure Gewicht jener uralten Worte, die man in unsere moderne Gesellschaft hineinschreien möchte: „Denn Gott hat den Tod nicht gemacht und hat keine Freude am Untergang der Lebenden. Gott hat den Menschen zur Unvergänglichkeit erschaffen und ihn zum Bild seines eigenen Wesens gemacht."

In den vergangenen Jahren wurde bei uns viel diskutiert über die so genannte Sterbehilfe. Dabei ist oft zu hören, man solle dem Menschen die letzten Qualen ersparen, solle also sozusagen „nachhelfen", wenn das Sterben nicht mehr zu verhindern ist. Und das nennt man dann auch noch „human", man wolle ein humanes Sterben ermöglichen. Die deutschen Bischöfe haben schon vor einiger Zeit in einem gemeinsamen Schreiben dazu Stellung genommen; und darin steht der bedenkenswerte Satz: „Jeder Mensch hat ein Recht auf sein eigenes Sterben, denn auch die qualvollsten Leiden enthalten noch verbleibende Lebensmöglichkeiten." Wer an die Auferstehung glaubt und damit an den ganzen Menschen mit seiner Zukunft, für den besteht das Leben nicht nur aus Erfolg und Schönheit und Glücksgefühl, sondern für den haben auch die Qualen der Krankheit noch einen echten Sinn, weil sie die letzte Prüfung sind, der letzte Schliff, der letzte Schritt, um bereitet zu sein, wenn die unvorstellbare Sonne des neuen Lebens aufgeht.

Noch eine letzte Beobachtung von mir sei angefügt und dann noch eine Frage: Evangelische Christen sterben in der Regel leichter als katholische. Das kommt daher, dass sie ein bibelnäheres Gottesbild mitbekommen als Katholiken. Und eine Frage, über die Sie bitte einen Moment lang nachdenken: Könnten Sie in die Bitte eines Kirchenliedes einstimmen, die da lautet: „Wenn nach des Lebens Pilgerfahrt die letzte Prüfung unser harrt, des Erdendaseins Ende. Dann helf uns dieses heilge Brot im Blick auf deinen Kreuzestod zur seligfrohen Wende"? Könnten Sie darein einstimmen?

FÜRBITTEN

Pr: *Großer Gott, wir brauchen nichts zu verdrängen und uns nicht zu belügen. Wir sehen das ganze Leben, das nach dem Tod erst richtig beginnt. Rufen wir zu Christus, der Erbarmen mit uns hat, im Namen des lebendigen Gottes:*

L: Herr Jesus Christus, sprich auch zu uns einmal: Talita kum, also: Steh auf!, erheb dich aus deinem sterblichen Leben und lebe für immer! Christus, höre uns.

L: Für die Schwestern und Pflegekräfte in den Krankenhäusern – dass sie im Patienten den Menschen sehen, der in seiner Krise die Worte und die Hände braucht, die ihn verstehen: Christus, höre uns.

L: Für die Verantwortlichen der öffentlichen Meinung – dass sie nicht ständig so tun, als dürfe das Sterben nicht sein, dass sie vielmehr den Sinn des Sterbens zeigen, damit die Lebenden sich darauf vorbereiten können: Christus, höre uns.

L: Dass wir selber bereit sind, geduldige Sterbehilfe zu leisten, wenn sie verlangt wird, also den Sterbenden auf dem Weg in Gottes Reich zu begleiten: Christus, höre uns.

L: Um den unverkürzten Blick auf das ganze Leben bitten wir, das nicht in einer sanften Ruhe im Grab endet, sondern auf den endgültigen Sonnenaufgang des Lebens zugeht: Christus, höre uns.

L: Schließlich bitten wir für alle, die jetzt im Sterben liegen – dass sie das kurze irdische Leben loslassen können, um das endgültige zu gewinnen, wo Gott sie erwartet, um sie überreich zu beschenken: Christus, höre uns.

Pr: *Denn nur in dieser konsequenten Hoffnung ist es möglich, das Sterben anzunehmen und kranken Menschen wirklich gerecht zu werden. So hilf uns, Herr, keine Angsthasen zu sein, die alles verdrängen, sondern mutig Glaubende, die auf das Leben zugehen.*

14. Sonntag im Jahreskreis
Lesejahr B

1. Lesung: Ez 1,28b – 2,5
2. Lesung: 2 Kor 12,7–10
Evangelium: Mk 6,1b–6

Aus der 2. Lesung:
Damit ich mich wegen der einzigartigen Offenbarungen nicht überhebe, wurde mir ein Stachel ins Fleisch gestoßen: ein Bote Satans, der mich mit Fäusten schlagen soll. (2 Kor 12,7)

Aus dem Evangelium:
Jesus kam in seine Heimatstadt … „Ist das nicht der Zimmermann, der Sohn der Maria?" … Und sie nahmen Anstoß an ihm und lehnten ihn ab. (Mk 6,1b.3)

Christen boxen nicht

Was ist das für ein eigenartiges Wort Gottes an diesem 14. Sonntag. Eigenartig? Nein, das ist falsch gesagt. Was Paulus und Jesus da erleben, das ist wie ein Stachel, der auch uns irgendwie sticht, ja schmerzt. Ohne diese beiden Texte, also ohne diesen 14. Sonntag – lassen Sie mich mal so beginnen –, hätten wir eine falsche Vorstellung von Jesus Christus, würden wir uns als Christen viel zu mächtig und selbstbewusst fühlen, würden wir als Kirche den prophetischen Charakter des Widerspruchs verlieren, würden wir das Kreuz abschaffen, das Zeichen der Schwachheit, die nur geborgen ist in Gottes Kraft. Gehen wir sehr ernsthaft durch beide Texte hindurch mit dem Ziel, den Stachel zu finden, der uns persönlich angeht, wenn wir wirklich wie Paulus und Jesus leben wollen. „Damit ich mich wegen der einzigartigen Offenbarungen nicht überhebe", sagt Paulus, „wurde mir ein Stachel ins Fleisch gestoßen: ein Bote Satans, der mich mit Fäusten schlagen soll, damit ich mich nicht überhebe."

Was meint Paulus hier? Er hat es nie näher erklärt. Man vermutet ein körperliches Gebrechen, eine Behinderung, ein Leiden, das ihn zeitlebens gequält hat. Vielleicht war es ein Sprachfehler, so dass der große Völkerapostel Paulus gestottert hat, schlecht reden konnte. Wie sehr muss er darunter gelitten haben, wenn er es einen Boten Satans nennt! Man hat ihn dafür ausgelacht, angefeindet, in Korinth hat man sein Apostelamt angezweifelt, ihn der Lächerlichkeit preisgegeben. Und das hat ihn sehr getroffen. Er muss sich und seine Botschaft verteidigen. Und wie macht er das? „Deswegen bejahe ich meine Ohnmacht, alle Misshandlungen und Nöte, Verfolgungen und Ängste, die ich für Christus ertrage; denn wenn ich schwach bin, dann bin ich stark." Man nennt diese Stelle die Kreuzigung des Paulus. Sie wissen doch, wie man kreuzigt?

Ein Balken so, ein anderer Balken quer dazu, in die Mitte ein Nagel hinein. So kreuzigt man.

Der Längsbalken ist des Menschen Kraft und Stärke. Was er kann, was er erreichen will, wofür er kämpft, was sein Ziel ist. Der Querbalken ist das, was dies verhindert, was ihm in die Quere kommt. Krankheit, Misserfolg, Anfeindung, Versagen, Scheitern.

Viele Menschen gehen daran zugrunde, dass sie beide Balken nicht zusammenbringen. Führen einen aussichtslosen Kampf mit diesen beiden Balken ihres Lebens, führen einen richtigen Knüppeltanz mit ihnen auf und werden von den Balken erschlagen. Paulus hat sich kreuzigen lassen, hat die Mitte beider Balken gefunden und hat so erfahren, dass seine menschliche Schwachheit in Wahrheit geschenkte Stärke Gottes ist.

Wie ging es Jesus in seiner Heimat, Jesus selber? „‚Ist das nicht der Zimmermann, der Sohn der Maria? Leben nicht seine Brüder und Schwestern unter uns?' Und sie nahmen Anstoß an ihm und lehnten ihn ab." Warum erkennen diejenigen Jesus nicht, die ihn angeblich am besten kennen? Warum nehmen gerade seine Landsleute, seine Verwandten Anstoß an ihm? Die Antwort ist sehr einfach: Wer Jesus kennt, gut kennt, der erkennt ihn nicht! Denn er ist ein Prophet. Über einen Propheten kann man nicht Bescheid wissen, mit ihm kann man nicht verwandt sein. Wenn man sich das aber einbildet („Wir kennen dich doch!"), geht man an ihm vorbei. „Jesus sagte zu ihnen: ‚Nirgends hat ein Prophet so wenig Ansehen wie in seiner Heimat, bei seinen Verwandten.' Und er konnte dort kein Wunder tun; er wunderte sich über ihren Unglauben". Ein Prophet kann nicht jedermanns Liebling sein, „everybody's darling", wie das auf Englisch heißt, sympathisch, angepasst und glatt. So wünschen sich die Verwandten, die Familie, die Heimat ihren Jesus: Sei so wie wir, wir kennen dich doch, komm, zeig, was du kannst! Da wird Jesus hilflos. Seine Taten verpuffen. Sein Wort hat keine Kraft. „‚Ist das nicht der Zimmermann, der Sohn der Maria? Leben nicht seine Brüder und Schwestern unter uns?' Und sie nahmen Anstoß an ihm und lehnten ihn ab." Ein Prophet muss ein Fremder bleiben. Sonst verliert er seine Kraft.

Sucht dieser Jesus Ansehen oder Anstoß? Welch eine Frage! Und wenn wir's sofort auf uns Christen übertragen: Sind wir Christen geworden, um Ansehen zu erringen oder Anstoß zu erregen? Und die ganze Kirche: Trägt die ganze Kirche prophetische Züge, also andersartige, herausfordernde, fremdartige Züge? Oder ist sie glatt, sympathisch, angepasst? Wollen wir als Christen es allem und jedem recht machen, uns anpassen, einfügen, anbiedern? Oder wagen wir den Widerspruch, das Gegenwort, eben das prophetische Wort?

Kehren wir zurück zu Paulus, denn der war einer der echtesten Jünger Jesu: „Damit ich mich wegen der einzigartigen Offenbarungen nicht überhebe", sagt er, „wurde mir ein Stachel ins Fleisch gestoßen: ein Bote Satans, der mich mit Fäusten schlagen soll, damit ich mich nicht überhebe." Wären wir als Christen in der Lage, so etwas zu sagen und zuzugeben, also klein und schwach zu sein, Fehler zu haben, schuldig und unbedeutend zu sein? Überall gilt doch das Gesetz der Geltungssucht, sich selber zur Geltung zu bringen. Wir aber sollen und dürfen zu unserer Schwachheit stehen, brauchen uns nicht zu überheben, dürfen sogar dankbar sein für das Negative in unserem Leben. Und damit ausführlicher zu dem Satz, der zu den paradoxesten der ganzen Bibel gehört: „Deswegen bejahe ich meine Ohnmacht, alle Misshandlungen und Nöte, Verfolgungen und Ängste, die ich für Christus ertrage; denn wenn ich schwach bin, dann bin ich stark."

Was ist das für eine Stärke, von der Paulus spricht? Das ist keine eigene Stärke mehr, sondern Stärke, die von jemand anderem kommt. Diese Kraft Christi aber kann erst sichtbar werden, wenn du zu deiner Schwachheit stehst.

Lassen Sie mich am Schluss versuchen, den Stachel dieses Sonntags – bezogen auf unser Leben – deutlich zu machen. Wenn Paulus heute leben würde, vielleicht käme er auf den Boxkampf zu sprechen. „Ihr mit eurer hochgezüchteten Leistungsgesellschaft macht das Leben zu einem Boxkampf! Nur der Starke gewinnt, nur Leistung zählt, den andern niederschlagen, um oben zu bleiben. Christliche Gesinnung aber hat mit dem Kreuz zu tun. Wisst ihr denn nicht, wer alles auf der Strecke bleibt bei eurem Boxkampfdenken? Die Alten und die Schwachen und die Kranken und die Benachteiligten – und die Jugendlichen, die an allen Ecken gegen solches Leistungsdenken protestieren. Die christliche Gesinnung lässt jeden Menschen angenommen sein und etwas gelten, denn jeder lebt aus Gottes Kraft und nicht aus der eigenen." Ich füge nur noch hinzu: Wem diese Sonntagsbotschaft zu schwierig erscheint, der gehe öfter mal ins Krankenhaus oder ins Altersheim und lasse sich auf diese Menschen ein. Dann wird er sehr bald merken, wie wahr dieses Pauluswort ist: „Denn wenn ich schwach bin, dann bin ich stark." Nur der prophetisch-echte christliche Glaube nimmt jeden Menschen wirklich ernst, auch den schwachen und geringen: Aus Gottes Kraft leben wir, nicht aus eigener Kraft.

FÜRBITTEN

Pr: *Herr, unser Gott, heute ist fast ein Prophetensonntag. Paulus und Jesus waren Propheten, die Widerspruch erregt haben, sie haben in ihrer Schwachheit deine Kraft aufleuchten lassen. Da jedes Christenleben irgendwann auch am Prophetenschicksal Anteil hat, darum rufen wir zu dir und bitten dich:*

L: Herr, lass dieses Evangelium für die ganze Kirche eine Gewissensfrage sein, ob sie Ehre und Ansehen sucht oder auch Widerspruch riskiert, wenn es gilt, anders zu reden und gegen den Trend zu handeln.

L: Für uns Christen unter diesem Sonntagswort: Herr, hilf uns, dem Leistungswettkampf zu widerstehen und den Schwachen und Geringen Raum zu geben – auch uns selber.

L: Für jene Menschen, die viel können und haben und stark sind, dass sie sich messen lassen an der Schwachheit des Paulus, der es nicht nötig hatte, seine Armseligkeit zu verbergen, weil seine Kraft von Christus kam.

L: Für uns alle, die wir so gern stark sein wollen und doch wissen, dass wir damit über kurz oder lang scheitern werden: Zeige uns das Geheimnis des Kreuzes in unserem Leben, in dem uns geschenkt wird, was wir allein nicht erreichen könnten.

Pr: *„Denn wenn ich schwach bin, dann bin ich stark", sagt Paulus. Herr, öffne uns für dieses Wort, dass ein Christ schwach sein darf und muss. Denn er ist ja gar nicht auf eigene Stärke angewiesen, sondern darf umso mehr die Kraft Jesu Christi erfahren, je kleiner er selber wird. So bitten wir durch Christus, unseren Herrn.*

15. Sonntag im Jahreskreis
Lesejahr B

1. Lesung: Am 7,12–15
2. Lesung: Eph 1,3–14
Evangelium: Mk 6,7–13

Aus der 2. Lesung:
Gepriesen sei Gott. Er hat uns mit allem Segen seines Geistes gesegnet durch unsere Gemeinschaft mit Christus im Himmel. (Eph 1,3)

Aus dem Evangelium:
Und er gebot ihnen, außer einem Wanderstab nichts auf den Weg mitzunehmen. (Mk 6,8)

Woher die Sicherheit nehmen?

Zunächst: Was einem da so alles durch den Kopf geht, wenn man das hört: „Und er gebot ihnen, außer einem Wanderstab nichts auf den Weg mitzunehmen, kein Brot, keine Vorratstasche, kein Geld im Gürtel, kein zweites Hemd, an den Füßen nur Sandalen"!

■ Eine ganz schöne Utopie ist das, ohne Brot und Vorratstasche in die Welt hinauszuziehen und so die Leute bekehren zu wollen. Soll's mal einer probieren in der heutigen Welt! Keine Papiere? Dann schnappt dich bald die Polizei. Eine schöne Utopie!

■ Oder mir fällt jener junge Mann namens Stefan ein, der damals 17 war und die Schule aufgab. Ich hab ihn gut gekannt. Er wollte einfach einen Trip machen, die Welt anschauen, zu sich selber finden, er habe die Nase voll von seinem Vater, der nur ans Geld denke und an die Sicherheit, er müsse fort, und er ging auch.

■ Oder mir fällt Kabul ein, die Hauptstadt Afghanistans, vor den militärischen und politischen Entwicklungen ein Traumziel junger Menschen aus Europa, die ein neues Leben suchten. Dort trafen sie jene, denen das viele Brot und die überfüllten Vorratstaschen unserer westlichen Wohlstandsgesellschaft zum Hals heraushingen.

■ Oder mir fällt Paulus in der heutigen Lesung aus dem Epheserbrief ein, der mit den großartigsten Worten unsere christliche Berufung und Auserwählung beschreibt – und wir empfinden diese Sprache wie Blabla, wie Gefasel, wie schöne Sprüche.

Wie gesagt nur ein paar Dinge, die mir so einfallen, wenn ich die Schrifttexte von heute lese. Aber was sollen sie nun wirklich bedeuten? Welche Überlegungen und Erfahrungen stehen dahinter? Wie es Markus gemeint hat und wie es für die Urkirche gemeint war, ist schnell gesagt: Die Botschaft, die ihr Jünger der Welt auszurichten habt, nämlich der Anbruch des Reiches Gottes, das ist so wichtig, so elementar, dass alle anderen Überlegungen, auch die Sorge um das Lebensnotwendige, erst an zweiter Stelle kommen. Während alle anderen, die nichts von dieser Botschaft wissen, zunächst einmal ihr Leben sichern mit Brot und Vorratstasche und Geld, braucht ihr euch darum gar nicht zu kümmern, denn das Wichtigste ist, dass alle Welt eure Botschaft hört. Das hat Vorrang vor allem andern.

Aber wenn wir das heute hören? Viele betrachten das als eine Aufforderung an die Kirche zur radikalen Armut. Der bolivianische Kardinal Maurer schrieb einmal: „Wir Bischöfe und Priester haben das zum Leben Notwendige und eine gewisse Sicherheit. Die Armen aber entbehren des Nötigsten und sie ringen zwischen Angst und Unsicherheit. Seit einiger Zeit bin ich von der Idee besessen: Was kann man tun, damit die Kirche frei wird von so viel angehäuften Schätzen? Diese kostbaren Bilder der Heiligen sind doch ohne jeden geistlichen Wert. Stellt euch die Unabhängigkeit vor, die uns ein solch neues, kühnes und evangelisches Vorgehen geben würde!"

Wenn wir die Worte des Evangeliums so verstünden, dann würden wir sicher etwas Wichtiges sehen: Die Kirche ist weit entfernt davon, wirklich arm zu sein. Aber damit hätten wir den „schwarzen Peter" auch jemand anders zugeschoben, nämlich *der* Kirche, die schleunigst dafür sorgen solle, ihren Reichtum unter den Armen zu verteilen. Ich glaube aber, es geht um etwas ganz anderes. Sehen Sie, was heißt das denn: „Brot, Vorratstasche und Geld"? „Brot" ist das, was ich heute brauche, wovon ich heute lebe; sonst bin ich ein Bettler. „Vorratstasche", da ist das drin, was ich morgen brauche. Wenn das heutige Brot gegessen ist, greif ich hinein in meine Vorratstasche; wenn ich die nicht habe, bin ich ein Mensch, der von der Hand in den Mund lebt; für heute habe ich zu essen, für morgen nicht mehr. „Geld", das ist das, was ich übermorgen brauche, wenn das Brot gegessen und die Vorratstasche leer ist, also übermorgen; wer zwar Brot und Vorratstasche, aber kein Geld hat, der ist ein ungesicherter Mensch ohne Sicherheit für die Zukunft. „Und er gebot ihnen, außer einem Wanderstab nichts auf den Weg mitzunehmen, kein Brot, keine Vorratstasche, kein Geld im Gürtel". Das heißt also, auch an uns gerichtet: Lebe ohne Sicherheit für heute, morgen und übermorgen, ohne dich abzusichern, denn wenn du einmal Christ geworden bist, brauchst du keine Sicherheit mehr. Hier könnten wir eigentlich abbrechen, denn es ist jedermanns eigene Sache, sich zu fragen, von welchen Sicherheiten er lebt und was dieses Wort Gottes von ihm verlangt.

Nur noch ein paar konkrete Anregungen zu meinen Gedanken des Anfangs:
- Der erste Gedanke war, dass das eine schöne Utopie sei, ohne Brot hinausgehen und die Leute bekehren zu wollen. Nur eine Utopie? Wir haben die Aufgabe, Leute ohne Absicht, ohne es zu wollen, zu bekehren, nämlich in dem Sinn, dass andere uns erleben und daraufhin fragen: „Mensch, wie macht der das bloß: so innerlich unabhängig zu leben?" Nicht im Sinn von Wurstigkeit, In-den-Tag-hinein-Leben, sondern innerlich un-abhängig. Frage also: Bring ich es noch fertig, innerlich unabhängig zu sein von allen möglichen Sicherheiten?
- Der zweite Gedanke war die Erinnerung an Stefan, der von zu Hause weg wollte, weil es dort nur um Geld und Sicherheit ging. – Ein Christ soll ohne Sicherheit leben. Das heißt für die Generation der Eltern: den eigenen Standpunkt, die eigene Position nicht als unveränderliche Sicherheit festhalten wollen, sondern sich in Frage stellen lassen. Für die Generation der Jüngeren heißt das: sich nicht verbohren auf das Distanzieren, das Anders-sein-Wollen, mit dem wiederum eine eigene Sicherheit aufgebaut wird. Frage also: Bin ich in der Lage, mich immer wieder in Frage stellen zu lassen?
- Der dritte Gedanke: das mit Kabul, dem Traumziel im Osten. Ich möchte sagen: Seien wir doch froh, dass Menschen noch träumen können von einer besseren Welt. Wir dürfen uns nicht einrichten und zufrieden geben mit unserer Welt, so wie sie ist; wir sollten Menschen sein, die wissen, dass sich jede Bemühung um eine Verbesserung der Welt lohnt, weil Gott eine bessere Zukunft vorgesehen hat. Frage also: Glaube ich an eine bessere Zukunft?
- Der vierte Gedanke, ob denn Paulus nur Blabla und Gefasel macht und schöne Sprüche klopft, wenn er von unserer herrlichen Gnade, von unserer Hoffnung und dem ewigen Erbe spricht. Ich glaube, es wäre an der Zeit, dass wir eine Waage nehmen – und dieser Gedanke soll am Schluss stehen – und auf die eine Waagschale 1 kg Brot, eine Tasche mit Proviant für einen Tag und 500,– DM legen, auf die andere Waagschale unsere herrliche Gnade, unsere Hoffnung und unser ewiges Erbe. Ist es wirklich wahr, dass Brot und Proviant und 500,–DM mehr wiegen als jene unfassbaren Geschenke, die uns seit Erschaffung der Welt in die Wiege gelegt sind?

FÜRBITTEN

Pr: *Gott, unser Vater, ohne Brot, ohne Vorratstasche, ohne Geld hat Jesus seine Jünger und Jüngerinnen in die Welt geschickt. Wehrlos und ohne Sicherheit sollten sie seine Botschaft weitersagen. Weil das auch uns persönlich betrifft, deshalb rufen wir zu dir:*

L: Befreie uns von der Lebenssorge, die doch Zeichen von Lebensangst ist, und schenke uns die innere Unabhängigkeit von äußeren Sicherheiten.

L: Erhalte uns die Unzufriedenheit über den Zustand unserer Welt, in der sich so viele satt und sicher einrichten, und lass uns zu denen gehören, denen die Arbeit an einer besseren Zukunft wirklich etwas bedeutet.

L: Hilf den Eltern und ihren heranwachsenden Kindern, nicht zu erstarren, sondern aufeinander zu hören, sich gegenseitig in Frage stellen zu lassen und so beweglich und offen füreinander zu bleiben.

L: Schenke uns den Mut, immer wieder zu fragen, ob wir denn alles brauchen, was wir zu brauchen glauben und was die anderen haben.

L: Wir bitten für alle, die Jesu Namen tragen und zur Kirche gehören – dass ihnen seine Botschaft und sein Beispiel wichtiger seien als Brot und Vorrat und Geld und dass sie so zeigen, wie man ohne solche Sicherheiten leben kann.

L: Paulus schreibt: „Gott hat uns mit allem Segen seines Geistes gesegnet durch unsere Gemeinschaft mit Christus im Himmel." Herr, lass uns diese Tatsache, die allem vorausgeht, verstehen, damit wir nicht länger an dem hängen, was sowieso bald vergehen wird.

Pr: *Denn wenn wir mit allem Segen des Geistes gesegnet sind, dann ist das mehr als aller Sicherheit versprechende Reichtum. Gott und Vater, lass uns leben aus deinem Segen.*

16. Sonntag im Jahreskreis
Lesejahr B

1. Lesung: Jer 23,1–6
2. Lesung: Eph 2,13–18
Evangelium: Mk 6,30–34

Aus der ersten Lesung:
Ich selbst sammle den Rest meiner Schafe. Ich werde für sie Hirten bestellen, die sie weiden, und sie werden sich nicht mehr fürchten und ängstigen. (Jer 23,3f.)

Aus dem Evangelium:
In jener Zeit versammelten sich die Apostel, die Jesus ausgesandt hatte, wieder bei ihm und berichteten ihm alles. Da sagte er zu ihnen: Kommt mit an einen einsamen Ort ... und ruht ein wenig aus. (Mk 6,30f.)

Ruhe geben

Ist es heute so kurz – das sonntägliche Evangelium? Das soll alles sein? Da muss doch noch etwas kommen, ein Wunder Jesu, eine große Tat, ein wichtiges Wort. Oder soll die Einladung zum Ausruhen ein ganzes Sonntagsevangelium sein können? Und wenn es heißt: „Er lehrte sie lange" – er hat die Jünger doch gar nichts gelehrt, er hat nur gesagt: „Kommt und ruht ein wenig aus". Das soll schon eine Lehre Jesu sein? Kommen Sie, ich schau einfach nach im Neuen Testament, ob das denn wirklich so stimmt.
    Da geht also voraus „Die Aussendung der zwölf Jünger" – ja, das war der letzte Sonntag, „kein Brot, keine Vorratstasche, kein Geld", so sollen sie zu den Leuten gehen, seine Jünger. Und danach: „Die Rückkehr der Jünger" – ja, das ist das heutige Evangelium. Und dann kommt gleich ein Wunder Jesu, eine große Tat, ein wichtiges Wort: „Die Speisung der Fünftausend" – ja, die große Brotvermehrung. Aber heute gibt's tatsächlich nur diese knappe Magerkost: „Die Rückkehr der Jünger". Und wenn wir schon beim Nachschauen sind: In der Synopse, der Gegenüberstellung ähnlich lautender Texte in den Evangelien, ist beim Vergleich von Matthäus, Markus und Lukas festzustellen: Das schöne Wort vom Ausruhen haben Matthäus und Lukas weggelassen, sie konnten nichts damit anfangen. Wir auch, geht's uns auch so? Als die Apostel, die Jesus ausgesandt hatte, wieder zu ihm zurückkommen und ihm erzählen, sagt er zu ihnen: „Kommt mit an einen einsamen Ort, wo wir allein sind, und

ruht ein wenig aus." Und im Text wird noch hinzugefügt: „Denn sie fanden nicht einmal Zeit zum Essen". Sollte dieser kleine Satz vom Ausruhen wirklich nicht wert sein, einen Sonntag mit Inhalt zu füllen? Vielleicht hat der älteste Evangelist, Markus, die Menschen, uns Menschen, besser gekannt als die andern Evangelisten, die das einfach wegließen. Dieser Satz gehört vielleicht zu den ganz wichtigen des Evangeliums, gerade heute, und zwar um des Menschen willen, um seiner Erlösung und Heilung willen. Die Einsamkeit suchen, allein sein, ausruhen – die ganze Botschaft heute. Einige spontane Gedanken jetzt, und dann wird dieser Satz seine Leuchtkraft entfalten, so dass keiner mehr sagen wird: Ach, das ist doch unwichtig.

Ich denke an das Wort „Stress". Es gab eine Zeit, da war Stress ein Reservat der Topmanager, eine Attitüde der Spitzenverdiener: „Natürlich, die haben Stress." Heute erntest du, wenn du von Stress redest, bei jedem sofort zustimmendes Kopfnicken: „Ja natürlich, Stress hat heute jeder, ohne Stress gibt's doch kein Leben heute." Ich denke an den Druck des Arbeitsmarktes heute. Krankmeldungen gehen zurück. Das Tempo wird verschärft. Wer nicht mitkommt, wird ausgebootet. Ich denke an Mallorca und Ibiza. Animationsprogramme bis in die Nacht für die Urlauber, endlich mal die Sau rauslassen, Toperlebnisse, die du das ganze Jahr nicht hast, die Nacht zum Tage machen, Feste ohne Ende, ausschlafen kannst du bei Tag. Ich denke an die Totalpower des Fernsehens. Fernsehprogrammgestalter fragen längst nicht mehr, was dem Menschen gut tut, sondern was Einschaltquoten und Werbeeinnahmen bringt, also Spannung live, Action pur, ein Thriller, der unter die Haut geht, Rambo und Terminator und wie das Zeug alles heißt, das niedrigste Instinkte weckt, denn der Mensch braucht Action. Ich denke an Schalke 04 und Borussia Dortmund. Ein Urlauber hat mir erzählt, wie's 1997 in Mailand aussah und zuging in der Nacht des UEFA-Cup-Finalspiels gegen Inter. Ein blauweißes Jubelmeer im Stadion, in der Innenstadt, auf dem Campingplatz, noch in der Nacht fuhren sie zurück, um zur Siegesfeier in Gelsenkirchen zu sein. Eintauchen in die begeisterte Masse; da brauchst du keine Nacht, keinen Schlaf mehr. Und dann denk ich an Kloster Neresheim, an das Bildungszentrum Benediktbeuern, an das Kloster Münsterschwarzach: Tage der Besinnung, teile das Leben der Mönche, ihre Gebetszeiten, ihre Mahlzeiten, ihre Stille. Und diese Angebote – man soll's nicht glauben – haben Zulauf, werden genützt, finden immer mehr Interessenten.

Als die Apostel, die Jesus ausgesandt hatte, wieder zu ihm zurückkommen und ihm von ihren Erlebnissen erzählen, sagt er zu ihnen: „Kommt mit an einen einsamen Ort, wo wir allein sind, und ruht ein wenig aus. Denn sie fanden nicht einmal Zeit zum Essen."

Sollten diese paar Worte Jesu wirklich nicht wert sein, einen Sonntag mit Inhalt zu füllen? Und wie sie das tun! Denn diese Worte sind heute notwendiger denn je. Der Mensch braucht, um ein Mensch zu bleiben – so meint es Jesus –, Zeiten der Stille, kurze Zeiten der Stille und des Alleinseins, um zu sich selber zu finden und damit zu Gott. Jesus zog sich ja öfter allein zum Gebet zurück, und daraus schöpfte er all seine Kraft. Es ist so ähnlich wie bei der Nahrung für den Körper: Drei Mahlzeiten am Tag, die ja gar nicht allzu lange dauern, genügen, um den Körper für den ganzen Tag zu ernähren. So ist es mit den wenigen Augenblicken des Ausruhens, des Alleinseins, der Stille, die nähren deine Seele für den ganzen Tag und halten sie am Leben.

Ich weiß kein besseres Ziel dieser Predigt, als einen konkreten Versuch zu unternehmen. Ich möchte Sie hinweisen auf das bald schon uralte Buch von Jörg Zink „Wie wir beten können". Und der allererste Text, den er bringt, der heißt „Schweigen". Fast schon ein klassischer Text. Lassen wir ihn an uns heran und beschließen ihn mit den Worten Jesu von heute:

„Seit einigen Jahren verbringe ich meinen Urlaub in einer Hütte unmittelbar am Meer. Das Wetter dort ist sehr gleichmäßig. In der Morgenfrühe fast jeden Tages weht ein kaum spürbarer Wind vom Land aufs Meer hinaus, und das Wasser liegt glatt und still. Dann hinausfahren. Eine Stunde lang Abstand nehmen, sechs oder sieben Kilometer weit, und das Paddel ins Boot legen. In eine solche Stille eine halbe Stunde lang hineinhorchen kann mehr bedeuten und bewirken als eine Woche der Erholung." (Jörg Zink, Wie wir beten können, Kreuz Verlag 1970, S. 16)

Jesus sagte zu seinen Aposteln: „Kommt mit an einen einsamen Ort ... und ruht ein wenig aus ... Und er lehrte sie lange."

Ja, vielleicht gibt es keine bessere, wichtigere Belehrung als die, den Menschen das Schweigen zu lehren.

FÜRBITTEN

Pr: *Wir wollen Fürbitten beten. Versuchen wir einfach anzunehmen, uns anzueignen, was diese kleine Sonntagsbotschaft uns sagen wollte. Dazu singen wir als Antwort, was uns so gut tut: „Der Herr ist mein Hirt, ich leide nicht Not" (GL 527,4).*

L: Immer wieder, im Alten wie im Neuen Testament, erscheint dieses im Liedvers aufgegriffene Bild um des Menschen willen, der es so nötig hat.

L: Denn auch für mein eigenes Leben, für mich ganz persönlich, gilt, wie das Lied sagt: ...

L: Die Wirklichkeit des Lebens, so sagen wir, sieht oft anders aus. Tempo, Termine, Stress, Überbeanspruchung. Dennoch gilt immer: ...

L: Kommt mit an einen einsamen Ort und ruht ein wenig aus. So sagt Jesus heute. Er sagt es, weil er selber aus der Gewissheit lebt: ...

L: Zeiten der Stille, des Schweigens, des Alleinseins sind so wichtig wie die Nahrung, weil wir in ihnen erfahren und spüren können: ...

L: Herr, lass es uns immer wieder erfahren, damit wir davon leben können, so wie du es erlebt und deine ganze Kraft daraus geschöpft hast: ...

Pr: *Ja, Herr, lehre uns lange, was du uns in diesem kleinen Evangelium lehren willst. Und hilf uns, das Ausruhen und Alleinsein und Schweigen zu üben.*

17. Sonntag im Jahreskreis
Lesejahr B

1. Lesung: 2 Kön 4,42–44
2. Lesung: Eph 4,1–6
Evangelium: Joh 6,1–15

Aus der ersten Lesung:
Denn so spricht der Herr: Man wird essen und noch übrig lassen. (2 Kön 4,43)

Aus dem Evangelium:
Dann nahm Jesus die Brote, sprach das Dankgebet und teilte an die Leute aus, so viel sie wollten. (Joh 6,11)

Wie Armut reich macht

Was Sie nicht wissen werden: Heute beginnt eine schwierige Zeit für alle Prediger. Das Evangelium heute umfasst den Anfang der großen Brotrede im Johannes-Evangelium, die ersten 15 Verse; dieses Kapitel Johannes 6 hat aber 69 Verse, und die werden verteilt auf fünf Sonntage, so dass also die armen Prediger von heute an über mehrere Wochen hinweg dasselbe Thema haben; immer geht es um diesen Jesus als Brot des Lebens.

Heute geht das Predigen noch am leichtesten, denn diese so genannte Brotvermehrung ist natürlich die Grundlage für die folgenden vier Sonntage. Wieder einmal ist es notwendig und nützlich, die Synopse in die Hand zu nehmen, also die Nebeneinanderstellung der vier Evangelien. Und da zeigt sich mit einem Blick: Alle vier Evangelisten bringen diese so genannte Brotvermehrung. Matthäus und Markus bringen sie sogar zweimal, in verschiedenen Versionen, so dass deutlich wird: Wenn die Evangelisten insgesamt sechsmal davon erzählen, dann muss dieses Geschehen ein Ereignis von enormer Bedeutung sein. Was zudem bei Matthäus, Markus und Lukas zu beobachten ist: Bei allen dreien heißt es wörtlich: „Gebt ihr ihnen zu essen!" Jesus weist es von sich, irgendetwas zu vermehren oder gar herzuzaubern; die Jünger sollen selber das ihnen Mögliche tun, vorher will er nichts unternehmen. Und sie haben nichts, denn sie sind selber arm. Also hat diese ganze so genannte Brotvermehrung offensichtlich zur Voraussetzung und damit zu tun, dass umfassende Armut herrscht, nicht nur bei den Fünftausend, sondern auch bei den andern Akteuren. Denn schließlich hat ja auch Jesus selber nichts; er ist arm und hat nichts in seinen Taschen.

Konzentrieren wir uns nun ganz auf die Johannes-Version. Dieses heutige Evangelium ist dramaturgisch, vom Ablauf her, ein Zweipersonenstück. Drum herum natürlich die 5000 Hungernden, Männer, Frauen, Kinder; auch die Jünger, von denen einige namentlich genannt werden, sind nur „Drumherum": Das Wort des Philippus von den 200 Denaren heißt doch so viel wie: „So viel Geld haben wir selber noch nie gesehen" – selbst die Jünger sind also hilflos und nur Kulisse. Ein Zweipersonenstück: Jesus und der kleine Junge. Warum führt der Evangelist Johannes diesen kleinen Jungen mit seinen fünf Broten und zwei Fischen ein? Ja, weil sich an so einem Kind die ganze Szenerie der Armut deutlich machen lässt; ein Kind ist ja ein Synonym für die Armut; es hat kein Geld, keine finanziellen Reserven; ein Kind lebt von den Eltern und dem, was man ihm gibt; selber hat es nichts. Und wenn dieses Kind fünf Brote und zwei Fische mitbringt, dann ist das tatsächlich alles, was es hat. Was tut dieser kleine Junge – was bei den andern Evangelisten die Jünger tun sollen? Er gibt alles her, das Letzte, was er hat.

Es ist ein Zweipersonenstück: Welche Rolle spielt Jesus selber darin? Hier müssen wir unbedingt ganz, ganz genau hinschauen: „Dann nahm Jesus die Brote (die des Jungen, die letzten, die der hat), sprach das Dankgebet und teilte an die Leute aus, so viel sie wollten". Hat irgendjemand von Ihnen an dieser Stelle das Wort „vermehren" oder gar „wunderbar vermehren" entdeckt? Nein, es steht nicht da, also gehört es auch nicht hinein; sondern nur: die Brote des kleinen Jungen nehmen, zum Himmel aufschauen und austeilen, das und nur das und nichts anderes tut Jesus hier in der so genannten Brotvermehrung nach Johannes. Und das geschieht in einer Szenerie der umfassenden Armut. Um das noch einmal zu sagen: Die Menge der Fünftausend hat nichts; die haben Hunger und können sich nichts kaufen; die Jünger Jesu haben nichts („Wo sollen wir Brot kaufen, damit diese Leute zu essen haben?"); der kleine Junge hat nichts mehr, denn er hat das Letzte gegeben, was er hatte; und Jesus hat nichts, denn seine Taschen sind wie immer leer.

Was ist also die Aussage dieser so genannten Brotvermehrung nach Johannes? Eine sehr einfache Antwort: Jesus will hier zeigen, wie es unter uns Menschen, die wir doch alle arm sind und leere Hände haben, „gehen könnte": Nicht der Ruf nach einem Zauberer, einem großen Maestro, einem Finanzminister hilft weiter, sondern wenn jeder lernen würde zu geben, was er hat, das Wenige, das Geringe, wenn er also lernen würde, sich nicht an seinen Besitzstand zu klammern, um selber zu überleben, sondern zu geben, was er hat, dann würde in der Welt geschehen, was hier gemeint ist. Arme Menschen, die wir alle sind, wenn die zum Mitleid fähig sind und zu geben bereit, ohne sich an die eigenen Sicherheiten zu klammern, dann können sie Wunder bewirken wie der kleine Junge hier, der am Ende gar nichts mehr hat, aber gerade dadurch allen anderen geholfen hat.

Wie geht es denn normalerweise unter uns Menschen zu – weil ich vorhin sagte, hier gehe es darum, zu zeigen, wie es unter uns Menschen „gehen könnte"? Normalerweise ist es doch so, dass du nur ein Mensch bist, wenn du etwas hast. Und das gilt es festzuhalten, festzuklammern, damit du weiterhin etwas bist. Denn wenn du hergibst, was du hast, dann bist du nichts mehr.

Dieses Evangelium von der so genannten Brotvermehrung will deutlich machen, dass dann, wenn du nicht mehr meinst, nur etwas zu sein, wenn du etwas hast, ein ganz neues Vertrauen, eine ganz neue Dimension des Lebens, ja ein Wunder wachsen kann. Wenn all diese 5000 Menschen hier – so meint Johannes – dies begriffen hätten, also selber herzugeben, was sie haben, wie der kleine Junge, dann wäre das Wunder da. Haben sie natürlich nicht begriffen, wie der Schluss zeigt: Zum König wollen sie diesen Jesus machen, zum Brotkönig, und begreifen nicht, dass sie selber zu Menschen des vertrauensvollen Hergebens werden sollten. Kein Wunder, dass sich Jesus am Schluss bitter enttäuscht zurückzieht: Sie haben nichts begriffen. Haben wir's begriffen, das Wunder, das aus den leeren Händen aller wachsen kann?

FÜRBITTEN

Pr: *Fassen wir die Gedanken unserer Meditation über die so genannte Brotvermehrung in wenigen Punkten zusammen und antworten wir jeweils mit dem Text eines Liedverses, der gerne zum Agnus Dei gesungen wird: „Du reichst uns, Herr, das Brot des Lebens, in deiner Liebe uns zu einen und hinzuführn zu deiner Herrlichkeit" (GL 850, Augsburg).*

L: Herr, unser Gott, dir verdanken wir unser Leben, du bist unser Leben, das will das heutige Evangelium allen sagen, die es recht verstehen.

L: Nicht, wer etwas hat, wer viel hat, ist schon deshalb etwas, sondern wer die Hände öffnen und sein Weniges hergeben kann.

L: Mache uns zum Mitleid fähig und zum Geben bereit, damit durch unsere Hände geteilt und geholfen und geheilt wird.

L: Um die Haltung des kleinen Jungen bitten wir, dass wir wenn nötig das Letzte hergeben, um alle zu bereichern.

L: Und weil das alles so viel mit der heiligen Kommunion zu tun hat: Lass uns im Lebensbrot die liebevoll austeilenden Hände Jesu sehen.

Pr: *Denn Jesus, der nichts in seinen Taschen hatte, er war arm, um uns durch seine Armut reich zu machen, wie Paulus einmal schreibt. Lass uns dies ein Beispiel für unser Leben sein, du unser Herr.*

18. Sonntag im Jahreskreis
Lesejahr B

1. Lesung: Ex 16,2–4.12–15
2. Lesung: Eph 4,17.20–24
Evangelium: Joh 6,24–35

Aus der ersten Lesung:
Da sprach der Herr zu Mose: Ich will euch Brot vom Himmel regnen lassen. Das Volk soll hinausgehen, um seinen täglichen Bedarf zu sammeln. (Ex 16,4)

Aus dem Evangelium:
Müht euch nicht ab für die Speise, die verdirbt, sondern für die Speise, die für das ewige Leben bleibt. (Joh 6,27)

Von welchem Brot lebst du?

Vorhang auf, so könnte man heute sagen, zum 2. Akt dieser 5-teiligen Fortsetzungsserie, die da heißt: Brotrede des Johannes-Evangeliums. Sie wissen es noch vom letzten Sonntag: Über fünf Sonntage wird sich das hinziehen, dieses 6. Kapitel des Johannes mit dem Thema: „Jesus als Brot des Lebens". Dieser 2. Akt hat natürlich ein klares Ziel, die Aussage Jesu: „Ich bin das Brot des Lebens". Gehen wir einfach Schritt für Schritt an der Handlung des 2. Aktes entlang, werfen bei passender Stelle den Blick auf die Hintergrundhandlung „Manna in der Wüste", und nehmen wir als Leitfaden den Gedanken der „Zufriedenheit".

Warum sind die Leute so unzufrieden, dass sie Jesus nachfahren über den ganzen See Gennesaret? Er hatte sich zurückgezogen auf den Berg, um allein zu beten – so das Ende am letzten Sonntag –, aber die Leute suchen ihn, weil sie unzufrieden sind und nichts kapiert haben – der Anfang der heutigen Textstelle. Sie haben nicht kapiert, dass Jesus kein um seiner Brotkünste willen zu bewundernder Brotkönig ist, sondern dass es ihm um etwas ganz anderes geht. Es ist manchmal zum Verzweifeln, so will der Evangelist Johannes sagen – und da klingen natürlich auch seine jahrzehntelangen Erfahrungen als Prediger und Seelsorger an –, die Menschen können wie dressierte Hunde sein: Gibst du ihnen einen Knochen, dann sind sie zufrieden, ist der gefressen, dann jaulen sie nach dem nächsten Knochen. „Ihr sucht mich nicht, weil ihr Zeichen gesehen habt, sondern weil ihr von den Broten gegessen habt und satt geworden seid." Das wichtige Wort des Johannes von den „Zeichen, die man sehen können muss". Brot ist doch nicht nur ein kurzfristiges Nahrungsmittel, sondern ein Zeichen. Ja wofür denn? Dass dahinter jemand ist, der dir mehr geben will als 100 Kalorien für den Augenblick. Lassen wir diesen hervorragenden Religionslehrer weiter argumentieren: „Müht euch nicht ab für die Speise, die verdirbt, sondern für die Speise, die für das ewige Leben bleibt". Jede Speise, die wir Menschen essen und essen können, verdirbt einmal; nicht nur im Sinn von Haltbarkeit und Verfallsdatum, sondern im ganzheitlichen Sinn: Du kannst essen, was du willst, so viel du willst, und sei es Kaviar oder Lachs, alle Speisen der Welt können nicht verhindern, dass du selber verdirbst, d.h. klar und eindeutig: dass du einmal sterben wirst; keine Speise dieser Erde verhindert deinen Tod. Und damit ist die Messlatte gelegt, der Anspruch, den dieser Jesus erhebt: Eine Speise hat er zu bieten, hat er anzubieten, die ewiges Leben schenkt. Nur um es zu verinnerlichen und doch ja im Auge zu behalten für alles Weitere: Speise für das ewige Leben, das ist Jesu Anspruch, Jesu Angebot, Jesu Messlatte.

An dieser Stelle tut uns ein Blick auf die Hintergrundhandlung, die Lesung, das Manna in der Wüste, das „Brot, das der Herr euch zu essen gibt", gut. Wir sehen dort das murrende, schimpfende Volk Israel, das über dem momentan knurrenden Magen schon wieder vergisst, wie dieser Gott es aus dem Sklavenhaus Ägypten geführt hat; und da tut dieser Gott mitten in der Wüste durch Mose ein Zeichen, ein großartiges: Brot vom Himmel kommt, süße Honigtröpfchen in der Morgenfrühe, Wasser aus dem Felsen, und sogar Fleisch können sie braten, weil riesige Vogelschwärme einfliegen. Gewiss wird es den Israeliten geschmeckt haben, das Murren wird aufgehört haben, Zufriedenheit wird sich breit gemacht haben – dennoch: Ging es denn um Brot, Wasser und Fleisch? Oder ging es um etwas anderes, um ein Zeichen, das auf etwas anderes hinweist? Ja, natürlich: „Das ist das Brot, das der Herr euch zu essen gibt." Um Gott, den Herrn, ging es, um seine Güte; seine Sorge, seine Liebe, seine Verlässlichkeit sollten sie sehen lernen. Ein Satz aus dem bekanntesten aller Kirchenlieder passt hierher: „In wie viel Not hat nicht der gnädige Gott über dir Flügel gebreitet". Alle Nahrung, besonders die in der Wüste geschenkte, will ein Zeichen sein, dass du die Güte des Herrn, die bleibende und verlässliche, ganz in dich hineinlässt.

Zurück zur Haupthandlung dieses 2. Aktes: Die Zuhörer Jesu wissen um das Manna in der Wüste damals, und sie fragen ihn, welches Zeichen denn er tut, damit sie es sehen und ihm glauben können. Jesus tritt direkt in die Schuhe des großen Mose und sagt, dass der ihnen noch nicht das Brot vom Himmel gegeben habe, sondern sein Vater gebe das wahre Brot vom Himmel. Aber sie kapieren immer noch nicht, sehen nur Brot, Brot: „Herr, gib uns immer dieses Brot!" Und da muss nun Jesus endlich die Katze aus dem Sack lassen und ihnen eindringlich begreiflich machen: „Ich bin das Brot des Lebens!"

Und jetzt sind wir am Punkt und am Ziel dieses 2. Aktes der Brotrede. Vom äußeren Bedürfnis nach Brot und Nahrung, die absolut unersetzlich sind, führt Johannes seine Leser zur Zeichenhaftigkeit des Brotes. So wie Brot äußerlich unersetzlich ist, so ist innerlich unersetzlich ein Mensch wie dieser Jesus. So sehr unersetzlich ist er, dass es ohne ihn kein Leben und schon gar kein ewiges Leben gibt. Und das ist das Grundthema des Johannes-Evangeliums, immer wieder. In Joh 4 heißen Punkt und Ziel: „Ich bin das lebendige Wasser". In Joh 10 heißen Punkt und Ziel: „Ich bin der Gute Hirt". In Joh 9 heißen Punkt und Ziel: „Ich bin das Licht der Welt". In Joh 12 heißen Punkt und Ziel: „Ich bin das Weizenkorn, das reiche Frucht bringt": Bilder für das Leben, Bilder für ihn, diesen Jesus, ohne den du im Grunde nicht leben kannst. Und um ein letztes Mal das Wort „Zufriedenheit" in den Mund zu nehmen: Kein Stück Brot, kein Stück Fleisch, kein Schluck Wasser, kein Sonnenstrahl kann dich wirklich zufrieden machen, wenn du nicht einen Menschen hast, der dir wie Brot, wie Fleisch, wie Wasser, wie das Licht sein will und ist. Das will dieser Jesus für dich sein – mit einem Wort: Dein ewiges Leben will er sein.

FÜRBITTEN

Pr: *Auch heute findet sich im Gotteslob ein schöner Satz zum Evangelium, den wir als Antwort auf die einzelnen Bitten singen können. Es ist der Satz „O Jesu, all mein Leben bist du" (GL 472).*

L: Herr Jesus Christus, lass uns diesen Satz verstehen und annehmen, und zwar für uns ganz persönlich.

L: Die Menschen wollten Brot haben, Brot zur Nahrung und zur Sättigung. Du aber wolltest ihnen viel mehr geben.

L: Die Zufriedenheit kommt nicht nur vom Brot und all den andern Speisen, Zufriedenheit kommt davon, dass man einen Menschen hat.

L: Das Wort Gottes hat uns nachdenken lassen über das Murren des Volkes Israel in der Wüste und das Brot vom Himmel, das doch Zeichen sein wollte für Gottes Güte und Verlässlichkeit.

L: Und so will jedes Stück Brot, das wir essen dürfen, Zeichen sein für das ewige Leben, das du allein uns zu geben vermagst.

Pr: *„Meine Nahrung bist du, ohne dich nur Not". Ja, Herr, lass uns in eine so vertraute Nähe zu dir kommen, dass du unser Leben wirst, unser ewiges Leben sogar.*

19. Sonntag im Jahreskreis
Lesejahr B

1. Lesung: 1 Kön 19,4–8
2. Lesung: Eph 4,30–5,2
Evangelium: Joh 6,41–51

Aus der ersten Lesung:
Elija ging eine Tagereise weit in die Wüste hinein. Dort setzte er sich unter einen Ginsterstrauch und wünschte sich den Tod. Er sagte: Nun ist es genug, Herr. Nimm mein Leben. (1 Kön 19,4)

Aus dem Evangelium:
Ich bin das lebendige Brot, das vom Himmel herabgekommen ist. Wer von diesem Brot isst, wird in Ewigkeit leben. (Joh 6,51)

Wenn du ganz am Ende bist ...

Jeden Monat einmal, am Herz-Jesu-Freitag, komme ich mit der Krankenkommunion zu einem ganz alten Ehepaar. Beide sind schon 93 bzw. 94 Jahre alt. Beim Vaterunser gibt's immer Probleme: Sie betet es schnell, hastig, als hätte sie Angst, etwas zu versäumen. Er betet es bedächtig, ist auch schwerhörig, so dass er immer zu spät anfängt, und außerdem hat er auch keine Zähne mehr. Und ich versuch immer im Tempo eine Mitte zu halten, so dass wir beim „Und dein ist das Reich ..." wieder zusammenkommen. Die Mühe des gemeinsamen Betens. Vor dem Vaterunser lese ich jeweils diesen Satz – und da beobachte ich seit einem Jahr, wie er diese Worte trotz seiner wachsenden Gedankenträgheit mitmurmelt –: „Ich bin das lebendige Brot, das vom Himmel herabgekommen ist. Wer von diesem Brot isst, wird in Ewigkeit leben." Den kann er also inzwischen auswendig und murmelt ihn mit. Ich erzähl das zunächst nur deshalb, damit wir verstehen, was das soll, dass wir jetzt schon den dritten Sonntag hintereinander diese Eucharistie-Rede aus dem Johannes-Evangelium hören, also schon zum dritten Mal das Thema vom Brot des Lebens haben. Was soll das? Es soll uns das „Mitmurmeln" lehren. Diese Worte „Ich bin das lebendige Brot, das vom Himmel herabgekommen ist. Wer von diesem Brot isst, wird in Ewigkeit leben" muss man ungezählte Male mitgemurmelt haben, d.h. die müssen ganz tief in dein Inneres einsinken, damit du sie glaubst, glauben kannst. Erst was wir oft und oft mit den Ohren hören, mit den Lippen murmeln, kann tief und tiefer sinken, so dass es unser Eigentum wird. Wir kommen später noch mal zurück auf dieses alte Ehepaar. Machen wir aber zuerst einen Ausflug zu diesem Propheten Elija und seinem Brot- und Wassererlebnis, das uns heute das Brot des Lebens verstehen helfen soll.

Am letzten Sonntag war es ja das Manna in der Wüste, das uns die Zeichenhaftigkeit des Brotes auftat, uns einlud, hinter die Oberfläche des Brotes zu schauen. Vorletzten Sonntag hörten wir in der Lesung von Elischa mit den 20 Gerstenbroten, was uns deutlich machen sollte, dass bis heute Menschen ihre Hände auftun, um sich das Leben schenken zu lassen. Und jetzt also das hier: „Elija ging eine Tagereise weit in die Wüste hinein. Dort setzte er sich unter einen Ginsterstrauch und wünschte sich den Tod. Er sagte: Nun ist es genug, Herr. Nimm mein Leben". Wie nennt man diesen Punkt? Erschöpfung, Resignation, Verzweiflung; toter Punkt, Totpunkt, Endpunkt; „Ein Mensch am Ende", Ende eines Menschen, des Menschen Ende. Ganz konsequent, was folgt: „Dann legte er sich unter den Ginsterstrauch und schlief ein."

Bedenken wir noch mal die Thematik, ehe wir weiterlesen: Es geht in den Schrifttexten dieser Wochen um das Brot, das Lebensbrot, das Jesus gibt; um den Hunger, den er stillt; um das Bedürfnis, das er befriedigt; um den Ort und die Lebenssituation, wo es gebraucht wird. Vom Hunger der vielen war die Rede – Brotvermehrung; vom Murren und Schimpfen auf dem Lebensweg – Manna in der Wüste. Und hier geht es um das Sterbenwollen des Einzelnen, um den Endpunkt also, den Leben-wegwerf-Punkt. Man könnte natürlich diesen Punkt einfach leugnen. So tun, als gäbe es ihn nicht. Heroisch, tapfer seinen Lebensweg als einen geraden Weg sehen und gehen, der sich nicht nach unten neigt. Aber jeder weiß und fühlt, dass das eine Selbsttäuschung ist. Jedes Menschen Weg neigt sich nach unten zum Punkt des Sich-hinlegen-Wollens, des Einschlafen-Wollens, des Nicht-mehr-Wollens. Und dieser Punkt kommt nicht plötzlich. Er kündigt sich an in vielfältigen Vorformen. Also ist diese Elija-Szene wieder mal eine Lebensszene, die sich so und so oft bei uns abspielt.

„Doch ein Engel rührte ihn an und sprach: Steh auf und iss! Als er um sich blickte, sah er neben seinem Kopf Brot und einen Krug mit Wasser." Wir könnten hier über die Bedeutung der radikal einfachsten Nahrungsmittel nachdenken, den Bissen Brot und den Schluck Wasser, oder über die Wüste, wo solche Erfahrungen des Gerettetwerdens durch die einfachsten Dinge möglich sind – aber bleiben wir nur bei der einen Winzigkeit: „Ein Engel rührte ihn an". An welchem Punkt war das? Am Endpunkt, am Totpunkt, am Punkt des Nicht-mehr-Wollens. Da rührt dich ein Engel an, ein Bote Gottes. Und warum? Weil die lebensrettende Nahrung doch immer schon bereitsteht, und du wusstest es gar nicht! Ich möchte das mal so veranschaulichen: Da ist die absteigende Linie deines Lebens, du bist ganz unten, du kannst und willst nicht mehr. Und da ist die lebensrettende Nahrung, Brot und Wasser von Gott, schon immer bereitgestellt. Nur muss dich einer stupsen, anrühren, aufwecken und sagen: Schau doch her! Da ist doch längst, was du brauchst, was dich rettet! „Da stand er auf, aß und trank und wanderte, durch diese Speise gestärkt, vierzig Tage und vierzig Nächte bis zum Gottesberg Horeb." Vierzig Tage und vierzig Nächte – das will ein Symbol sein für dein ganzes Leben. Fazit dieser kindlich einfachen Erzählung: Dein Leben ist so beschaffen, dass schon immer und auf jeden Fall die lebensrettende Nahrung da ist, die nicht von dir kommt, sondern von außen her, von Gott her, dir geschenkt wird. Also kann deinem Leben letztlich nichts passieren, selbst wenn deinem Leben das Ende passiert, der Tod passiert; deinem Leben kann letztlich nichts passieren, denn wohin du auch kommst, die lebensrettende Nahrung steht immer schon für dich bereit.

„Eure Väter haben in der Wüste das Manna gegessen und sind gestorben." Die heutige dritte Eucharistiebotschaft weist auf ein Mehr hin als das Manna in der Wüste, auf ein Mehr als Brot und Wasser bei Elija, als die lebensrettende Nahrung, die wir eben fanden: „Ich bin das lebendige Brot, das vom Himmel herabgekommen ist. Wer von diesem Brot isst, wird in Ewigkeit leben." Dein Leben ist so beschaffen, falls du an die Eucharistie glauben willst, dass dir nicht nur Brot vom Himmel geschenkt wird, dass nicht nur lebensrettendes Brot und Wasser da sind, sondern dass ein Er da ist, eine Person, ein Mensch, ein Freund, der dein Leben ist und dich bis über den Tod hinaus rettet.

Noch mal zurück zu meinem alten Ehepaar vom Anfang. Es ist ja abzusehen, wann die beiden sterben. Dann muss ich sie begraben. Und immer wieder, wenn ich einen Menschen begrabe, dem ich oft das Lebensbrot gebracht habe, denk ich mir auf dem Friedhof: Wenn du jetzt noch mal zu mir sprechen könntest mit deinen Lippen, die so oft mitgemurmelt haben: „Wer von diesem Brot isst, wird in Ewigkeit leben", vielleicht würdest du dann jetzt zu mir sagen: „Dank dir auch recht schön, dass du mir ein Engel warst, dass du mich so oft angerührt hast noch zu meinen Lebzeiten. Jetzt weiß ich und sehe, dass es stimmt, was ich mit dir so oft gemurmelt habe! Dank dir auch recht schön!"

FÜRBITTEN

Pr: *„Ich bin das lebendige Brot, das vom Himmel herabgekommen ist. Wer von diesem Brot isst, wird in Ewigkeit leben." – Unsere Bitten sollen den Menschen, den Lebensaltern gelten, die in diesem Wort ihre eigene, stärkste Hoffnung wiederfinden können. Das gilt auch für uns.*

L: Für uns selbst, die wir heute – wie schon oft – vom „lebendigen Brot" hören – dass wir das „Mitmurmeln" lernen, nämlich ein Wort im Hören, im Sprechen so oft zu wiederholen, dass es ganz allmählich in unser Inneres geht und unser Eigen wird.

L: Für die Kranken in ihrer Schwachheit, ihrem Ausgeliefertsein, ihrem Unvermögen, für sich selbst zu sorgen – dass sie vor allem „Lebensbrot" bekommen, Zuwendung, Trost, Stärkung, wie von einem Engel.

L: Für alle Verzagten, müde Gewordenen, Erschöpften, die sich fühlen wie Elija unter dem Ginsterstrauch – dass sie wenigstens schlafen können und wollen, denn im Frieden des Schlafens, der eigenen Ohnmacht, kann und will der Engel kommen und sie anrühren.

L: Für die ganz Alten – dass sie es vollends lernen, die letzten Schritte zum Berg Gottes ohne Angst zu gehen, weil die Lebensspeise Kraft gibt, bis wir am Ziel sind.

L: Und für unsere Verstorbenen, die den Berg schon erstiegen haben – dass sie mit leuchtenden, dankbaren Augen sehen dürfen, dass es stimmt: „Wer von diesem Brot isst, wird in Ewigkeit leben".

Pr: *In einem bekannten Elija-Lied heißt es: „Herr, nimm meine Seele an, gib mir deinen Frieden, ohne Sorge ruh ich dann, Herr, nimm mich zu dir!" (P. Cocagnac). Vielleicht will das Brot des Lebens, je öfter wir davon hören und essen, erreichen, dass der Herr uns näher zu sich nimmt. Herr, nimm uns zu dir, dorthin, wo keine Sorge, kein Hunger, ja, kein Tod uns mehr berühren können!*

20. Sonntag im Jahreskreis
Lesejahr B

1. Lesung: Spr 9,1–6
2. Lesung: Eph 5,15–20
Evangelium: Joh 6,51–58

Zur zweiten Lesung:
Denn einst wart ihr Finsternis, jetzt aber seid ihr durch den Herrn Licht geworden. (Eph 5,8)

Aus dem Evangelium:
Wer mein Fleisch isst und mein Blut trinkt, hat das ewige Leben, und ich werde ihn auferwecken am Letzten Tag. (Joh 6,54)

Brot des Lebens – lebenslang

Heute ist weder Fronleichnam noch Gründonnerstag, und doch muss es einem fast so vorkommen an diesen Sonntagen im Jahreskreis. Das liegt daran, dass im Markus-Lesejahr eine Lücke aufzufüllen ist, denn dieses Evangelium ist zu kurz, um Texte für alle Sonntage des Jahreskreises anzubieten. Die entstehende Lücke füllt man auf mit dem 6. Kapitel aus dem Johannes-Evangelium, der langen Brotrede. Daher kommt der Eindruck, als sei jetzt schon vier Sonntage lang Fronleichnam. Aber das hat natürlich auch seinen Vorteil: Wenn man schon seit vier Sonntagen den gleichen Unterrichtsstoff hört, dann kann das haften bleiben. Es kann wirken wie ein systematischer Kommunionunterricht. Und so möchte ich das auch nennen, was wir jetzt noch an diesem und am nächsten Sonntag betreiben: systematischen Kommunionunterricht für Erwachsene. Heute heißt die Stundenüberschrift: „Die Lebensnahrung". Und: „Du musst dich entscheiden." Das Brot des Lebens, die Kommunion, die Eucharistie, ist deine Lebensnahrung und sie fordert eine Entscheidung von dir. „Ich bin das lebendige Brot. Wer von diesem Brot isst, wird in Ewigkeit leben." Mit diesem Satz schloss das Evangelium am letzten Sonntag, und mit ihm begann das heutige. Also kann man das, was wir sonntags empfangen, durchaus nennen: unsere Lebensnahrung. Gehen wir in zwei Schritten darauf zu, was das denn heißt, wobei uns das Wort vom systematischen Kommunionunterricht begleiten soll; denn wir alle haben diesen Unterricht nötig.

„Denn einst wart ihr Finsternis, jetzt aber seid ihr durch den Herrn Licht geworden." Paulus will uns sagen, wie der leben soll, der begriffen hat, was das

Brot des Lebens ist. Ich muss unbedingt noch die Lesung vom letzten Sonntag mit hinzunehmen. Da war von der Lebensreise des Propheten Elija die Rede, von dem Bissen Brot und dem Krug mit Wasser, die da mehrfach an seinem Weg standen. Dass es sich um die ganze Lebensreise und nicht nur um einen kurzen Weg handelt, ergab sich aus der Erwähnung der 40 Tage und Nächte sowie des Gottesbergs Horeb als Ziel: Bei beidem handelt es sich im AT um Symbolbegriffe für den ganzen Lebensweg. Die Elija-Geschichte und Paulus wollen also sagen: Es ist gar nicht möglich, den Weg aus der Finsternis zum Licht zu finden ohne die Nahrung, die von Gott kommt. Das heißt doch: Die heilige Kommunion, die Eucharistie, das Brot des Lebens, ist eine Langzeitspeise, eine Lebensspeise, eine lebenslange Speise, von der Erstkommunion bis zur Wegzehrung auf dem Sterbebett. Nur wenn sie so verstanden wird, also lebenslang empfangen wird, hat sie ihre Wirkung. Sie ist keine Wunderdroge für den Augenblick, kein Schmankerl für besondere Stunden, sondern eine lebenslange Sonntagsspeise, die erst ganz allmählich ihre Kraft entfaltet. Das kann man den Kindern bei der Erstkommunion natürlich noch nicht beibringen, die leben für den Augenblick und wissen noch nichts von der Länge des Lebens. Deshalb kann ich das nur zu ihnen als Erwachsenen sagen. Und was bei der Erstkommunion erschwerend hinzukommt, ist, dass viele junge Eltern diese Erfahrung der allsonntäglichen Lebensspeise nicht machen und nicht machen wollen. Dann kann das Kind natürlich erst recht nicht in diese Lebensnahrung hineinwachsen. Ergebnis dieses ersten Schrittes: Jeder möchte aus der Finsternis, also aus einem dunklen, sinnlosen Leben, zum Licht kommen, also zu einem sinnvollen, glücklichen, erfüllten Leben. Dafür ist uns das Lebensbrot, die Kommunion, die Eucharistie, angeboten. Ihre Bedeutung und ihre Wirkung geht erst dem auf, der tatsächlich mit ihr lebt, der sich also zu allen Schritten (sagen wir: Sonntagen) von ihr ernähren lässt – lebenslang.

Der zweite Schritt des systematischen Kommunionunterrichts: „Ich bin das lebendige Brot, das vom Himmel herabgekommen ist. Wer von diesem Brot isst, wird in Ewigkeit leben. Da stritten sich die Juden: Wie kann er uns sein Fleisch zu essen geben?" Jesus geht es so ähnlich, wie wenn man einem Blinden die Farben des Schmetterlings erklären wollte. Der sieht sie nicht, kann sie nicht sehen! Da kannst du reden, was du willst. Die Leute verstehen nur Bahnhof, nämlich Brot für den knurrenden Magen des Augenblicks. Und wovon redet Jesus? Vom ewigen Leben. Vom Leben für immer, auch nach dem Tod. Vorhin ging es nur um die Lebensreise auf dieser Erde. Bei Jesus geht es um das ewige Leben. Wer sich lebenslang von diesem Lebensbrot ernährt, dem wächst so viel innere Lebenskraft zu, dass er seinen Tod lebendig überstehen wird. Das ist die volle Wahrheit über die Eucharistie für Erwachsene.

Können wir das Ergebnis dieser Unterrichtsstunde noch weiter vertiefen und befestigen? Also nichts Neues mehr, nur noch das Bisherige von einer weiteren Seite beleuchtet mit Hilfe einiger Liedtexte. „Bei dir, Herr, ist des Lebens Quell ... Dein Glanz erweckt das Angesicht, in deinem Licht schaun wir das Licht, ... nichts soll von dir uns trennen" (GL 289,2). Das Brot des Lebens will uns immer mehr mit Gott verbinden, wie eine unlösbare Eheverbindung. „O Jesu, all mein Leben bist du, ohne dich nur Tod" (GL 472). Diese Worte begreift kein „Anfänger": Man braucht ein Leben lang, dass sie einem aufgehen. Das Brot des Lebens will zum Lebensinhalt werden, zu unserem eigentlichen Leben. „Gott sei gelobet und gebenedeiet, der uns selber hat gespeiset ... Dein heilger Leib ist in den Tod gegeben, dass wir alle dadurch leben" (GL 494,1+2). Merken Sie es? All diese alten Liedtexte sind übervoll von Glaubenserfahrung vieler Gläubiger. Wer oft und lebenslang das Lebensbrot empfängt, der nimmt immer mehr vom Leben Jesu in sich auf; und der hat ja den Tod schon längst besiegt. Also ist die Eucharistie die wirksamste und beste Medizin gegen das Sterben. Dasselbe drückt ein Gebet zur Kommunion aus; es stammt aus dem 2. Jahrhundert und findet sich in der so genannten „Didachae": „Uns aber hast du geistliche Speise gegeben und ewiges Leben durch Jesus, deinen Sohn." Als Letztes in Anlehnung an das Wort Jesu dieser Gedanke zur geistlichen Speise: Mit ihr ist es nicht so wie mit all dem, was die Väter gegessen, was sie zu ihrer Lebensnahrung gemacht haben, also heutzutage: Geld und Auto und Kleider und Haus und Bankkonto und Reichtum und Besitz: Alle müssen sterben, die darauf, auf diese vergängliche Speise, ihre Hoffnung setzen. Wer von diesem Brot, vom Lebensbrot, isst, wird in Ewigkeit leben.

Lassen wir uns also auch an diesem Sonntag in die Hand legen, was kostbarer ist als alles: das Brot des Lebens; wer daran lebenslang glaubt, der wird leben für immer.

FÜRBITTEN

Pr: *Benützen wir auch für die Fürbitten die Worte, mit denen uns hoffentlich in unserem systematischen Kommunionunterricht einige Dinge etwas verständlicher geworden sind.*

L: „Denn einst wart ihr Finsternis, jetzt aber seid ihr durch den Herrn Licht geworden." Herr, wir bitten dich für alle, die Finsternis spüren in ihrem Leben – dass sie sich schenken lassen, was nur du geben kannst: den wahren Sinn des Lebens.

L: „Bei dir, Herr, ist des Lebens Quell". Für alle, die sonntags im Gottesdienst sind und Jesu Speise annehmen – dass sie Stück für Stück die Quelle ihres eigenen Lebens darin entdecken.

L: „O Jesu, all mein Leben bist du". Diese Bitte darf uns persönlich gelten: Herr, sei du immer mehr unser Leben, so wie es die Jünger damals erlebt haben.

L: „Dein heil'ger Leib ist in den Tod gegeben, dass wir alle dadurch leben." Für alle, die sich fürchten vor dem Tod oder ihn aus dem Gedächtnis ausklammern – dass sie den Mut finden, sich im regelmäßigen Gottesdienst und an der Hand Jesu den Sieg über den eigenen Tod schenken zu lassen.

L: „Uns aber hast du geistliche Speise gegeben". Herr, bewahre uns davor, dem äußeren Reichtum nachzulaufen, lass uns vielmehr aus dir und von dir und durch dich leben.

L: „Ich bin das lebendige Brot, das vom Himmel herabgekommen ist." Für die Kinder, für die mit der Erstkommunion alles begonnen hat – dass ihnen die lebenslange Begleitung durch Jesus gezeigt wird und wie er im Lauf vieler Jahre das Leben verändern kann.

Pr: *Denn so ist das nun einmal: Einmal ist keinmal. Das gilt besonders am Tisch des Herrn und beim Brot des Lebens. Herr, öffne uns die Augen, wie du sie den Jüngern geöffnet hast.*

21. Sonntag im Jahreskreis
Lesejahr B

1. Lesung: Jos 24,1–2a.15–17.18b
2. Lesung: Eph 5,21–32
Evangelium: Joh 6,60–69

Aus der ersten Lesung:
Josua sagte zum ganzen Volk: Wenn es euch nicht gefällt, dem Herrn zu dienen, dann entscheidet euch heute, wem ihr dienen wollt: den Göttern, denen eure Väter jenseits des Stroms dienten, oder den Göttern der Amoriter, in deren Land ihr wohnt. (Jos 24,2a.15)

Aus dem Evangelium:
Viele der Jünger Jesu, die ihm zuhörten, sagten: Was er sagt, ist unerträglich. Und viele Jünger zogen sich zurück und wanderten nicht mehr mit ihm umher. (Joh 6,60.66)

Eucharistie: das Spiel von Leben und Tod

Wer für eine Weile sein Fahrrad nicht mehr benützt hat und nun plötzlich wieder draufsteigt, der bekommt Startschwierigkeiten. Er fühlt sich im ersten Augenblick unsicher und meint, die Balance nicht halten zu können und zu stürzen, weil er aus der Übung gekommen ist. So geht es mir immer, wenn ich nach meinem Urlaub wieder predigen muss. Das Fahrrad hat nämlich sehr viel mit dem Wort Gottes zu tun: Man muss sich ihm anvertrauen, muss die Balance halten, erst dann trägt es einen auch. Und dazu braucht es einen mutigen Sprung. Wagen wir's also wieder miteinander: das Wort Gottes zu hören und uns ihm anzuvertrauen. Da gibt es übrigens noch eine Kleinigkeit zu erzählen: Im Urlaub suche ich jedes Jahr die Erfahrung, einmal einem anderen Prediger lauschen zu dürfen, wobei ich sicher nicht erklären muss, wie hungrig ich danach bin, einmal zuhören zu dürfen, also nicht ständig selber predigen zu müssen. Als ich nun bei einem Urlaub einmal im Ausland im Gottesdienst war und auf Französisch hörte: „Ich bin das lebendige Brot, das vom Himmel gekommen ist" – da kam mir blitzartig: Das Wort Gottes ist ja allgegenwärtig! Wo du auch hinkommst, in Italien, Frankreich, Amerika, wo du auch hinkommst, in allen Kirchen ist das gleiche Wort Gottes zu hören. Das Evangelium ist also wie ein Netz, das über alle Menschen der Erde geworfen wird. Ich weiß nicht, ob es eine so wichtige Beobachtung ist – mich hat sie regelrecht jedenfalls gepackt:

Überall auf der Welt hat derselbe Jesus an jenem Sonntag zu allen dasselbe gesagt: „Ich bin das lebendige Brot, das vom Himmel gekommen ist." Dieser Jesus spricht tatsächlich in der ganzen Welt, sein Wort ist auch an diesem Sonntag allgegenwärtig. Lassen Sie mich nun sehen, was er uns heute sagen möchte.

„Viele der Jünger Jesu, die ihm zuhörten, sagten: Was er sagt, ist unerträglich. Und viele Jünger zogen sich zurück und wanderten nicht mehr mit ihm umher." Viele laufen ihm also davon, können ihn nicht mehr hören, seine Worte sind zu hart, sie gehen. Liegt das an den Hörern oder an dem, der da redet? Das liegt ganz eindeutig nicht an den Hörern, könnte man meinen, denn diese sind ja seine Jünger, die ihm gefolgt sind. Also liegt es scheinbar eindeutig an Jesus selbst. Er redet so, dass seine Jünger davonlaufen. Um es ebenso knapp wie präzis zu formulieren: Ist sein Wort nicht wirklich zum Davonlaufen?

Aber er hat doch nur das gesagt, was wir jetzt seit drei oder vier Sonntagen immer wieder gehört haben: Das Brot, das wahres Leben spendet, ist er selbst; sein Fleisch und sein Blut müssen gegessen und getrunken werden, denn sie schenken das einzig wahre Leben. Das hat er gesagt, und davor laufen sie davon. Er erhebt einen Anspruch, und der fordert eine Entscheidung. Der Evangelist Johannes lässt seine lange Eucharistierede ganz bewusst in diese unausweichliche Situation der Entscheidung münden, damit die so häufige Anspruchslosigkeit des Christentums und Entscheidungsfurcht der Christen deutlich wird: Man kann nicht Eucharistie feiern und sich in den Bannkreis dieses Lebensbrotes begeben, ohne zu wissen, was da gespielt wird. Und was wird da gespielt – wenn wir diese lockere Formulierung verwenden dürfen, um uns dem Geheimnis der Eucharistie zu nähern –? Hier wird das Spiel von Leben und Tod gespielt! Deshalb laufen so viele Jünger davon, weil sie das genau merken. Jesus erhebt in der Eucharistie den Anspruch – nicht ein Angebot oder einen Vorschlag, sondern den Anspruch –, dass er der einzige Lebensspender und Lebensretter für uns Menschen ist. Dieser sein Anspruch aber lässt in der Tat nur zwei Möglichkeiten offen: Entweder werfe ich tatsächlich all meine Furcht, Sorg, Angst und Schmerz, wie es in einem bekannten Kirchenlied heißt, auf diesen Jesus, inklusive meinen Tod, und lass mich von ihm retten, oder aber ich lauf vor ihm davon und sage: Nein, also das ist zu viel verlangt. Wer also zum Altar herantritt und vom Brot der Eucharistie isst, der begibt sich in den Bereich dieser gravierenden Lebensentscheidung hinein.

Eine gute Verdeutlichung, was den Inhalt dieser Lebensentscheidung betrifft, bietet die Lesung: „Josua sagte zum ganzen Volk: Wenn es euch nicht gefällt, dem Herrn zu dienen, dann entscheidet euch heute, wem ihr dienen wollt: den Göttern, denen eure Väter jenseits des Stroms dienten, oder den Göttern der Amoriter, in deren Land ihr wohnt." Damals hatte jedes Land seine eigenen Götter, die nur Macht hatten innerhalb der Landesgrenzen. Israel aber hat auf seiner Wanderschaft – auf der es eigentlich ja immer noch ist – unablässig der ganzen Welt gezeigt, dass es an den Gott glaubt, dessen Macht und Geltung und Einfluss ohne Grenzen sind. Das aber erfordert immer neu eine Entscheidung. Deshalb diese Szene hier. Die Götter des Landes schenken momentane Sicherheit, aber nur begrenzt und kurzfristig. Der eine Gott Israels schenkt häufige Unsicherheit, weil er kein eigenes Land hat, aber dafür kannst du ihn überall anrufen und er schenkt dir vollste Sicherheit jenseits deiner Lebensgrenzen, denn er ist der einzige Gott ohne Grenzen.

Kommen wir von daher zurück zum Evangelium und seiner Entscheidungssituation. Und zwar mit einer einfachen und griffigen Frage, die den Nerv unseres Glaubens berührt: Du kommst also zur heiligen Kommunion und lässt dir den Leib des Herrn in die Hand legen. Wenn dir nun statt des Leibes Christi ein Hundertmarkschein in die Hand gelegt würde – wäre der nicht wertvoller, würde der dir nicht mehr an Sicherheit geben? Die Frage ist, an welche Sicherheit hier gedacht wird. Mit dem Hundertmarkschein kannst du dir vieles kaufen, was deiner Sicherheit dient. Mit dem Leib Christi kannst du dir nichts kaufen, was deiner Sicherheit dient. Aber der Hundertmarkschein ist nur ein Gott dieses Landes, der gilt nur hier – nämlich in diesem eng begrenzten Land deines Lebens! Und wenn du die Grenze überschreitest – sagen wir's: die Grenze des Todes? Dann ist der Hundertmarkschein keinen Pfifferling mehr wert! Aber der Leib Christi in deiner Hand: „Herr, zu wem sollen wir gehen? Du hast Worte des ewigen Lebens." Dies allein ist das Brot des wahren Lebens, das dir kein Tod mehr nehmen kann. Glaubst du daran? Glaube ich daran? Ich möchte diese flüchtigen Gedanken mit zwei so wertvollen Passagen aus den heutigen Schrifttexten beenden, einfach so an den Schluss sollen sie gestellt sein, weil eine Entscheidung ja ein Ziel verlangt, das attraktiv und lohnend ist, weil sie das Leben verändern kann. „Ich aber und mein Haus, wir wollen dem Herrn dienen." „Herr, zu wem sollen wir gehen? Du hast Worte des ewigen Lebens." Auf diese Sätze kannst du dein wirkliches Leben bauen.

FÜRBITTEN

Pr: *Jesus fragte die Zwölf: „Wollt auch ihr weggehen?" Man könnte erschrecken über diese direkte Frage. Aber die Begegnung mit Jesus führt zwangsläufig in die Entscheidung für oder gegen ihn. Diese Entscheidung geht jeden an, der vom Brot der Eucharistie isst. Darum bitten wir:*

L: Für alle Christen, die Urlaub machen – dass ihnen die Erfahrung der Allgegenwart deines Wortes geschenkt werde, wie überall auf der Welt dasselbe Wort Jesu verkündet und wie ein Netz ausgeworfen wird.

L: Für alle, die vom Brot des Lebens essen – dass sie wissen, „was da gespielt wird", nämlich das Spiel von Leben und Tod, in dem Jesus zum Lebensspender und Lebensretter werden möchte.

L: Für alle, die sich von der Botschaft Jesu angesprochen fühlen – dass sie erkennen, welche Entscheidung hier gefordert wird, nämlich alle eigenen Sicherheiten aufzugeben und sich zu entscheiden für jene bleibende Sicherheit, die allein von Jesus herkommt.

L: Für alle Christen, die immer wieder schwanken in ihrem Glauben, eben wir alle – dass wir uns den Mut des Petrus zu Eigen machen, einmal und für immer uns für dich zu entscheiden, denn du allein hast Worte des ewigen Lebens.

Pr: *Petri Frage „Herr, zu wem sollen wir gehen?" sollten wir uns zu Eigen machen, denn sie signalisiert den Schritt zur vollen Glaubensentscheidung. Wer sieht, wie viele Irrwege und Irrlichter uns täglich verlocken, der erkennt auch, dass es nur einen gibt, dessen Wort Gültigkeit hat und Leben schenkt für immer. Hilf uns, Herr, dir bedingungslos zu folgen, weil nur du uns retten kannst.*

22. Sonntag im Jahreskreis
Lesejahr B

1. Lesung: Dtn 4,1–2.6–8
2. Lesung: Jak 1,17–18.21b–22.27
Evangelium: Mk 7,1–8.14–15.21–23

Aus der ersten Lesung:
Israel, höre die Gesetze und Rechtsvorschriften, die ich euch zu halten lehre. (Dtn 4,1)

Aus dem Evangelium:
Die Pharisäer essen nämlich wie alle Juden nur, wenn sie vorher mit einer Hand voll Wasser die Hände gewaschen haben, wie es die Überlieferung der Alten vorschreibt. (Mk 7,3)

Kann Religion krank machen?

Großer Themenwechsel also heute. Nach fünf Sonntagen mit der langen Rede über das Brot des Lebens aus dem Johannes-Evangelium ist heute also Rückkehr zum Markus-Evangelium angesagt. Aber was bekommen wir da berichtet? Also so etwas möchte ich nicht jeden Sonntag lesen – und Sie gewiss auch nicht. Diese Zusammenstellung der Worte Jesu gegen die Pharisäer ist unangenehm. Nur Matthäus hat sie fast wörtlich übernommen; Lukas hat sich dafür gar nicht interessiert. Es sind die schärfsten Angriffe Jesu gegen bestimmte Personen – also muss ihm die Art dieser äußerlichen Frömmigkeit gewaltig gestunken haben. In der Matthäus-Version ist der emotionale Gipfel dieses Angriffes auf die Pharisäer die Äußerung, sie würden sogar ihre eigenen Eltern verhungern lassen, weil sie die Leibrente und die Ernährung für Vater und Mutter als Opfergabe in den Tempel brächten, um sie dann selber zu verzehren und für sich zu verbrauchen. Was steckt dahinter? Worum geht es? Was sollen wir damit anfangen? Ich möchte gleich in eine ganz bestimmte Richtung mit Ihnen gehen, wenn ich mit einem schrecklich klingenden Fremdwort den Bezug zur kirchlichen Gegenwart herstelle. Lassen Sie mich nur zuvor ein positives Wort sagen zur Wortreligion Israels und zur Lesung.

„Israel, höre die Gesetze und Rechtsvorschriften, die ich euch zu halten lehre." Israels Religion hatte und hat den großen Vorteil, dass man weiß, woran man ist. Die Gebote, der Talmud, die fünf Bücher Mose, die Propheten ... – es ist eine in vielerlei Schriften fassbare Religion, für jeden nachlesbar und erlernbar; also nicht irgendwelche Göttermythen oder geheime Dinge, keine Spekulationen für Eingeweihte, sondern ein Gott, der klar und verständlich gesprochen hat und dessen Worte klare Weisung und Richtung fürs Leben sind. Nur besteht natürlich bei einer Wortreligion die Gefahr, dass all diese vielen Worte denjenigen in den Hintergrund drängen, der sie gesprochen hat und sich darin mitteilen möchte. Und das wäre eine Auslegungsmöglichkeit für das heutige Evangelium, dass die Pharisäer vor lauter Worte-Gottes-auf-den-Lippen-Haben das Herz verschlossen haben für den persönlichen Gott. Und darum ging es Jesus ja immer, um diese kindlich-echte Direktbeziehung zu Gott.

Ich möchte Sie aber in eine andere, viel aktuellere Richtung führen mit einem Fremdwort, das sich uns aber sehr bald öffnen und erschließen wird: die ekklesiogene Neurose. Eine Neurose ist eine seelische Störung, die durch einen Konflikt entstanden ist. Am häufigsten entsteht sie, wenn dauerhafter Spannungszustand zu ertragen ist. Eine ekklesiogene Neurose ist dann eine Störung, die durch die Kirche (ecclesia) verursacht ist. Dass also die Kirche einen Spannungszustand verursacht, der auf Dauer nicht zu verkraften ist. Die häufigste Form von Neurosen ist die Zwangsneurose, dass also jemand zwanghaft Dinge tut, Rituale vollzieht, Handlungen wiederholt, die er gar nicht mehr kontrollieren kann. „Die Pharisäer essen nämlich wie alle Juden nur, wenn sie vorher mit einer Hand voll Wasser die Hände gewaschen haben, wie es die Überlieferung der Alten vorschreibt." Nichts gegen das Händewaschen vor dem Essen; aber darum geht es ja hier nicht. Sondern um die Zwanghaftigkeit des Tuns, verursacht von der „Überlieferung der Alten"; und Letzteres meint eindeutig etwas nicht Hinterfragbares, nämlich: die Religion. Jede Religion neigt dazu, solche nicht hinterfragbaren Zwanghaftigkeiten hervorzubringen. Als ich noch sehr jung war, habe ich beim Autofahren, wenn ich an einem Feldkreuz vorbeikam, ein Kreuz gemacht und laut „Gelobt sei Jesus Christus" gesagt. Als ich darüber nachzudenken begann, wurde mir bewusst, dass mir dieses Verhalten mein Vater beigebracht hatte, und ich brauchte lange, um die Zwanghaftigkeit dieses Tuns zu durchbrechen. Ich mache auch heute noch oft ein Kreuzzeichen, aber dann, wenn es sinnvoll ist und ich es will.

Als die Pharisäer im heutigen Evangelientext Jesus und seinen Jüngern vorwerfen, diese würden sich nicht an die Überlieferung der Alten halten und hätten deshalb unreine Hände, da platzt Jesus der Kragen. Er zitiert Jesaja und nennt all jene „Heuchler", die in seinen Augen Gottes Gebot preisgeben nur um der Überlieferung der Menschen willen. Besonders aufzuregen scheint sich Jesus über diese knallharte Unterscheidung zwischen Rein und Unrein. Nur wer diese äußerlichen Vorschriften einhalte, sei rein, und vor Gott habe man rein zu sein. Wer sich nicht an sie halte, sei unrein, und ein solcher dürfe sich vor Gott nicht blicken lassen. Und dass an diesem Punkt Jesus hochgehen muss, ist jedem klar, der ihn einigermaßen kennt. Nichts, was von außen kommt, hält er dagegen, macht unrein, sondern das Herz des Menschen ist entscheidend.

Zurück zur ekklesiogenen Neurose und ihren Opfern von heute. Ein guter Freund von mir ist Seelsorger an einem Bezirkskrankenhaus. Kürzlich sagte er mir, ein großer Teil seiner Patienten seien Frauen und Männer, die durch die Kirche und ihren Einfluss zu zwanghaften Neurotikern, zu seelisch belasteten, ja beschädigten Menschen, geworden seien. Die Kirche neige dazu, Menschen Angst zu machen, ihre Persönlichkeitsentfaltung zu behindern, weit verbreitete Verhaltensweisen wie Selbstbefriedigung oder Homosexualität mit dem Etikett „Todsünde" zu belegen, und solche Dinge würden mehr Menschen krank machen, als wir von außen sehen könnten. Wie sehr bestätigt sich vor diesem Hintergrund Jesu Wort: „Nichts, was von außen in den Menschen hineinkommt, kann ihn unrein machen, sondern was aus dem Menschen herauskommt, das macht ihn unrein." Aber lassen wir die Begriffe Rein und Unrein hier weg und sagen einfach: krank. Eine Art von Religion, die Jesus hier bei den Pharisäern exemplarisch sieht, kann den Menschen seelisch krank machen, weil sie ihm Zwänge auferlegt, die in einer lebendigen, direkten, echten Gottesbeziehung gar nicht aufkommen könnten. Als da sind: schlechtes Gewissen, Sündenangst, Selbstverurteilung, Unterwürfigkeit, Unselbständigkeit, neurotisches Korrektseinwollen, zerstörte Lebensfreude, Intoleranz. Wie muss Religion, unsere Religion, sein, damit sie uns von innen her gesund macht? Das lässt sich sehr einfach sagen mit einem schlichten Satz aus einem Kirchenlied: „Kostet und seht, wie gütig der Herr. Allen wird Heil, die ihm vertrau'n" (GL 493). Vergleichen Sie diesen Satz bitte noch einmal mit demjenigen aus dem Evangelium: „Warum halten sich deine Jünger nicht an die Überlieferung der Alten, sondern ...?" Solche religiöse Denkweise löst Druck und Zwang aus und macht neurotisch. Die andere religiöse Denkweise aber – „Kostet und seht, wie gütig der Herr. Allen wird Heil, die ihm vertrau'n" – lässt dich aufatmen und innerlich zur Entfaltung kommen. Also heißt der Konflikt dieses heutigen Evangeliums, in einigen Wortpaaren festgehalten: Vertrauen gegen Angst / sich von Gottes Güte anschauen lassen gegen Vorschriften-Einhalten / sich freuen an Gottes Nähe gegen Zwanghaftigkeit der religiösen Muss-Handlungen / sich von innen heraus wohl fühlen gegen Krankwerden durch unnötige Spannungen. Auf welcher Seite Jesus steht – wir wissen es alle.

FÜRBITTEN

Pr: *Herr, wer darf Gast sein in deinem Zelt, wer darf weilen auf deinem heiligen Berg? Diese Frage wird in jeder Religion gestellt. Und es gibt sehr verschiedene Antworten. Beten wir zu Gott im Sinn der Absichten Jesu, der sich gegen alles Falsche und Zwanghafte in der Religion gewehrt hat.*

L: „Hört, und ihr werdet leben!", so hieß es im 5. Buch Mose. Herr, lehre uns das rechte Hören auf dein Wort, sei es in der Heiligen Schrift oder in den Ereignissen des Alltags.

L: „Jahwe, unser Gott, ist uns so nahe", lautete eine weitere Aussage im selben biblischen Buch. Lass uns deine Nähe finden, du unser Gott, dass wir dich finden hinter allen Geboten und Regeln und Verhaltensweisen.

L: Uns beschäftigte heute der Vorwurf an Jesus, er halte sich nicht an die Überlieferung der Alten. Hilf uns, eine lebendige und echte Religion zu leben, die immer nach dem Sinn fragt und nicht nur nach den Vorschriften, wie sie immer waren.

L: Jesus wehrt sich gegen eine Gottesverehrung mit den Lippen, aber ohne Herz. Schenke uns diese innere Beziehung zu dir, du unser Gott, die uns von innen her vertrauensvoll und gelöst und frei machen kann.

L: Bitten wir an dieser Stelle für alle, die an der Kirche krank geworden sind: Herr, lass sie einer befreienden Glaubens- und Lebenspraxis begegnen.

L: „Kostet und seht, wie gütig der Herr ist." Darum vor allem wollen wir bitten, dass uns die Güte des Herrn das Herz warm macht und wir nicht ersticken in äußerer Korrektheit und Vorbildlichkeit.

Pr: *Denn dass wir von innen gesund werden, das wollte Jesus, das will die Religion. Herr und Gott, schenke uns die heilende Kraft des Glaubens.*

23. Sonntag im Jahreskreis
Lesejahr B

1. Lesung: Jes 35,4–7a
2. Lesung: Jak 2,1–5
Evangelium: Mk 7,31–37

Aus der ersten Lesung:
Sagt den Verzagten: Habt Mut, fürchtet euch nicht! Seht, hier ist euer Gott! Dann werden die Augen der Blinden geöffnet, auch die Ohren der Tauben sind wieder offen. (Jes 35,4f.)

Aus dem Evangelium:
Da brachte man einen Taubstummen zu Jesus und bat ihn, er möge ihn berühren. Er nahm ihn beiseite, von der Menge weg, und legte ihm die Finger in die Ohren. (Mk 7,32f.)

Eine Kirche der offenen Arme

„Wenn einer sagt: Ich mag dich, du, ich find dich ehrlich gut, dann krieg ich eine Gänsehaut und auch ein bisschen Mut." Ein Kinderlied.

In der Lebensbeschreibung von Pater Rupert Mayer aus München steht an einer Stelle der Satz: „Alle, die zu ihm kamen in seine Sprechstunde – und es waren oft sehr viele – gingen getröstet und gestärkt wieder von ihm fort."

Manchmal – nein, nicht nur manchmal, sondern oft – überlege ich mir: Wozu predige ich eigentlich? Was soll das, was ich hier tue? Natürlich muss ich als Prediger den Glauben der Kirche verkündigen. Sozusagen eine Art Religionsunterricht für Erwachsene. Das ist sicher notwendig. Die Leute hören zu und sagen: Ja, Recht hat er, stimmt so, das glauben wir Christen. Natürlich muss ich als Prediger die Festtage des Kirchenjahres deuten und erklären. Die Leute hören zu und sagen: Schön war's, schön hat er gepredigt. Natürlich muss ich als Prediger etwas Interessantes und Neues bringen. Die Leute hören zu und sagen: Spannend war's, wir hören ihm gerne zu. Und natürlich muss ich als Prediger manchmal etwas kritisieren oder richtig stellen. Die Leute hören auch dann zu und sagen: Das war nicht angenehm, aber doch einmal notwendig. Aber das alles ist nicht die Hauptsache. Die Hauptsache beim Predigen heute – wenn man eben die Menschen und die Welt von heute kennt – ist für den Prediger das Mutmachen. Das heißt: Man muss die versteckten Ängste der Menschen erkennen und sehen und muss sie von der Kraft des Evangeliums her zu heilen versuchen. Und damit sind schon die zwei Stichworte für diesen „Mut-mach-Sonntag" genannt: die versteckten Ängste und die Mut machende Kraft des Evangeliums.

Was sind versteckte Ängste? „Da brachte man einen Taubstummen zu Jesus und bat ihn, er möge ihn berühren. Er nahm ihn beiseite, von der Menge weg, und legte ihm die Finger in die Ohren". Warum nimmt ihn Jesus von der Menge weg? Ja, weil die nur die äußere Krankheit sieht. Und damit ist noch etwas anderes, Verstecktes, verbunden. Nämlich dass die anderen diesen Taubstummen sofort zum Außenseiter, zum armen Hund, zum Schuldigen erklären. Und davor hat er Angst, denn er kann doch nichts dafür. Merken Sie schon etwas von den versteckten Ängsten der heutigen Menschen? Wenn einer weniger verdient oder arbeitslos wird oder weniger Erfolg hat oder Pech hat oder vieles schief läuft, dann ist das alles an sich noch nicht das Schlimmste. Irgendwie lässt sich das durchstehen oder vielleicht sogar heilen. Aber schlimm wird es, wenn die anderen, die Normalen, die Gesunden, die Erfolgreichen darauf typisch reagieren und den Betroffenen spüren lassen: Was ist denn mit dir? Womit hast du dir das eingebrockt? Und Angst vor solchen Reaktionen hält sich in vielen Menschen versteckt: Was werden die anderen sagen? Ganz besonders deutlich ist das bei den Kindern zu beobachten: Die können sogar sehr grausam sein, wenn einer behindert, ausländisch, schwach, dumm ist. Die vielen versteckten Ängste und der Riesenbedarf an Ermutigung und Mutmachern.

Den weiteren Verlauf der Wundererzählung kennen wir, das mit dem „Effata, öffne dich!", und wie der Taubstumme geheilt wird. Wir sollten uns dabei jetzt nicht aufhalten, weil die heilende Kraft Jesu unbestritten ist und weil das Evangelium sehr nüchtern und sachlich erzählt, denn ihm ist eben nicht die äußere Wunderheilung an dem Taubstummen wichtig. Viel interessanter ist der Schluss: „Jesus verbot ihnen, jemand davon zu erzählen. Doch je mehr er es ihnen verbot, desto mehr machten sie es bekannt." Warum das, warum dieses Verbot, und warum endet fast jede Wundererzählung so? Weil es dem Evangelisten nicht um die äußeren Heilungen geht, sondern um das Dahinter, um die dahinter versteckten Ängste und Krankheiten des Menschen und um diesen Jesus, der im Innern des Menschen und nicht so sehr im Äußeren wirken möchte. Und wie macht das Jesus, wie heilt er deine versteckten Ängste? Die Antwort besteht aus einem so einfachen Bild, dass wir vielleicht gar nicht drauf kämen. Was Jesus an dem Taubstummen tut und wie er es tut, das will überdeutlich zeigen: Jesus hat für jeden offene Arme; deshalb kann er die versteckten Ängste heilen. Nur wenn einer offene Arme hat, einladend offene Arme, nur dann kann ich zu ihm kommen und ihm meine versteckten Ängste offenbaren und anvertrauen; und in diesem Anvertrauen beginnt, ja geschieht bereits die Heilung. Und an solchen offenen Armen besteht heute ein so riesiger Mangel, denn nur solche offenen Arme können Mut machen zum Leben. „Wenn einer sagt: Ich mag dich, du, ich find dich ehrlich gut, dann krieg ich eine Gänsehaut und auch ein bisschen Mut."

Natürlich ziehen wir noch eine Folgerung daraus, eine sehr konkrete und lebensnahe. Ich trete mit Entschiedenheit ein für eine Kirche, die vor allem anderen offene Arme hat. Dafür kann man sich schnell die Finger verbrennen. Denn wer seine Hände immer nach den versteckten Ängsten der Menschen ausstreckt, die Menschen also nicht zuerst belehren oder beherrschen oder von oben herab betreuen, sondern ihre Ängste an sich heranlassen will, der erntet nicht nur Sympathien. Aber nur eine Kirche der offenen Arme ist eine Kirche, die den Menschen Mut macht.

Und weil ich meine Predigten gerne sehr konkret beschließe, deshalb möchte ich Sie auf ein Buch hinweisen, das zum gegenteiligen Verhalten wie in diesem heutigen Evangelium Anlass bietet. Es ist der so genannte „Codex des kanonischen Rechtes", also das Rechtsbuch der katholischen Kirche. Da ist das gesamte kirchliche Leben in 1752 Paragraphen geregelt und festgelegt. Dieses Buch ist sicher notwendig und gut; ohne rechtliche Ordnung gibt es keine Gemeinschaft. Aber nur ein Beispiel dafür, in welche Schwierigkeiten dieser Codex Menschen auch führen kann: Da kommt also eine Frau zu mir aus einer anderen Pfarrei und fragt mich, ob es möglich sei, für ihr Kind eine evangelische Firmpatin zu haben; sie finde keine andere. Ich sage, sie solle nachfragen im zuständigen Pfarramt. Und sie bekommt zur Antwort: „Es sieht nicht gut aus nach dem Kirchenrecht." Sollte man in solch einer Notlage nicht zu der Frau sagen: „Dann schreiben Sie eben die katholische Oma in die Firmanmeldung; und wer dann tatsächlich dem Firmling die Hand auf die Schulter legt, das weiß doch niemand"? Wichtiger als das Rechtsbuch der Kirche scheinen mir die offenen Arme der Kirche zu sein. Denn: „Wenn einer sagt: Ich mag dich, du, ich find dich ehrlich gut, dann krieg ich eine Gänsehaut und auch ein bisschen Mut."

FÜRBITTEN

Pr: *„Außer sich vor Staunen sagten die Leute: Er hat alles gut gemacht." Kein anderes Jesusbild ist heute so notwendig wie das mit den offenen Armen. So rufen wir zu dir, du heilender Jesus, aus den Nöten unserer Zeit:*

L: Herr Jesus, du bist den Elenden und Kranken nahe gekommen wie niemand sonst: Hilf uns, hinter ihren Heilungen dein menschliches Nahekommen zu sehen und darin das eigentliche Wunder zu erkennen.

L: Hilf uns, unsere versteckten Ängste zuzugeben, und schenke uns das Vertrauen, von dir unsere innere Heilung zu erwarten.

L: Wir denken an alle Elenden und Leidenden von heute, die ungenannt in diesem Taubstummen mit gemeint sind: Schicke ihnen Menschen mit offenen Armen, die sie heilen von innen heraus.

L: Wir bitten für alle wichtigen Männer und Frauen in der Kirche: Lass sie nicht mit strengem Zeigefinger und selbstsicherem Gesicht, sondern mit offenen Armen und Mut machend auf die Menschen zugehen.

L: Dass wir selbst unseren Bekannten und Nachbarn, die verängstigt sind, Mut machen zum Leben und darin eine der wichtigsten christlichen Aufgaben erkennen.

L: Schließlich für unsere Pfarrgemeinde: Herr, gib, dass da keiner allein gelassen bleibt mit seinen versteckten Ängsten, sondern dass sich jeder verstanden und angenommen weiß.

Pr: *Herr, hilf uns, am Evangelium Maß zu nehmen für unser Leben und anderen Mut zu machen zum Leben.*

24. Sonntag im Jahreskreis
Lesejahr B

1. Lesung: Jes 50,5–9a
2. Lesung: Jak 2,14–18
Evangelium: Mk 8,27–35

Aus der zweiten Lesung:
So ist auch der Glaube für sich allein tot, wenn er nicht Werke vorzuweisen hat. (Jak 2,17)

Aus dem Evangelium:
Da fragte Jesus seine Jünger: Ihr aber, für wen haltet ihr mich? Simon Petrus antwortete ihm: Du bist der Messias! (Mk 8,29)

Ihr aber, für wen haltet ihr mich?

Frage eines Predigers an sich selber: „Was ist dir wichtiger: das Evangelium oder deine Worte, die du darüber sprichst?" – O doch, das ist schon eine Frage, eine wichtige sogar. Kürzlich las ich die Predigt eines Kardinals. Er hatte schön gegliedert in drei Punkte. Und in jedem Punkt hat er seine Gedanken entfaltet, und jeweils am Schluss brachte er einen Satz des Evangeliums als Beweis für die Richtigkeit seiner Gedanken. Als er z.B. vom moralischen Schutz der Kinder sprach, brachte er am Schluss als Beleg dafür den Satz Jesu: „Wer einem dieser Kleinen Ärgernis gibt, sollte im Meer versenkt werden." Ahnen Sie, worauf ich hinauswill? Dieser Prediger entfaltet seine eigenen Gedanken und benützt dann das Evangelium, wie er es braucht, als Bestätigung dafür, dass seine eigenen Gedanken richtig sind. Also das ist nicht meine Art des Predigens. Das heilige Wort muss selber sprechen dürfen, und wir müssen seine Hörer sein. Auch heute, wo diese Worte teilweise sehr schwierig sind. Versuchen wir also gemeinsam, auf das Wort der Heiligen Schrift zu hören, ohne am Anfang schon zu wissen, wohin es uns führen wird.

„So ist auch der Glaube für sich allein tot, wenn er nicht Werke vorzuweisen hat", so schrieb Jakobus. Bei diesem Satz ist zum ersten Mal meine Predigtangst gewichen; ja, die gibt es: Predigtangst, wenn man sich wirklich auf das Wort einlässt. „So ist auch der Glaube für sich allein ..." Ein einfacher, aussagestarker Satz, den jeder von uns versteht: Dein Glaube, du Sonntagsgemeinde, nützt nichts, wenn ihm keine Taten folgen. Dass dieser Satz in der Reformation ein Hauptzankapfel war, mag uns beiläufig interessieren. Martin Luther verwarf diesen Satz und den ganzen Jakobusbrief, weil der Glaube reines Geschenk sei und nicht von unseren Werken abhängig sein könne. Die katholische Seite argumentierte dagegen, gute Werke würden die Echtheit des Glaubens beweisen. Mit aller Polemik ging es damals hin und her bis hin zum Streit um den ominösen Ablasshandel. Nehmen wir den Satz so, wie er da steht: Glaube braucht Taten, Taten brauchen den Glauben. Nur auf beiden Füßen kann das christliche Leben stehen.

Zum Evangelium: Wie gewinnt dieses Evangelium Bedeutung für unser Leben? Die berühmte Frage „Für wen halten mich die Menschen?" ist nur Einleitung für die wichtigere: „Da fragte er sie: Ihr aber, für wen haltet ihr mich?" Nur selten wird die durchgängige Zielrichtung des Evangeliums so deutlich wie hier: Ihr alle, hier und jetzt, seid gemeint mit dieser Frage. Das Evangelium richtet sich immer an die aktuellen Hörer und Leser, wann und wo auch immer. Und wenn Petrus zur Antwort gibt: „Du bist der Messias!", dann ist diese Antwort nur der Auftrag, selber eine eigene Antwort zu suchen. Als Beweis dafür, dass immer wieder neu eine Antwort gesucht wurde, der synoptische Vergleich: Hier stehen folgende Parallelstellen nebeneinander: Matthäus: „Simon Petrus aber antwortete: ‚Du bist der Christus, der Sohn des lebendigen Gottes!'" (Mt 16,16) / Markus: „Petrus antwortete und sagte ihm: ‚Du bist der Messias!'" (Mk 8,29) / Lukas: „Petrus aber antwortete: ‚Der Messias Gottes!'" (Lk 9,20) Sehen Sie, was für ein Suchen bereits in den Evangelien im Gange ist? Messias, Messias Gottes, Menschensohn, Sohn des lebendigen Gottes. Müßig die Frage (das muss man immer wieder erwähnen), wie das Gespräch zwischen Jesus und Petrus historisch tatsächlich verlaufen ist, welcher Evangelist es also richtig wiedergibt. Dieses Gespräch ist nicht verlaufen (Vergangenheit), sondern es verläuft (Gegenwart) zwischen dem im Wort Gottes jederzeit gegenwärtigen Jesus und den jeweiligen Hörern und Lesern dieser Frage. Also ist diese jetzt an uns alle direkt gerichtet: „Ihr aber, für wen haltet ihr mich?" Ich nenne im Folgenden jeweils ein Stichwort für die damaligen Versuche einer Antwort: „Messias" ist der lang erwartete Befreier des Volkes, im politischen, sogar militärischen Sinn. „Messias Gottes" ist der nicht politische, sondern von Gott gesandte Befreier. „Menschensohn" ist der am Ende der Zeiten kommende Herrscher und König der Welt. „Sohn des lebendigen Gottes": „Söhne Gottes" – in der Mehrzahl – war ein gängiger Begriff für auserwählte Menschen, aber in der Einzahl war dieser Titel ein Novum: derjenige, der im unmittelbarsten Verhältnis zu Gott selbst steht.

Halten wir uns nicht bei diesen damaligen Antworten auf. Das Wichtige scheint mir, wie rigoros und hart all diese Antwortversuche korrigiert werden: „Jesus wandte sich um, sah seine Jünger an und wies Petrus mit den Worten zurecht: Weg mit dir, Satan! Du hast nicht das im Sinn, was Gott will, sondern was die Menschen wollen." Dieses sehr harte Wort an Petrus muss aus dem

Mund Jesu selber stammen, weil es undenkbar ist, dass die Evangelisten es aus sich heraus formuliert haben. Dann heißt das aber: Jesus ist hier von Petrus an seinem Nerv getroffen, weil der nicht wahrhaben will, dass sein Geheimnis das Hindurchgehen durch Leid und Tod ist: „Dann begann er, sie zu belehren, der Menschensohn müsse vieles erleiden und von den Ältesten, den Hohenpriestern und den Schriftgelehrten verworfen werden; er werde getötet, aber nach drei Tagen werde er auferstehen." Wir haben hier die vielleicht wichtigste Selbstdarstellung Jesu vor uns. Warum so wichtig? Weil Jesus mit dem Wort „Satan" den zurechtweist, der das nicht begreifen will. Der einzige Titel, den Jesus für sich selbst in Anspruch nahm, war der Titel „Menschensohn". Sie erinnern sich: „der am Ende der Zeiten kommende Herrscher und König der Welt". Und dieser Menschensohn müsse verworfen und getötet werden. So hat sich Jesus selbst dargestellt. Ein Gegensatz wie Feuer und Wasser. Der von Gott Kommende ist zugleich der Wurm, der verworfen, zertreten und getötet wird.

Was heißt das? Es gibt nur ein deutsches Wort dafür: Geheimnis. In Jesus ist das Geheimnis des ganzen Lebens enthalten. Jede andere Antwort des Glaubens ist unzureichend. Denn das Ziel des Glaubens ist nicht Erkenntnis, nicht Wissen, nicht Klarheit, sein Ziel ist allein das Vertrauen. Ganz vertrauen, ganz anvertrauen kannst du dich diesem Jesus, denn in ihm ist das Geheimnis des ganzen Lebens verborgen. Ein großer Theologe unserer Zeit beschließt sein 600 Seiten starkes Werk über Jesus Christus mit folgendem Satz: „Die ganze Lehre über Jesus Christus ist in Wirklichkeit die Einladung, in realer Freiheit selbst eine Antwort zu geben auf die Frage: Aber du, Leser dieses Buches, für wen hältst du Jesus von Nazaret? Kannst du ihm vertrauen?" (E. Schillebeeckx, Jesus – die Geschichte von einem Lebenden, Herder Verlag 1974, S. 593)

FÜRBITTEN

Pr: *Gott, unser Vater, es bleibt dabei: Alles gottesdienstliche Tun und alles Reden über den Glauben haben nur ein Ziel, nämlich die Person dieses Jesus von Nazaret, der dem Menschen alles sein will. Jeder muss irgendwann für sich selber diese Frage beantworten, was er von ihm hält. Höre unsere Bitten:*

L: Für alle, die in ihrem Glauben angefochten sind, weil ihnen negative Erfahrungen mit der Kirche den Blick auf Jesus Christus verstellen – dass sie Verständnis haben für die menschliche und daher oft auch unvollkommene Gestalt der Kirche und dass sie dahinter die einzigartige Botschaft dieses Christus erkennen.

L: Für die Verkündigung der Kirche – dass sie nicht verwässert und entwertet wird, dass sie den Anspruch der Person Jesu unverfälscht weitergibt, den Menschen ganz zu beanspruchen und eine Entscheidung zu fordern.

L: Für die Hörer dieses Evangeliums, heute, in allen Kirchen – dass sie sich selber fragen lassen, was sie von Jesus halten, und bereit sind, sich zu ihm zu bekennen mit ihrem ganzen Leben.

L: Und für uns selber angesichts dieses Evangeliums – dass wir zum Vertrauen bereit sind; bereit, nicht mit dem Verstand, sondern von ganz innen her diesem Jesus zu vertrauen, weil auf ihn Verlass ist.

Pr: *Denn diese Glaubenshaltung ist die einfachste und zugleich das höchste Ziel christlichen Lebens. Wir dürfen dem vertrauen, der sich selber dem ganzen Leben, bis zu Leid und Tod, anvertraut hat. Darin liegt sein Geheimnis. Hilf uns, Herr, zu diesem restlosen Vertrauen des Glaubens zu kommen.*

25. Sonntag im Jahreskreis
Lesejahr B

1. Lesung: Weish 2,1a.12.17–20
2. Lesung: Jak 3,16–4,3
Evangelium: Mk 9,30–37

Aus der 2. Lesung:
Woher kommen die Kriege bei euch, woher die Streitigkeiten? Doch nur vom Kampf der Leidenschaften in eurem Innern. (Jak 4,1)

Aus dem Evangelium:
Jesus stellte ein Kind in ihre Mitte, nahm es in seine Arme und sagte: Wer ein solches Kind um meinetwillen aufnimmt, der nimmt mich auf. (Mk 9,36f.)

Boxring oder Kindergarten?

In welcher Welt leben wir eigentlich? Mein Annäherungsprozess an dieses heutige Evangelium war verhältnismäßig kurz. Es kam sogar sehr bald bei mir persönlich an. Denn darum geht es immer vor dem Predigen. Ich merkte sehr bald, dass Jesus durch seinen Evangelisten Markus hier zwei Welten beschreibt, wie sie gegensätzlicher und unterschiedlicher nicht sein könnten. Zwei Welten, die nicht irgendeiner Phantasie entspringen, sondern reale Welten, in denen wir Menschen bis heute drinstecken, zwischen denen wir hin- und hergerissen werden. Wobei das schon zu optimistisch gesehen wäre; denn wir stecken nach wie vor und bis zum Hals in der ersten dieser beschriebenen Welten, während wir in der Tiefe unseres Herzens durchaus spüren, dass die zweite die richtige wäre, die eigentliche Welt, die uns leben ließe, aber die Menschen lieben immer noch die erste zu sehr. Konkret: Die erste Welt: „Der Menschensohn wird den Menschen ausgeliefert, und sie werden ihn töten". Ergänzend: „Lasst uns dem Gerechten auflauern. Roh und grausam wollen wir mit ihm verfahren. Zu einem ehrlosen Tod wollen wir ihn verurteilen." Die zweite Welt: „Und er stellte ein Kind in ihre Mitte, nahm es in seine Arme und sagte: Wer ein solches Kind um meinetwillen aufnimmt, der nimmt mich auf". Jemand hat einmal gesagt: „Wenn uns aus dem Leben Jesu nichts weiter überliefert worden wäre als dieser eine Satz, so würden wir doch alles, was Jesus war und wollte, aus diesem einen Satz auf das Vollkommenste zu begreifen vermögen." Aber so weit sind wir noch nicht. Bleiben wir zunächst bei diesen zwei Welten hier und unserer Frage: In welcher Welt leben wir eigentlich?

Die Zeit im Jahreskreis im Lesejahr B

Es wäre zu einfach – wenn auch überall ein Stück Wahrheit steckt – wollten wir sagen: Die eine ist die Erwachsenenwelt, die andere die Kinderwelt; die eine ist die Welt des Hasses, die andere die Welt der Liebe; die eine ist die Welt des Existenzkampfes, die andere die Welt des Spielendürfens; die eine die Welt des Krieges und der Grausamkeiten, die andere die Welt des endlich gewonnenen Friedens. Was mich an diesem Evangelium gleich am Anfang stutzig gemacht hat, das war dieser Halbsatz: „wer von ihnen der Größte sei". Die Jünger hatten unterwegs darüber gesprochen, so heißt es, wer von ihnen der Größte sei. Das war ihr Thema, ihr Interesse, ihr Gesprächsgegenstand. Und diese Bemerkung des Evangelisten ist der Wendepunkt, der Schnittpunkt dieses Evangeliums. Darin gipfelt gleichsam die Beschreibung der ersten Welt, und sie veranlasst Jesus, zu dieser deutlichen Belehrung anzusetzen und damit die andere Welt zu beschreiben.

In welcher Welt leben wir eigentlich? Eindeutige Antwort: immer noch und viel zu sehr und lange schon in der ersten Welt. Weil ich gerne mit Bildern arbeite, verwende ich gleich zwei Bilder, um die Gegensätze dieses dramatischen Evangeliums von heute deutlich zu machen. Das eine Bild: der Boxring; das andere Bild: der Kindergarten. Kurze Beschreibung der beiden Bilder – und versuchen Sie bitte gleich, unser Lebensgefühl mit zu bedenken, unser Weltgefühl, eben, in welcher Welt wir leben. Im Boxring gilt das Recht des Stärkeren, da zählen die Muskeln, die pure Kraft, da kann nur einer der Sieger sein, der andere bleibt auf der Strecke; Härte, Stehvermögen, Durchsetzungsvermögen, Unempfindlichkeit sind gefragt, das Zuschauen ist faszinierend und spannend, Emotionen steigen auf und Parteinahme entsteht, die Fetzen fliegen, Blut kann sogar fließen, der Sieg muss her, die Entscheidung. Wie hat Muhammad Ali in seiner aktiven Zeit immer in die Mikrofone getönt? „I am the greatest!", „Ich bin der Größte!" Hatten nicht die Jünger darüber geredet, wer unter ihnen der Größte sei?

Im Kindergarten – ich geh oft hinein –, da findest du eine total andere Welt vor. Da erlebst du alles im Miniaturformat, eine Welt, wo du dich gleich wohl fühlst. Alles, was Kinder tun, ist echt und natürlich und leicht und spielerisch. Sie zeigen sich, geben sich so, wie sie sind, an den kleinen Tischen, in der Puppenecke, beim Springen und Hüpfen und Rennen und Lachen und Träumen – Kinder sind, wie sie eben sind. Da bleibt keines auf der Strecke, keines siegt über das andere, sie laden dich ein, lachen dich an, nehmen dich an, wollen, dass du bei ihnen bleibst. Jedes Kind darf sein, wie es ist, darf leben, darf mitleben. Und wenn es mal so etwas wie Konflikt, Streit, Kampf, Tränen geben sollte – war doch alles nur ein Spiel und es hat Spaß gemacht. So leben Kinder.

Sagen Sie fürs Erste: In welcher Welt leben wir, jetzt rein vom Gefühl her? Ist unsere tagtägliche Welt nicht immer noch zu größten Teilen eine Boxring-Welt? Und nur zu ganz kleinen Teilen eine Kindergartenwelt? Wo aber – und damit nähern wir uns dem Anliegen Jesu in diesem Evangelium –, wo möchten wir lieber leben, welche Welt lässt uns eher leben und Menschen sein, die Boxring-Welt oder die Kindergartenwelt? Die Parteinahme Jesu jedenfalls ist eine eindeutige: „Und er stellte ein Kind in ihre Mitte" – in die Mitte seiner Jünger, die eben noch darüber geredet hatten, wer von ihnen der Größte sei –, „nahm es in seine Arme und sagte: Wer ein solches Kind um meinetwillen aufnimmt, der nimmt mich auf." Warum tut das Jesus so eindeutig, warum will er, dass wenigstens seine Jünger das verstehen? Weil es ihm um den Menschen und darum geht, wie der Mensch wirklich leben kann. Wenigstens seine Jünger sollen den Mut haben, nicht mehr nach dem Recht des Stärkeren zu leben, nach den Regeln des Kampfes, nach den Geboten der Härte und des Siegenmüssens, sondern nach der Echtheit und spielerischen Leichtigkeit der Kinder.

Ich möchte Ihnen noch einige Stichworte nennen, die zur Botschaft dieses Sonntags passen: „Die Letzten werden die Ersten sein" / „Auserwählung" / „Du nimmst mich, Herr, bei der Hand" / „Ich steh vor dir mit leeren Händen, Herr" / „Sprich du das Wort, das tröstet und befreit". In welcher Welt leben wir eigentlich? Jesus zeigt, in welcher Welt wir wirklich und eigentlich leben können: Wenn wir uns wie Kinder dem Vater im Himmel überlassen, dann sind wir befreit und auserwählt und getröstet und verwandelt. Wir sollen und können es probieren. Jesus jedenfalls ließ sich, selbst als die Boxring-Welt ihn in den Tod trieb, von diesem Weg des Kindes nicht abbringen.

FÜRBITTEN

Pr: *Die Letzten werden die Ersten sein ... Wie sehr wusste Jesus unsere Welt zu durchschauen und den Blick zu wenden auf eine andere Welt, in der sich wirklich leben lässt! – Du, unser Herr, höre unsere Bitten an diesem 25. Sonntag:*

L: Der Text eines bekannten Kirchenliedes lautet: „Ich steh vor dir mit leeren Händen, Herr" (GL 621). – Schenke uns Zugang zu deinem immer wieder verwendeten Bild vom Kind, das wertvoll ist ohne Leistung, ungeachtet seiner leeren Hände, einfach, weil es da ist.

L: Weiter heißt es in diesem Lied: „Sprich du das Wort, das tröstet und befreit". – Lass uns die Tröstung und Befreiung spüren, die im heutigen Evangelium steckt, wenn wir es nur an uns heranlassen.

L: Ein anderes Lied im Gotteslob beginnt: „Du nimmst mich, Herr, bei der Hand". – Mach uns bereit, Herr, uns von dir an der Hand nehmen zu lassen wie ein Kind, damit unsere Sorgen kleiner werden und unser Leben reicher wird durch dich.

L: „Roh und grausam wollen wir mit ihm verfahren", so werden unbarmherzige Menschen in der heutigen Lesung zitiert. – Erbarme dich all derer, die heute wie in einer Boxring-Welt leben müssen, und hilf ihnen wieder zum wahren Menschsein.

L: Das Wort „Auserwählung" steht über diesem Sonntag. Schenke uns dieses Bewusstsein, auserwählt zu sein zur inneren Freiheit und befreit zu sein von all dem Druck, den wir uns selber zufügen.

L: Der Botschaft dieses Sonntags entspricht auch das Wort „Die Letzten werden die Ersten sein." – Mache uns bereit, Herr, unsere Maßstäbe umdrehen zu lassen, damit auch wir denen neue Hoffnung geben, die sonst keine hätten.

Pr: *Denn nicht, wer der Größte ist, ist wichtig, sondern dass wir deine Tat verstehen, wie du ein Kind in die Arme genommen hast. Darin liegt die wahre Größe.*

26. Sonntag im Jahreskreis
Lesejahr B

1. Lesung: Num 11,25–29
2. Lesung: Jak 5,1–6
Evangelium: Mk 9,38–43.45.47–48

Aus der ersten Lesung:
Der Herr nahm etwas von dem Geist, der auf Mose ruhte, und legte ihn auf die 70 Ältesten. Sobald der Geist auf ihnen ruhte, gerieten sie in prophetische Verzückung. (Num 11,25)

Aus dem Evangelium:
Keiner, der in meinem Namen Wunder tut, kann so leicht schlecht von mir reden. Denn wer nicht gegen uns ist, der ist für uns. (Mk 9,39f.)

Jesus ist weiter als die Kirche

Wenigstens am Anfang der Predigt darf ich darauf hinweisen, wie schwierig dieser 26. Sonntag ist; nicht nur schwierig, er ist knochenhart für den Prediger. Aber zu Recht sei auch hinzugefügt: Sie brauchen davon ja nichts zu spüren. Zwei für Sie hilfreiche Schritte habe ich schon im Vorfeld getan: Den zweiten Teil des Evangeliums habe ich weggelassen; da kommen diese schon für eine eigene Predigt ausreichenden Sätze, dass du deine Hand, deinen Fuß abhauen, ja sogar dein Auge ausreißen sollst, wenn sie dich zum Bösen verführen; denn es sei besser, verkrüppelt ins Reich Gottes zu kommen als gar nicht. Wir wollen uns auf den ersten Abschnitt beschränken, weil ein Gedanke genügt. Und um ihn besser herauszuarbeiten, habe ich bei der Vorbereitung einem Satz meine besondere Aufmerksamkeit gewidmet, nämlich Jesu Wort „Denn wer nicht gegen uns ist, der ist für uns." Schließlich an dieser Stelle schon die Andeutung, dass es in der heutigen Schriftstelle um das Wirken des Heiligen Geistes geht.

Bevor wir in diese Aussage hineingehen – „Wer nicht gegen uns ist, der ist für uns" –, die von großer aktueller Kirchenbedeutung ist, noch ein Seitenhieb auf das naive Bibellesen; Sie wissen, was ich meine: die Überzeugung, alles in der Bibel sei wörtlich zu nehmen und genauso wörtlich wahr. Um diese zu widerlegen, brauche ich Ihnen zur heutigen Schriftstelle nur den Parallelsatz bei Matthäus zu sagen. Bei Markus heißt also ein Jesuswort: „Wer nicht gegen uns ist, der ist für uns." Bei Matthäus steht das genau umgekehrte Jesuswort: „Wer nicht mit mir ist, der ist gegen mich." Also zwei genau gegenteilige Jesusworte. Wie soll man die unter einen Hut bringen? Das geht gar nicht. Denn hinter jeder Formulierung steht eine bestimmte Aussageabsicht des einzelnen Evangelisten. Matthäus ist der Evangelist mit dem Hauptthema „Kirche"; er will die junge Kirche scharf abgrenzen. Bei Matthäus stehen z.B. so scharfe Worte gegen die Juden wie in keinem anderen Evangelium. Bei Matthäus muss im Gleichnis vom Hochzeitsmahl jeder von der Straße Gerufene ein hochzeitliches Gewand tragen, sonst wird er in die Finsternis hinausgeworfen. Und bei Matthäus ist eben jeder, der nicht zur jungen Kirche gehören will, ein Gegner: „Wer nicht mit mir ist, der ist gegen mich." Markus aber, der erste der Evangelisten, bringt hier die wirkliche Gesinnung Jesu: „Wer nicht gegen uns ist, der ist für uns." Fürs Erste lässt sich schon einmal feststellen, dass Jesus von Nazaret selber viel offener, viel toleranter, viel großzügiger gedacht hat als die junge Kirche, die schon bei Matthäus durchscheint.

Schauen wir diesen kleinen Abschnitt von heute etwas genauer an. Da hat also einer, der nicht zur Jüngergemeinde Jesu gehört, ihm nicht nachfolgt, Dämonen ausgetrieben und dabei den Namen dieses Jesus ausgesprochen. Reaktion der Jünger: Lass das, denn du gehörst nicht zu uns! Vielleicht ahnen Sie schon die aktuellen Bezüge zur Kirche; wir kommen noch darauf. Die Reaktion Jesu ist eine überraschende. Er hindert diesen Menschen nicht an seinem Tun. „Keiner, der in meinem Namen Wunder tut, kann so leicht schlecht von mir reden." Das heißt doch: Jesus sieht das positiv; Wunder, Krafttaten, Heiltaten, Heilungen sind nicht beschränkt auf seine Jüngergemeinde, die können auch außerhalb geschehen. Es können auch Leute zu ihm gehören, die noch gar nicht zur Gemeinde hinzugestoßen sind. Und wenn einer von da draußen euch einen Becher Wasser zu trinken gibt, weil ihr meine Jünger seid – das kann schon genügen, um zu mir zu gehören, meint Jesus, ich werde ihn belohnen. Also war Jesus selber offen, tolerant, großzügig, was die Zugehörigkeit zu ihm betrifft.

An dieser Stelle können wir einen Blick auf die Lesung werfen, die uns in der Sache selber eigenartig vorkommen mag: dass da gewisse Leute in prophetische Verzückung geraten. Aber die Aussage ist doch eindeutig und dem Evangelium ganz ähnlich. Da haben also zwei Männer den Geist Gottes im Lager und somit an einem anderen Ort als im Offenbarungszelt empfangen; eigentlich hielt man ein solches Ereignis nur in diesem Zelt für möglich, und dort ist der Geist auch zeitgleich mit dem Geschehen im Lager auf siebzig Älteste herabgekommen. Dadurch ist nun freilich klar: Der Geist kann über jeden kommen; am Schluss sagt es Mose ja ausdrücklich: „Wenn nur das ganze Volk des Herrn zu Propheten würde". Also auch hier: Keine Einschränkung des Geistes auf den Innenbereich, die Auserwählten, sondern es ist wünschenswert, dass viele, dass alle vom Geist Gottes erfasst werden.

Jetzt ist es nicht mehr schwer, den Bezug zur Gegenwart herzustellen. Ich muss Ihnen nur noch sagen, dass man bis zum letzten Konzil, also viele Jahrhunderte lang, in den katholischen Gottesdiensten fast nur das Matthäus-Evangelium gelesen und darüber gepredigt hat. Sie erinnern sich: Matthäus ist der Evangelist, der die Kirche eingrenzen und abgrenzen will, wofür sein Satz so typisch ist: „Wer nicht mit mir ist, der ist gegen mich." Und daraus ergab und ergibt sich eben all das, was wir kennen als Abgrenzung und Ausgrenzung und Exkommunikation und Ausschluss; im Mittelalter hieß das: „mit dem Kirchenbann belegen". Also ganz genau geregelt und festgelegt haben, wer innerhalb der Kirche ist und wer draußen, denn nur wer sich ausdrücklich zur Kirche bekennt, also vom Heidentum, vom Unglauben, abwendet und bekehren und taufen lässt, nur der kann zur Kirche gehören, alle andern aber sind draußen.

Jesus selber aber – das lernen wir aus diesem Satz nach Markus „Wer nicht gegen uns ist, der ist für uns" – war der Überzeugung, dass sich seine guten Gedanken, sein guter Geist, seine guten Worte, seine Heilstaten, sein gutes Gottesverhältnis auf vielen Wegen verbreiten würden, dass dies nicht nur in seiner engen Jüngergemeinde geschehen könne, dass man aufmerksam und offen sein müsse für alle, die sich von ihm anstecken lassen. Übrigens war es der deutsche Theologe Karl Rahner, der in der Mitte des 20. Jahrhunderts diesen Gedanken wieder aufgegriffen hat. Und zwar mit seinem berühmten Wort vom „anonymen Christentum", dass es also viele Millionen Menschen gebe, die nicht getauft sind, nicht zur Kirche gehören, und doch vom Geist, von der Gesinnung Christi durchdrungen seien, ohne dass wir das wüssten. Wir sollten also nach diesem Jesuswort von heute die Menschen nicht beurteilen nach ihrer Kirchenzugehörigkeit, sondern nach dem, was sie wirklich sind und tun. Wenn Jesus selber so weit war und so weitsichtig gedacht hat, dann sollten wir das auch tun.

Lassen Sie mich schließen mit dem ersten Satz eines Pfingstliedes, in dem sich die Aussage des heutigen Sonntags wiederfinden lässt: „Der Geist des Herrn erfüllt das All mit Sturm und Feuersgluten" (GL 249). Der Geist des Herrn erfüllt also nicht nur die Kirche, erfüllt nicht nur die Jüngergemeinde – das hat Jesus damals schon gewusst –, sondern er erfüllt das All, ist also unbegrenzt und unfassbar. Wie gut täte uns heute dieser weite Atem des Jesus von Nazaret.

FÜRBITTEN

Pr: *Herr Jesus Christus, deine ursprüngliche Gesinnung haben wir entdecken dürfen bei unserem sorgfältigen Umgang mit dem heiligen Evangelium nach Markus. Deine Gesinnung der Offenheit und Weite gegenüber allen Menschen.*

L: Wir möchten als Erstes bitten, dass wir dein Wort immer mehr hoch schätzen und darin die Antworten für unser christliches Leben finden. Christus, höre uns.

L: Gib uns etwas von deiner Weite und Toleranz für jene Menschen, die gar nicht oder noch nicht oder nicht mehr zur Kirche gehören. Christus, höre uns.

L: Lass uns wie du das Gute in den Menschen sehen, bevor wir sie verurteilen oder ausgrenzen. Christus, höre uns.

L: Schenke den Verantwortlichen in der Kirche von heute deine Offenheit, die so sehr dem Zusammenwachsen der Menschen in unserer Zeit entspricht. Christus, höre uns.

L: Zeige uns Wege, wie wir in der Familie, in der Pfarrgemeinde und in anderen Gemeinschaften Lebensraum für Andersdenkende schaffen können. Christus, höre uns.

L: Lass die jungen Menschen fruchtbare Wege für ihr notwendiges Anderssein finden und für ihre ganz andere Art, den alten Glauben heute in die Tat umzusetzen. Christus, höre uns.

Pr: *Denn du sagst: „Wer nicht gegen uns ist, der ist für uns." Also lässt du uns Menschen viel Spielraum, lässt uns Zeit, zu suchen und zu finden. Wir danken dir für dieses Beispiel.*

27. Sonntag im Jahreskreis (Erntedank)
Lesejahr B

1. Lesung: Gen 2,18–24
2. Lesung: Hebr 2,9–11
Evangelium: Mk 10,2–16

Aus der ersten Lesung:
Gott, der Herr, baute aus der Rippe, die er vom Menschen genommen hatte, eine Frau und führte sie dem Menschen zu. (Gen 2,22)

Aus dem Evangelium:
Lasst die Kinder zu mir kommen und hindert sie nicht daran! Denn Menschen wie ihnen gehört das Reich Gottes. (Mk 10,14)

Dankbar sein können wie ein Kind

Von den heutigen Texten der Heiligen Schrift lässt sich hervorragend ein Bezug herstellen zu dem Fest, das wir nun, zu Beginn des Herbstes, wieder feiern: Erntedank. Auf das Erntedankfest werden wir am Schluss kommen mit einem meditativen Gedanken, der sich aus Jesu Wort über das Kind ergibt und aus unserer Existenz als Dankenden vor Gott. Zunächst aber, wenn auch in knappster Form, die notwendigsten Anmerkungen zu den Lesungen und dem Evangelium, die uns heute diese seltene und so wichtige Thematik von Mann und Frau und Ehe bringen. Vier winzige Anmerkungen zum Evangelium zuerst:
1. Sie stellen Jesus eine Falle, wie so oft, z.B. bei der geplanten Steinigung der Ehebrecherin im Johannes-Evangelium. Die Falle hier: Beachtet er das Gesetz des Mose oder nicht? Beides wäre für ihn gefährlich. Wie befreit er sich aus der Falle? Indem er jenes mosaische Gesetz wörtlich „hinter-fragt". Er fragt, was dahinter, davor war, vor jenem Zugeständnis, eine Scheidungsurkunde auszustellen.
2. Und er geht zurück auf die Schöpfung, auf den Ursprung der Menschen, auf Gott selber. Der aber hat den Männern keine Privilegien gegeben, sondern er hat Mann und Frau am Anfang in voller Gleichwertigkeit geschaffen: Mann und Frau sind beide Abbilder Gottes. Sie werden „ein Fleisch" – besser übersetzt man im Deutschen: ein Mensch –, also werden sie eins, so dass es der Schöpfungsordnung widerspricht, sie trennen zu wollen.
3. Die dritte Anmerkung ist mir hier die wichtigste: „Was Gott verbunden hat, darf der Mensch nicht trennen." Natürlich stimmt dieser Satz voll und ganz,

wenn – und das muss sehr betont werden: wenn – Mann und Frau in dieser Tiefe der Schöpfungsordnung und Gottesbeziehung verbunden sind. Aber wer möchte behaupten, dass das bei jeder Hochzeit, bei jeder Eheschließung, geschieht? Und wer möchte behaupten, dass sich alle kirchlich getrauten Ehepaare lebenslang bemühen, in dieser Tiefe des Glaubens zusammenzuwachsen und ein Mensch zu werden? Das ist aber die Voraussetzung, damit eine im Sinne Jesu untrennbare Ehe entsteht.
4. Und schließlich, was Jesus dann zu Hause, nichtöffentlich, nur den Jüngern, sagt: Er sagt klipp und klar, was Ehebruch ist, nämlich wenn ein Ehepartner sich vom andern trennt und eine andere Partnerschaft eingeht, und das gilt sowohl für den Mann wie für die Frau; natürlich wieder unter der Voraussetzung von vorhin, dass tatsächlich eine untrennbare Ehe im Sinn der Schöpfungsordnung und der Gottesbeziehung zustande gekommen ist. Aber leider, leider – das ist die Realität – ist nicht jede Ehe eine solche echte Ehe.

Und ebenso kurz eine Anmerkung zur Lesung von heute: „Da ließ Gott, der Herr, einen tiefen Schlaf auf den Menschen fallen, ... nahm eine seiner Rippen ... baute aus der Rippe, die er vom Menschen genommen hatte, eine Frau und führte sie dem Menschen zu." Was ist über diesen Satz gewitzelt und gespottet worden! Aber diese Witzemacher machen sich selber lächerlich, weil sie es nicht verstanden haben. Dies ist kein realistisches oder gar historisches Bild – das wäre doch primitiv gedacht –, sondern es ist ein mythisches und deshalb für immer gültiges Bild, auch für heute. Und es will sagen: Mann und Frau sind absolut gleichwertig; Mann und Frau sind in einer solchen Tiefe gemeinsamen Ursprungs, dass es dafür des tiefsten Schlafes als Vergleich bedarf, der bis in die Tiefe der Träume hinabreicht; und die eheliche Vereinigung (Zusammengehörigkeit!) kann Mann und Frau so abgrundtief verbinden, dass dem einen ohne den andern etwas Unersetzliches fehlte, ja dass er gar nicht mehr er selber wäre ohne den anderen. Und das gilt für den Mann gleich lautend wie für die Frau. Sagen Sie: Wer hat das jemals so schön gesagt wie der Verfasser dieser Schöpfungserzählung?

So, jetzt aber Verschnaufpause. Themenwechsel. Aber wir können beim Evangelium bleiben, es bietet sich wunderbar an. Wir feiern also jetzt wieder Erntedank und zeigen darin unsere Dankbarkeit für alle Nahrung, die wir täglich bekommen. Und dazu nun Jesu Wort an diesem 27. Sonntag: „Lasst die Kinder zu mir kommen und hindert sie nicht daran! Denn Menschen wie ihnen gehört das Reich Gottes. Wer das Reich Gottes nicht so annimmt wie ein Kind, der wird nicht hineinkommen." Stellen Sie sich ein Kind in seiner Ursprungsgestalt vor. Ich meine jetzt nicht in seinem Zustand als Fötus im Mutterleib; das entzieht sich unserer genaueren Vorstellungskraft. Ein Kind in seiner Ursprungsgestalt, wie ich es hier meine, das ist ein Kleinstkind, das noch völlig angewiesen ist auf die Hilfe anderer, angewiesen auf die Pflege, die Sorge, vor allem die Nahrung, die es von anderen bekommt. Jedes Kind in dieser Phase würde mit absoluter Sicherheit verdursten und verhungern, wenn nicht die Mutter, der Vater ihm alle notwendige Nahrung besorgen und geben würden. Der springende Punkt meines Gedankens ist das Wort „Ursprungsgestalt". Ich meine damit nicht nur das Kind, sondern den Menschen überhaupt. Natürlich wird der Mensch bald größer und erwachsen, und dann kann er selber arbeiten und Geld verdienen und sich aus eigener Kraft ernähren. Aber nicht nur unter Berücksichtigung der Tatsache, dass jeder in ein Alter kommen wird, wo diese Kraft wieder nachlässt und ganz vergehen wird, nicht nur unter Berücksichtigung der Tatsache, dass einige Erwachsene nicht so kraftvoll sind, für sich selber zu sorgen (Kranke, Behinderte usw.) – jene Phase des kindlichen Angewiesenseins bleibt die Ursprungsgestalt des Menschen. Denn es ist die Gestalt des Empfangenden. Und die ist am reinsten und echtesten ausgeprägt beim kleinen Kind. Und damit sind wir beim tiefen Sinn dieses wunderbaren Jesuswortes von heute. Denn die Gestalt des Empfangenden ist die einzig angemessene Haltung gegenüber Gott. Kein Mensch auf dieser Erde kann sich das Reich Gottes erkaufen oder erarbeiten oder verdienen. Er kann es nur mit offenen Händen von Gott empfangen. Und das lebenslange Synonym und Gleichnis für diese Haltung ist die Nahrung. Wer fähig ist und bleibt, die Nahrung dankbar zu empfangen, der übt und lernt sein Leben lang die Grundhaltung, die vor Gott angemessen ist: mit offenen Händen und dankbaren Augen empfangen, was wir zum Leben brauchen. Und das kann eben niemand so gut wie das kleine Kind. Wer das Reich Gottes – also seine Nahrung, sein Leben und dann das Reich Gottes – nicht so annimmt wie ein Kind, der wird nicht hineinkommen.

Bei meinen Krankenkommunionen habe ich schon einige Male beobachten dürfen, welche Haltung Menschen einnehmen, wenn sie unmittelbar vor ihrem Abschied von dieser Welt und ihrer Heimkehr ins Himmelreich stehen. Möchten Sie wissen, was für eine Haltung diese Menschen einnahmen? Ob es sich um einen Schluck Tee, einen Löffel Suppe, ein Streifchen Frühstücksbrot oder um die Lebensnahrung der heiligen Kommunion handelte – sie konnten nur noch ihren Mund, ihre Hände öffnen und empfangen. Also ist dies in der Tat die Grundhaltung des Menschen vor Gott.

FÜRBITTEN

Pr: *Uns beschäftigten heute der Mann und die Frau und die Ehe und die Schöpfungsordnung; auf der anderen Seite das Wort vom Kind und die Bedeutung des Erntedankfestes. Gott, unser Vater, erhöre unsere Bitten zu beiden Aspekten dieses Sonntags.*

L: „Am Anfang der Schöpfung hat Gott sie als Mann und Frau geschaffen." – Wir bitten um die Einsicht in diese volle Gleichwertigkeit beider Geschlechter, wie sie Jesus schon vor 2000 Jahren ausgesprochen hat.

L: „Gott baute aus der Rippe eine Frau und führte sie dem Menschen zu." – Lass den Eheleuten an diesem mythischen, immer gültigen Bild ihre tiefe Verbundenheit und Unersetzlichkeit füreinander aufgehen.

L: „Denn Menschen wie den Kindern gehört das Reich Gottes." – Schenke uns die Gesinnung des Kindes, du unser Gott, das voller Vertrauen empfängt und annimmt, was es zum Leben braucht.

L: Um die Gesinnung des dankbaren Empfangens unserer Nahrung bitten wir, damit uns der Erntedank unser lebenslanges Beschenktwerden bewusst macht.

L: Hilf uns, in dieser kindlichen Haltung auch das Reich Gottes, das Lebensziel, den Himmel, zu erwarten und anzunehmen.

L: Eine Bitte für die Millionen Notleidenden und Hungernden gehört heute besonders dazu: Wenn wir Hungergestalten und hungernde Kinderaugen sehen, lass uns mit großer Sensibilität neben unserem schlechten Gewissen Dankbarkeit für unser Wohlergehen empfinden.

Pr: *Denn an diesem Tag können Kinder unsere Lehrmeister sein. Ihr Angewiesensein auf andere ist Beispiel für unser Angewiesensein auf Gott. Lass uns das lernen, du unser Gott.*

28. Sonntag im Jahreskreis
Lesejahr B

1. Lesung: Weish 7,7–11
2. Lesung: Hebr 4,12–13
Evangelium: Mk 10,17–30

Aus der 2. Lesung:
Lebendig ist das Wort Gottes, kraftvoll und schärfer als jedes zweischneidige Schwert. (Hebr 4,12a)

Aus dem Evangelium:
Da sah ihn Jesus an, und weil er ihn liebte, sagte er: Eines fehlt dir noch: Geh, verkaufe, was du hast, gib das Geld den Armen, und du wirst einen bleibenden Schatz im Himmel haben. (Mk 10,21)

Goldener Käfig oder Schiff?

Was dieses Evangelium mit dem letzten Sonntag zu tun hat, mit dem Wort vom Kind, warum ich mich also wiederhole, wie sich der Evangelist Markus oft wiederholt, der dabei natürlich eine bestimmte Linie, bestimmte Aussageabsichten hat – auf all das werden wir am Schluss kommen; wir werden wieder bei der Haltung des Kindes landen. Doch zunächst ein Zitat von heute, das uns persönlich in das Evangelium hineinnimmt: Fragt man heute die Menschen, was sie eigentlich glücklich macht, dann lautet die Antwort: dass sie sich all das leisten können, wonach sie begehren. Das ist der populäre Glücksbegriff, den heute wahrscheinlich die meisten Menschen haben: dass im Konsum nicht nur die Freiheit begründet liegt, sondern auch das Glück, und dass das Einzige, was die Freiheit und das Glück behindern, darin besteht, nicht genug Geld zu haben, um all das zu konsumieren, was man konsumieren möchte (vgl. E. Fromm, Die psychologischen und geistigen Probleme des Überflusses, in: Gesamtausgabe, hrsg. v. R. Funk, Stuttgart 1981, Bd.V, S. 322).

Da kommt also ein Mann zu Jesus, der das Geld hat, um alles zu konsumieren, was er konsumieren möchte, also um scheinbar frei und glücklich zu sein. Und es kommt noch hinzu, dass dieser Mann auch vor Gott tadellos lebt: Er kann ehrlichen Herzens sagen, dass er die Gebote gewissenhaft einhält; und ausgerechnet diesem Mann wirft Jesus ein Wort an den Kopf, das jener doch nicht verdient hat. Er solle alles verkaufen, was er besitzt, und das Geld den Armen geben. Da muss doch unsere spontane Frage heißen: Was hat denn Jesus gegen den Reichtum? „Eher geht ein Kamel durch ein Nadelöhr, als dass ein Reicher in das Reich Gottes gelangt." Kaum ein Satz Jesu ist bekannter, ist provozierender, ist unverstandener als dieser. Die Wirkung bei dem reichen Mann jedenfalls ist entsprechend: Er ist betrübt, er geht traurig weg, denn das hat er nicht verdient und nicht erwartet. Was hat also Jesus gegen den Reichtum, dass er so messerscharf dagegen angeht? Warum ist Jesus nicht wenigstens ein bisschen toleranter und entgegenkommender und kompromissbereiter? Vielleicht gibt es am Ende doch einen Dreh, dass ein abgemagertes Kamel eben doch noch durch das Nadelöhr kommt, dass einer mit seinem Reichtum nicht egoistisch, sondern wohltätig umgeht und dann doch vor Gott anerkannt wird? Warum ist Jesus so stur, so hart, so radikal, wenn er den Reichtum sieht und beurteilt?

Darf ich an dieser Stelle wieder einmal zwei Bilder, zwei Lebensbilder, verwenden? Denn dass es Jesus auch hier um das Leben, um dein Leben, geht und nicht um den Reichtum an sich oder in einer bestimmten Quantität und ebenso wenig um die Armut an sich oder in einer bestimmten Quantität, das muss sicher nicht immer aufs Neue erklärt werden; um dein und mein Leben geht es ihm. Hier nun die zwei Lebensbilder: Du kannst dein Leben sehen als goldenen Käfig oder als Schiff. Den goldenen Käfig, den baust du dir, um Sicherheit und individuelle Freiheit zu finden; das wollte das Zitat ganz am Anfang deutlich machen, dass Glück und Freiheit nach landläufiger Meinung darin liegen, genügend Geld zu haben, um zu konsumieren, was man begehrt, und sich abzusichern, damit man auch morgen und übermorgen noch dieses Glück und diese Freiheit nicht entbehren muss. Wenn du dein Leben als Schiff siehst, dann willst du von Ufer zu Ufer fahren, von der Ankunft in dieser Welt also bis zum Ziel, wo du diese Welt wieder verlassen wirst. Auf dem Schiff nützen die goldenen Käfige wenig und angehäufte Goldschätze schon gar nichts; wenn das Schiff in einen Sturm gerät – und so etwas bleibt keinem im Leben erspart –, dann wird unnötiger Ballast über Bord geworfen, damit das leichter werdende Schiff sicher durch die Wellen und den Sturm kommt, denn es gilt, das Ziel zu erreichen. Was ist der Unterschied zwischen beiden Bildern? Der goldene Käfig sieht nur dieses Leben hier, auf dieser Welt; dort gilt es, sich einzurichten, abzusichern, Glück und Freiheit zu finden, solange das Leben währt. Das Schiff sieht das Leben als zeitlich befristete Reise von Ufer zu Ufer, als ein Unterwegssein, wo alles dem Erreichen des Zieles untergeordnet wird.

Wenn wir die beiden Bilder nun nebeneinander sehen, dann lässt sich schön deutlich machen, worum es Jesus immer wieder geht, bei vielen Worten und Gleichnissen und so auch hier, bei dieser Szene mit dem reichen Mann und seiner Frage. Jesus ist einer, der sich nicht täuschen lässt und nicht will, dass du dich täuschen lässt. Denn jeder, der auch nur ein wenig Grips im Kopf und Klarheit im Verstand hat, der weiß natürlich, dass unser Leben eine zeitlich befristete Reise ist und dass es in der Tat gilt, das Ziel zu erreichen, auch durch alle Stürme hindurch. Denn wir wären doch absolut vergeblich geboren, wenn wir das Leben beenden würden, ohne unser Ziel gefunden zu haben. Kann man dann sagen oder fragen, was denn Jesus gegen den Reichtum habe? Nein. Ihm geht es nicht um den Reichtum, sondern um die Gefahr, die darin steckt. Wenn der Reichtum zum goldenen Käfig wird, ist er tödlich. Wenn er nicht hindert, auf der Schiffs-Lebensreise zu bleiben, ist er harmlos.

Und nun kommt noch die Wiederholung des letzten Sonntags, die unvermeidliche; denn es ist nicht zu verhindern, dass wir immer wieder auf ein Grundanliegen des Markus stoßen. „Wer das Reich Gottes nicht so annimmt wie ein Kind, der wird nicht hineinkommen." So hieß es am letzten Sonntag, und das gehört auch zu diesem Evangelium dazu. Denn Kinder haben keinen Reichtum, können keinen Reichtum haben, also ist bei ihnen die Gefahr am geringsten, sich einen goldenen Käfig der Sicherheit zu bauen. Kinder fühlen sich vielmehr noch wie auf einer Schiffsreise, ihr Leben ist ein Spiel, ist ein Abenteuer, ist nach vorne orientiert, auf das Neue, Spannende hin. Sie schleppen noch keinen unnötigen Ballast mit sich, machen sich noch wenig Sorgen, empfangen das Lebensnotwendige und alle Sicherheit von anderen, die für sie da sind. Kinder sind noch nicht angewiesen auf das, was sie haben, sondern sie sind einfach da. Wer viel hat, der vergisst und verliert aus dem Auge, dass es ankommt auf das, was er ist. Leben aber, wirkliches Leben, wie es Jesus diesem reichen Mann anbieten will, ist nichts Radikales oder zu Fürchtendes oder Schlimmes, sondern die wahre Befreiung vom Haben zum Sein, vom Erwachsenen zum Kind, vom goldenen Käfig zum Schiff, von den vollen und festhaltenden Händen zu den leeren und empfangenden Händen, vom selbst gemachten zum von Gott geschenkten Leben. Um diese Befreiung geht es Jesus, die mehr wert ist als aller Reichtum dieser Welt.

FÜRBITTEN
Pr: *Herr Jesus Christus, dein Wort kann treffen wie ein scharfes Schwert. So ging es dem reichen Mann. Aber du willst ja nicht verletzen, sondern befreien. Heute bietet sich eine schöne Fürbittenantwort an, nämlich der Vers „Selig, die arm sind vor Gott, denn für sie ist das Himmelreich" (GL 631,2).*

L: Herr, öffne uns für diesen Satz, den wir als Antwort singen werden, für seine Wahrheit und seine befreiende Kraft.

L: Kraftvoll und scharf ist das Wort Gottes – so schreibt der Hebräerbrief. Das gilt schon für diesen einen von uns gesungenen Satz.

L: Hilf uns, Herr, uns nicht täuschen zu lassen und die Gefahr des Reichtums zu sehen, der uns Sicherheit und Glück und Freiheit vorgaukeln möchte.

L: Öffne unseren Blick für das ganze Leben, das wie eine zeitlich befristete Reise ist, bei der es gilt, ohne unnötigen Ballast das Ziel zu erreichen.

L: Und auch heute gilt: Lass uns von den Kindern lernen, welche Haltung vor Gott die beste ist: die Haltung der leeren und empfangenden Hände.

Pr: *Denn für Gott ist alles möglich, so hieß es am Schluss des Evangeliums. Er kann uns wie ein Vater sein Kind an das andere Ufer führen, wenn wir uns nicht an die falschen Sicherheiten klammern. Hilf uns dabei, Gott, unser Vater.*

29. Sonntag im Jahreskreis (Kirchweih)
Lesejahr B

1. Lesung: Jes 53,10–11
2. Lesung: Hebr 4,14–16
Evangelium: Mk 10,35–45

Aus der zweiten Lesung:
Lasst uns also voll Zuversicht hingehen zum Thron der Gnade, damit wir Erbarmen und Gnade finden und so Hilfe erlangen zur rechten Zeit. (Hebr 4,16)

Aus dem Evangelium:
Bei euch soll es nicht so sein, sondern wer bei euch groß sein will, der soll euer Diener sein. (Mk 10,43)

Kirchenbilder vom Ursprung her

Anlässlich des heutigen Kirchweihfestes möchte ich Sie mit einem Buch vertraut machen, das den Titel trägt: „Blick zurück nach vorn – Bilder lebendiger Gemeinden im Neuen Testament". Das Ergebnis schon des allerersten Abschnitts lautet dort – und Sie werden gleich die Aktualität dieser Feststellungen bemerken –: „Das Neue Testament liefert keine Vorbilder für eine reiche, mächtige, siegreich triumphierende Kirche, wohl aber liefert es viele Vorbilder für die Kirche, die angefochten und dennoch kraftvoll ist, angefeindet und dennoch überzeugend, schwach und dennoch stark, im Gegenwind und dennoch voller Energie, denn in der Urgemeinde gab es noch keine kirchliche Bürokratie und keine zentrale Organisation, aber es gab lebendige Gottesdienste, anspruchsvolle Verkündigung und intensiven Dienst an den Armen" (Th. Söding, Blick zurück nach vorn, Herder Verlag 1997, S.11). Also – Bilder aus der Kirche des Anfangs für die Kirche von heute.

Wie sehen die heutigen Menschen die Kirche? Vor mehr als dreieinhalb Jahrzehnten, auf dem letzten Konzil, wurde heftig um das kirchliche Selbstverständnis gestritten und gekämpft; schließlich griff man für dessen Darstellung vorrangig nicht auf das hierarchische Kirchenbild mit den Abstufungen Papst-Bischöfe-Priester zurück, sondern auf das Bild von der Kirche als dem Volk Gottes; mit diesem fängt die so genannte Konstitution über die Kirche an, erst später ist von der kirchlichen Hierarchie die Rede. Heute, in der Öffentlichkeit unserer Medien, ist die Kirche fast nur noch der Papst und mit ihm die Bischöfe, natürlich schwarz und negativ gefärbt und im Schussfeld aller Kritik. –

Die Zeit im Jahreskreis im Lesejahr B

Nur eine winzige Bemerkung zum Papst heute und seiner öffentlichen Beurteilung. Ich finde es sehr schlimm, dass den heutigen Menschen, vor allem auch dem Fernsehen, das geschichtliche Denken so sehr abhanden kommt. Der Papst – das ist in dieser Sichtweise nur Johannes Paul II. Dass es aber vor ihm, und damit öffne ich nur einen winzigen Spalt geschichtlichen Denkens, schon 265 Päpste gegeben hat, die alle ganz verschieden waren, und nach ihm viele Päpste geben wird, deren Zahl niemand von uns kennt und die wiederum alle ganz verschieden sein werden, schon diese Tatsache für sich genommen kann vieles entkrampfen und entschärfen; es gab allein schon in den vergangenen Jahrzehnten einen Johannes Paul I., einen Paul VI., einen Johannes XXIII., einen Pius XII. usw. Also sich nicht festbeißen an einem Papst und noch viel weniger an einem Bischof. – Wie sehen die heutigen Menschen die Kirche? Wie gesagt: Geredet wird über diesen Papst, diese Bischöfe, darüber, wie die Kirche mit dem Geld umgeht, dass Priester nicht heiraten dürfen, dass sie ein rückständiger Verein sei. Ach, das alles ist doch nicht die Kirche! Und mit diesem Stoßseufzer sind wir bei dem, was ich Ihnen heute zeigen möchte.

Ich möchte Sie bekannt machen mit Bildern für die Kirche vom Anfang, aus dem Buch ihres Ursprungs, dem Neuen Testament. Denken Sie als Mitglieder der Kirche von heute über diese Bilder ruhig ein wenig nach und vergleichen Sie sie mit der Gegenwart. Nach dem Matthäus-Evangelium ist die Kirche Salz der Erde und Licht der Welt und der Ort in der Welt, wo die Kraft der Vergebung und Versöhnung zu Hause ist. – Nach dem Lukas-Evangelium ist die Kirche eine Glaubensgemeinschaft und Lebensgemeinschaft im Geiste Jesu, wo die Christen Leben und Besitz teilen und einander begleiten. – Nach dem Johannes-Evangelium ist die Kirche der Freundeskreis Jesu, wo die Macht der Liebe alles Böse besiegt. – Nach dem Epheserbrief ist die Kirche eine Werkstatt des Friedens und eine Baustelle der Einheit, wo Juden und Heiden, Männer und Frauen eine gleichberechtigte Gemeinschaft bilden. – Nach dem 1. Petrusbrief ist die Kirche ein Haus des Geistes, ein Asyl für die Fremden und eine Heimat für die Außenseiter. – Nach dem Buch der Offenbarung ist die Kirche eine Widerstandszelle und eine Freiheitsbewegung, wo die Angepassten auf der Strecke bleiben und die Mutigen überleben werden. – Genügt das schon? Es war nur eine Auswahl. Die Stichworte noch mal: Was Kirche also ist nach dem Dokument ihres Ursprungs: Salz der Erde / Licht der Welt / Ort der Versöhnung / Glaubens- und Lebensgemeinschaft / Freundeskreis Jesu / Werkstatt des Friedens / Baustelle der Einheit / Asyl für die Fremden / Heimat der Außenseiter / Widerstandszelle und Freiheitsbewegung. Also ist die Kirche nicht nur die Hierarchie von Papst und Bischöfen, nicht nur Volk Gottes oder – wie sie auch genannt wird – Leib Christi.

Gehen wir jetzt noch etwas näher auf Lesung und Evangelium von heute ein, denn auch die bringen uns zwei Bilder für Kirche, die zu denen von eben noch hinzukommen. „Lasst uns also voll Zuversicht hingehen zum Thron der Gnade, damit wir Erbarmen und Gnade finden und so Hilfe erlangen zur rechten Zeit", schreibt der Hebräerbrief. Dieser Brief gilt als schwer zugänglich, weil er in der Sprache des Alten Testamentes schreibt. Aber er besitzt für uns große Aktualität, denn er ist an Christen gerichtet, die im Glauben erschlafft sind, müde geworden, keine Ausstrahlung mehr haben. Und denen sagt der Hebräerbrief, dass die Kirche eine Schule des Glaubens ist, wo man durch die anderen gestärkt, ermutigt wird, wo man Zuversicht und Kraft findet, die man allein nicht finden würde. Nun das Kirchenbild des Markus-Evangeliums: Bei euch soll es nicht so sein wie bei den Mächtigen dieser Erde; wer bei euch groß sein will, der soll euer Diener sein, wer bei euch der Erste sein will, soll der Sklave aller sein. Nach Markus ist die Kirche Gemeinschaft derer, die Jesus nachfolgen. Die also nicht so leben wie die sie umgebende Welt, nämlich vorteilssüchtig, egoistisch, mit einer Hierarchie von oben nach unten, sondern im Sinne ihres Herrn soll einer dem anderen dienen und so eine neue Gesellschaft schaffen. Fridolin Stier hat die eben angedeutete Stelle des heutigen Evangeliums so übersetzt: „Ihr wisst, wie die Mächtigen dieser Welt über die anderen herunterwillküren" (Fr. Stier, Das Neue Testament, übersetzt von Fridolin Stier, Kösel Verlag 1989, S. 105). Das gefällt mir gut: „herunterwillküren". So ist es in der Hierarchie dieser Welt. In der Kirche aber sollen nach Markus Dienst und Hingabe gelten – so entsteht eine neue Gesellschaft.

Am Schluss – auch wenn's eine Wiederholung ist – möchte ich alle ursprünglichen Kirchenbilder, die ich heute vorgestellt habe, noch mal in einem Zug nennen, damit Sie darüber nachdenken und sie mit heute vergleichen können. Die Kirche ist also, könnte sein, sollte sein von ihrem Ursprung her: Salz der Erde / Licht der Welt / Ort der Versöhnung / Glaubens- und Lebensgemeinschaft / Freundeskreis Jesu / Werkstatt des Friedens / Baustelle der Einheit / Asyl für die Fremden / Heimat der Außenseiter / Widerstandszelle und Freiheitsbewegung; und schließlich: Schule des Glaubens / Gemeinschaft derer, die Jesus nachfolgen, die einander dienen wollen. – Das alles und noch viel mehr ist die Kirche.

FÜRBITTEN

Pr: *Herr Jesus Christus, wir dürfen zu deiner Kirche auf Erden gehören. Es ist deine Kirche, die durch die Zeiten wandert bis zur Vollendung bei dir. Lass uns jetzt im Gebet noch einmal auf diese vielen Bilder schauen, die in deiner Kirche verborgen sind.*

L: Deine Kirche sollte und könnte sein: Salz der Erde, Licht der Welt, Ort der Versöhnung. Christus, höre uns.

L: Deine Kirche sollte und könnte sein: Werkstatt des Friedens, Baustelle der Einheit, Lebensgemeinschaft. Christus, höre uns.

L: Deine Kirche sollte und könnte sein: Asyl für die Fremden, Heimat der Außenseiter, Freiheitsbewegung. Christus, höre uns.

L: Deine Kirche sollte und könnte sein: Schule des Glaubens, Gemeinschaft derer, die einander dienen wollen. Christus, höre uns.

L: Weite unseren Blick auf die Kirche durch diese vielen Bilder, damit wir wenigstens einiges davon zu leben versuchen. Christus, höre uns.

L: Und schenke deiner Kirche wieder mehr Ansehen in der Öffentlichkeit, da sie doch mehr ist als die Fehler, die in ihr gemacht werden. Christus, höre uns.

Pr: *In einem Lied heißt es: „Eine große Stadt ersteht, die vom Himmel niedergeht in die Erdenzeit" (GL 642). Ja, so ist es: Durch die Kirche wächst eine neue Stadt unter den Menschen. Herr, gib uns diesen großen Blick und neuen Kirchenoptimismus.*

30. Sonntag im Jahreskreis (Missionssonntag)
Lesejahr B

1. Lesung: Jer 31,7–9
2. Lesung: Hebr 5,1–6
Evangelium: Mk 10,46–52

Aus der ersten Lesung:
Seht, ich bringe sie heim aus dem Nordland und sammle sie von den Enden der Erde, als große Gemeinde kehren sie hierher zurück. (Jer 31,8)

Aus dem Evangelium:
Jesus fragte den Blinden: Was soll ich dir tun? Der Blinde antwortete: Rabbuni, ich möchte wieder sehen können. (Mk 10,51)

Lernen von der Kirche der Armen

Am Missionssonntag soll die Wende in der Sicht der Missionsarbeit zur Sprache kommen. So soll am Anfang gezeigt werden, wie früher, also vor dem Konzil, eine Predigt zum Missionssonntag ausgesehen hätte, und am Schluss werde ich Sie mit der heutigen Sicht der Mission vertraut machen.

Früher, also vor dem Konzil, hätte sich ein Prediger sehr leicht getan mit diesem Evangelium vom blinden Bartimäus und den tröstenden Verheißungen Gottes: Wer da von seiner Blindheit geheilt werden muss – so hätte er sicherlich gesagt – das sind all die Heidenvölker, die noch im Dunkel des Unglaubens leben; die müssen mit dem Licht des Glaubens erleuchtet werden, denn die Botschaft Jesu ist wie ein Licht zur Erleuchtung der Heiden. Typisches Bild für ein solches Schwarzweißdenken war das kleine Negerlein auf einem Opferkästchen für die Mission, das so artig nickte, wenn man es mit einem 10-Pfennig-Stück fütterte. Diese Sicht der Mission – dass also wir im Licht und die Heiden im Dunkeln sind – ist immer noch sehr viel mehr verbreitet, als man annehmen möchte. Deshalb sei zunächst in wenigen Strichen angedeutet, welche Akzente das Konzil gesetzt hat und was sich eben im Blick auf die Mission in den letzten 35 Jahren geändert hat.

■ Das wichtigste Dogma zur Missionsarbeit hatte immer gelautet: „Außerhalb der Kirche gibt es kein Heil." Also müsse die ganze Welt missioniert werden. Das Konzil hat diesen Satz nicht abgeschafft, aber sozusagen umgedreht: „Überall, wo Heil geschieht, also Menschen nach ihrem Gewissen leben, Gutes tun, Gott suchen und sich versöhnen, dort ist die Kirche." Merken Sie den gravierenden Unterschied? Früher sah man die Kirche im Besitz des Heils, die andern alle im Bereich des Unheils; heute sieht man Gottes Heil überall am Werk, in vielen Völkern und Religionen, und wir können höchstens versuchen, diese Heilsspuren Gottes aufzuspüren, und dürfen sagen, dass sie alle von Jesus Christus herkommen. Die Kirche ist größer und weiter als früher.

■ Das Konzil hat die Bedeutung der einzelnen Teilkirchen und Ortskirchen stärker betont. Die Weltkirche ist kein zentralistisches Gebilde, das ausschließlich von Rom regiert wird, sondern setzt sich aus vielen Ortskirchen zusammen mit eigenen Gesichtern und Traditionen.

■ Dann die Erklärungen des Konzils zur Religionsfreiheit: Alle Religionen kommen von dem einen Gott und sind zu ihm unterwegs. Besonders gilt das für die Juden, die unsere Väter im Glauben sind. Also gilt es, die kostbaren Schätze in den anderen Religionen zu entdecken, sie zu achten, ihre Freiheit zu respektieren und unsere eigene Religion echt und gewinnend und einladend zu leben und anzubieten.

■ Damit ist auch die Unterscheidung zwischen Christen und Heiden eine andere geworden. Vielleicht gibt es unter den getauften Christen mehr ungläubige Heiden als in den uralten Religionen in China oder in Japan.

■ Schließlich hat sich das Weltbild geändert. Europa ist nicht mehr die Mitte der Welt. Die Zahl der Bischöfe aus der so genannten Dritten Welt ist heute größer als die aus der Alten Welt. Typisches Beispiel für diese Schwerpunktverlagerung ist das so genannte Konzil der Jugend, das von der Brüdergemeinschaft in Taizé ausgeht und schon in Kalkutta, in Rio, auf den Philippinen und in Afrika stattgefunden hat. Die Jugend begreift am schnellsten, wohin sich die Kirche der Zukunft entwickelt.

Wie sieht also Missionsarbeit heute aus und was hat die Blindenheilung damit zu tun? Was sind die Auswirkungen davon, dass also Kirche überall zu sehen ist, die Ortskirchen so wichtig sind, die Religionsfreiheit gilt, die Heiden bei uns selber zu suchen sind und das Weltbild sich geändert hat? Es soll wieder in fünf Punkten angedeutet sein:

■ Missionsarbeit heute heißt: sehen, was der Geist Gottes schon gewirkt hat. Das Gegenteil kennen wir alle aus der Geschichte der Eroberung Südamerikas, z.B. dass man den dortigen Religionen gewaltsam die Taufe aufgezwungen hat und dabei nicht davor zurückschreckte, Blut zu vergießen. Nein, zuerst gilt es, das Gute in den anderen Völkern zu sehen, daran anzuknüpfen, nicht besessen zu sein von einem Bekehrungsfanatismus, sondern zu staunen, wie viel der Geist Gottes auch schon ohne uns in den anderen gewirkt hat.

■ Missionsarbeit heute heißt, eine afrikanische Kirche, eine philippinische Kirche, eine brasilianische Kirche und all die anderen Kirchen wachsen zu lassen, die natürlich mit Rom verbunden sein sollen. Dieser Schritt ist längst vollzogen: Wer heute etwa nach Afrika, Brasilien, auf die Philippinen kommt, der erlebt Gottesdienste und ein christliches Leben, die ganz das dortige Gesicht tragen. Und das ist gut so. Denn die Kirche am Ort ist die religiöse Heimat.

■ „Seht, ich bringe sie heim aus dem Nordland und sammle sie von den Enden der Erde, als große Gemeinde kehren sie hierher zurück" – so hieß es bei Jeremia. Dieses große Gottesbild des Alten Testaments gilt es wieder neu zu gewinnen: Es gibt nur einen Gott, der aus allen Nationen sein Volk zusammenruft. Die Erstberufenen sind die Juden, die Zweitberufenen sind wir Christen; aber mit uns unterwegs sind viele andere, die auf ihren Wegen diesen einen Gott suchen. Missionsarbeit heute heißt, sich diesen weiten Atem Gottes zu Eigen zu machen, offene Türen und Herzen zu haben und immer aufs Neue mit den anderen Religionen zu reden und zusammenzuarbeiten. Also gehören Religionskriege und Feindschaften auf jeden Fall der Vergangenheit an.

■ Heute Missionsarbeit zu betreiben heißt aber zuallererst, uns selber zu missionieren und zu bekehren. Es gibt Hunderte von Zeugnissen dafür, wie ein getaufter Japaner oder Afrikaner nach Deutschland kommt und hier die wahren und gläubigen Christen finden will. Und wie er sich erschrocken abwendet, weil er von uns maßlos enttäuscht ist. Missionsarbeit wird deshalb immer anspruchsvoller: Die anderen glauben unseren Worten nicht, sondern wollen unsere Gesinnung und unsere Taten sehen; erst dann sind sie bereit, unsere Botschaft und unseren Glauben anzunehmen.

■ Und dass sich das Weltbild geändert hat und Europa nicht mehr die Mitte der Welt ist, das heißt vor allem, dass der größere Teil der Welt und der Kirche in Armut lebt. „Kirche der Armen – Kirche der Zukunft?", so heißt eine Hauptfrage heute. Es ist streng genommen gar keine Frage mehr, sondern eine herausfordernde Tatsache. „Der Blinde antwortete: Meister, ich möchte wieder sehen können!" Missionsarbeit heute heißt, von der Kirche der Armen zu lernen. Das ist die kürzeste und zugleich wichtigste Formel für den Missionssonntag. Das berühmte und zugleich prophetische Wort von Leonardo Boff soll am Schluss stehen: „In den Kellern der Menschheit wird eine neue Kirche geboren." Wie die Armen in Brasilien und in all den anderen armen Christenländern heute den Glauben leben, das wird über kurz oder lang uns die Augen öffnen müssen; daraus wird eine neue Kirche wachsen.

FÜRBITTEN

Pr: *Die heutige Gestalt der Mission lässt sich besonders gut auf den Punkt bringen im Motto „Miteinander glauben – miteinander leben". An diesen Leitgedanken anknüpfend greifen die Fürbitten heute Gebetsgedanken von den Philippinen auf. Der Lektor wird jeweils einen Gebetsgedanken von dort aussprechen, und daraus formulieren wir eine Bitte:*

L: Gott, du hast die Menschen in Sprache und Kultur verschieden gemacht. Du bist es, der in den vielen Gesichtern der Religionen erscheint.
Pr: *Gib uns Ehrfurcht und Achtung vor den anderen Religionen.*

L: Du, Herr, bist es auch, der uns Menschen zum Fragen und Zweifeln bringt und zum Glauben.
Pr: *Dass wir Europäer uns neu zum Glauben erwecken lassen von den Fragen der Christen aus der so genannten Dritten Welt.*

L: Mach uns unruhig, o Herr, wenn wir allzu selbstzufrieden sind, wenn wir uns im sicheren Hafen wähnen und noch zu wenig gewagt haben.
Pr: *Dass in den jungen Kirchen der ehemaligen Missionsländer ein neues Leben aufblüht, das auch für uns zur Bereicherung wird.*

L: Mach uns unruhig, o Herr, wenn wir über der Fülle der Dinge, die wir besitzen, den Durst nach dem Wasser des Lebens verloren haben.
Pr: *Dass wir merken, wie sehr die jungen Kirchen auf uns schauen, und dass wir das Wasser des Lebens, das allein unseren Durst stillen kann, nicht vom Besitz zudecken lassen.*

L: Rüttle uns auf, o Herr, damit wir kühner werden und uns hinauswagen auf das weite Meer.
Pr: *Dass wir an eine größere und weitere Kirche der Zukunft glauben, die aus allen Völkern und Religionen eine Familie schaffen wird.*

L: Und eine letzte Bitte mit Blick auf die armen Christen in so vielen Ländern:
Pr: *Dass wir uns die Augen öffnen lassen wie der blinde Bartimäus, weil in der Armut das Licht des Glaubens am hellsten leuchtet.*

Pr: *Denn unter den Christen, die heute so weltweit miteinander verbunden sind, kann einer vom anderen lernen. Hilf uns, Herr, das Licht des Glaubens auf neue Weise von denen zu empfangen, die früher von uns missioniert worden sind.*

Allerheiligen
Lesejahr B

1. Lesung: Offb 7,2–4.9–14
2. Lesung: 1 Joh 3,1–3
Evangelium: Mt 5,1–12a

Aus der ersten Lesung:
Wer sind diese, die weiße Gewänder tragen? Es sind die, die aus der großen Bedrängnis kommen; sie haben ihre Gewänder gewaschen und im Blut des Lammes weiß gemacht. (Offb 7,13f.)

Aus dem Evangelium:
Selig, die ein reines Herz haben; denn sie werden Gott schauen. (Mt 5,8)

Gott im Herzen und vor Augen

Ein ganz kleines, verstecktes Zitat soll uns heute für die Predigt schon genügen: „Niemand kann sagen: Heiligkeit ist zu hoch für mich. Es gehören dazu keine auffallenden Heldentaten, keine bestimmten Verhältnisse, kein todernstes Gesicht. Gott im Herzen und Gott vor Augen – in diesem Wort liegt der Schlüssel zur Heiligkeit."

Rupert Mayer apostrophiert, karikiert in diesem Zitat zunächst einige dieser unausrottbaren falschen Vorstellungen von den Heiligen, dass diese also mit asketisch-todernstem Gesicht herumgelaufen wären, dass sie alle unter den besonderen Verhältnissen eines strengen Klosters gelebt oder Heldentaten wie die heilige Elisabeth verrichtet hätten, die ihre eigenen Kinder hergeben musste. Nein, der Schlüssel zur Heiligkeit klingt für Rupert Mayer so einfach und klar: „Gott im Herzen und Gott vor Augen". Was meint er damit?

Gehen wir mit diesem Wort in die Liturgie dieses Allerheiligenfestes, und wir werden etwas sehr Überraschendes und zugleich Hilfreiches zum Verständnis finden. Da ist die sechste von den acht Seligpreisungen: „Selig, die ein reines Herz haben; denn sie werden Gott schauen." Da ist der Antwortpsalm zur Lesung, der zweite Abschnitt: „Wer darf hinaufziehn zum Berg des Herrn, wer darf stehn an seiner heiligen Stätte? Der reine Hände hat und ein lauteres Herz." Und da ist, in der Lesung selber, dieser allegorisch-geheimnisvolle Schlusssatz: „Wer sind diese, die weiße Gewänder tragen? Es sind die, die aus der großen Bedrängnis kommen; sie haben ihre Gewänder gewaschen und im Blut des Lammes weiß gemacht." – „Reines Herz haben", „reine Hände und ein lauteres Herz", „weiße Gewänder tragen", das alles muss doch einen Zusammenhang haben! Zumal den Angesprochenen in der sechsten Seligpreisung sogar das Gott-Schauen zugesagt wird, die höchste aller Verheißungen, und im Antwortpsalm das Stehendürfen auf dem heiligen Berg, wo Mose vor Gott stand, und in der Lesung sogar das Stehendürfen vor dem Lamm und vor dem Thron, auf dem Gott sitzt. Was hat es also auf sich mit dem reinen Herzen und den weißen Gewändern? Und in welcher Beziehung steht das zur Heiligkeit, von der Rupert Mayer spricht?

Wieder einmal müssen wir sehen, dass die Bibel kein Lehrbuch der christlichen Moral sein will oder gar ein Beichtspiegel. Wenn wir „reines Herz", „reine Hände" hören, dann denken wir sofort – geben wir's zu – an die moralische Reinheit, nach dem Motto: „Mein Herz ist frei von unreinen Gedanken und Begierden, besonders natürlich den im sechsten Gebot genannten." Solche moralischen Reinheitsvorstellungen, die man vielen Heiligen angeheftet und sie damit fast ins Lächerliche verzerrt hat, wie etwa Aloisius von Gonzaga, sind in der Bibel nicht gemeint. „Reines Herz" und „weißes Gewand", besonders in diesen gewichtigen Texten „Bergpredigt" und „Buch der Offenbarung", meinen nicht moralische Tugenden oder Fehler, sondern den ganzen Menschen, außen und innen, durch und durch, existentiell, wie man das nennt; den ganzen Menschen, wie er vor Gott steht und wie Gott selber ihn sieht. Die Bibel meint mit dem „reinen Herzen" und dem „weißen Gewand" den ganzen Menschen in seiner Wahrhaftigkeit, Ehrlichkeit, Aufrichtigkeit, Offenheit, Unverstelltheit, Selbstlosigkeit. Wer also in seinem Leben den Blick Gottes an sich heran- und in sich hereinlässt, wer lernt, sich selber, sein Leben mit den Augen Gottes zu sehen, wer damit alle Selbsttäuschungen und Beschönigungen und Theater- und Rollenspielereien sein lässt und sich sieht und sich gibt, so wie er vor den Augen Gottes ist, der hat im Sinn der Bibel ein „reines Herz" und ein „weißes Gewand".

Und damit nähern wir uns wieder dem Wort von Pater Rupert Mayer: Der Schlüssel zur Heiligkeit sei also dies: Gott vor Augen und Gott im Herzen. Klingt das noch zu theoretisch? Ja, das Gefühl hab ich auch. Deshalb müssen wir uns noch fragen: Was kommt denn aus den Augen und aus dem Herzen eines solchen Menschen heraus? Wie wirkt er also und was bewirkt ein solcher Mensch bei den anderen? Ein solcher Mensch, der also gelernt hat, sich mit den Augen Gottes zu sehen, sich nichts mehr vorzumachen und ganz und gar echt zu sein, der löst bei den anderen Menschen aus, dass sie sich trauen, sie selber zu sein. Der baut im anderen alle Barrieren der Angst und Vorsicht und Verstellung ab und bewirkt, dass der andere endlich lernt, sich selber so zu sehen, wie Gott ihn sieht.

Am Allerheiligentag des Jahres 1945 feierte Pater Rupert Mayer um 8.00 Uhr die heilige Messe in St. Michael in München. Er predigte über die Lesung von heute und über das Evangelium von denen, die ein reines Herz haben. Als er gerade sagte: „Der Herr ..., der Herr ...", versagte ihm plötzlich die Stimme, er blieb zunächst aufrecht, aber stumm stehen; wenig später, um 11.00 Uhr an diesem Allerheiligentag, starb er. In seiner Lebensbeschreibung heißt es über seine letzten Wochen vor Allerheiligen: „Jeden Tag stand er um 4.00 Uhr auf. Nach seiner Sprechstunde am Vormittag war er auf den Ämtern unterwegs, um die Anliegen seiner Bittsteller zu beschleunigen, ihnen Arbeit oder Wohnung zu vermitteln. Abends, oft bis Mitternacht, beantwortete er die ungezählten Bittbriefe. Er arbeitete bis zur Erschöpfung, um den Notleidenden zu helfen." Beim Gottesdienst am Abend jenes 1. November 1945 sagte Pater Johannes Dold jenen ebenso knappen wie berühmten Satz über ihn: „Er hat allen Menschen Gutes getan. Damit ist alles gesagt." Pater Rupert Mayer hat dies gelebt: „Gott im Herzen und Gott vor Augen". Deshalb haben so viele in ihm Gott gefunden. Jeder kann das versuchen so wie er, jeder kann also heilig werden.

FÜRBITTEN

Pr: *Am Fest all der ungezählten Freunde Gottes lasst uns zu ihm rufen, der auch unser Leben einmal vollenden wird – wenn wir nur wollen:*

L: „Selig, die ein reines Herz haben; denn sie werden Gott schauen." – Schenke uns Zugang zu dieser sechsten Seligpreisung, dass wir durch und durch echt werden, so wie es Jesus gemeint hat.

L: „Wer darf hinaufziehn zum Berg des Herrn? Wer ein lauteres Herz hat." – Gib uns ein wahrhaftiges, aufrichtiges, ehrliches Herz, damit wir so werden, wie du uns siehst, du unser Gott.

L: „Wer sind diese, die weiße Gewänder tragen?" – Bei dieser Frage wollen wir an unsere Verstorbenen denken. Herr, gib uns den Mut, unsere Verstorbenen bei denen zu sehen und zu wissen, die im weißen Gewand vor deinem Thron stehen.

L: „Gott im Herzen und Gott vor Augen, das ist der Schlüssel zur Heiligkeit." Mit diesem Wort von Pater Rupert Mayer bitten wir um solch ein Leben, dass Gott selber durch uns sichtbar wird.

L: „Niemand kann sagen: Heiligkeit ist zu hoch für mich." – Um diese Einsicht für unser Leben bitten wir, dass wir im ganz normalen Alltagsleben dorthin gelangen können und sollen, wohin schon Ungezählte vor uns gelangt sind.

Pr: *Denn Gott kann und will uns ganz und gar echt machen. Das nämlich meint das Wort „Heiligkeit". Öffne uns dafür, du unser Gott.*

31. Sonntag im Jahreskreis
Lesejahr B

1. Lesung: Dtn 6,2–6
2. Lesung: Hebr 7,23–28
Evangelium: Mk 12,28b–34

Aus der ersten Lesung:
Höre, Israel! Jahwe, unser Gott, ist einzig. Darum sollst du den Herrn, deinen Gott, lieben mit ganzem Herzen, mit ganzer Seele und mit ganzer Kraft. (Dtn 6,4f.)

Aus dem Evangelium:
Welches Gebot ist das erste von allen? (Mk 12,28b)

Gott will deine Freiheit

Es ist kaum anzunehmen, dass Sie auf Anhieb dieses so bekannte Fragespiel im heutigen Evangelium richtig verstehen. Nein, eigentlich ist es kein Fragespiel, schon eher ein Test, viel mehr noch eine knallharte Richterfrage, die hier einem Angeklagten gestellt wird; und von der Antwort hängen Leben und Tod ab. Denn diese Schriftgelehrten waren die Todfeinde Jesu. Die einzige Personengruppe waren sie, die Jesus direkt angriff und verurteilte; „übertünchte Gräber" nennt er sie an anderer Stelle, also lebendige Leichname, innerlich tot. Auf diesen Konflikt Jesus – Schriftgelehrte müsste eigens eingegangen werden; nur so viel, damit wir das wahre Gewicht dieser Frage nach dem Hauptgebot richtig verstehen: Sie wollen nur wissen, ob Jesus die Formel exakt aufzusagen weiß. Erkennbar ist die Bösartigkeit und Hinterhältigkeit der Schriftgelehrtenfrage nur am Schlusssatz: „Und keiner wagte mehr, Jesus eine Frage zu stellen." Hätte er falsch geantwortet, wäre ihm schon hier der Prozess gemacht worden. Sie werden ihn später schon noch fangen, diese lebendig-toten Schriftgelehrten, wie wir wissen, aber hier jedenfalls noch nicht, denn Jesus bleibt souverän und gelassen.

So viel nur zur Einleitung und zum ersten Verständnis; Jesus antwortet richtig im Sinn der bösartigen Frage der Schriftgelehrten, aber wenn er von Gottesliebe redet, dann meint er Liebe aus dem Herzen heraus und nicht blutleeres und lebensfernes Herunterplappern von Katechismussätzen. Stellen wir uns doch ganz praktisch und konkret der Frage, was das denn heißt: Gott lieben. Und wenn Sie jetzt ehrlich und offen mitgehen bei meinen Gedanken, werden

Sie bald merken, dass uns die Gottesliebe nicht nur nie richtig erklärt worden ist – weder von den Pfarrern, den Beichtvätern noch vom Religionsunterricht –, sondern dass unsere angelernte Vorstellung von Gottesliebe eher mit der kalten Lebensferne der Schriftgelehrten als mit der warmen Lebensnähe Jesu zu tun hat. Oft und oft hat man uns Gott gezeigt wie einen fernen, fremden Gesetzgeber, unter dessen Macht wir uns zu beugen hätten wie unter eine unsichtbare Diktatur. Gott lieben hieße dann, seine Gesetze und Gebote streng einzuhalten und zu befolgen. Oder man hat uns Gott dargestellt als jemanden, den wir niemals selber sehen können, der uns aber mit seinen Augen ständig bespitzelt, belauert und verfolgt. Gott lieben hieße dann, nur ja keine Fehler zu machen, und wenn, dann nur ganz versteckt. Oder man hat uns Gott gezeigt – was ich das Schlimmste finde – wie einen strengen Oberlehrer alten Stils, der uns tausend Sätze und Formeln schreiben und lernen lässt und der dann mit uns zufrieden ist, wenn wir seine Sätze tüchtig und brav gelernt haben. Gott lieben hieße dann, als seine artigen Schüler all seine Sätze heruntersagen zu können. Nein, das ist nicht der Gott Jesu Christi, den kann man nicht lieben.

Worum geht es wirklich? Es geht um diesen unvergleichlichen Hauptsatz des Volkes Israel, um sein Credo: „Höre, Israel! Jahwe, unser Gott, ist einzig. Darum sollst du den Herrn, deinen Gott, lieben mit ganzem Herzen, mit ganzer Seele und mit ganzer Kraft." Es heißt übrigens nicht: „mit deinem Verstand, deinem Willen, deiner Korrektheit" – aber diese Bemerkung wirklich nur nebenbei –, sondern es geht um dein Herz und um deine Seele. Dieses Credo des Volkes Israel war die Konsequenz des erlebten Aufbruchs in die Freiheit. Jahwe, der Ich-bin-da, der Ich-bin-bei-dir – so heißt dieser Name auf Deutsch –, der hatte die Väter aus Ägypten befreit, aus der Sklaverei in die Freiheit, aus der äußeren Wohlversorgtheit und Sicherheit – Fleischtöpfe nennt das Buch Exodus das immer – in die prickelnde Freiheit eines neuen Anfangs; Jahwe hatte dafür gesorgt, dass Israel seine Sklavenketten und sein sicheres Zuhause abschütteln und aufbrechen konnte in sein eigenes Land, in sein eigenes Glück, sein eigenes Leben.

Und deshalb heißt Gott lieben im biblischen Sinn, nicht in diesem blutleerlebensfernen Sinn der Katechismen und der Schriftgelehrten: „Mein Gott, ich weiß: Du willst meine Freiheit, du willst mein Glück, du willst, dass ich leben kann, mein eigenes, von dir geschenktes Leben!" Wer das einmal begriffen hat – und das ist natürlich die Voraussetzung, um dieses so bekannte Jesuswort von heute zu verstehen –, wer also begriffen hat, dass dieser Gott der Väter, dieser Jahwe, dieser Gott Jesu Christi, dass der für meine Freiheit steht, für mein Glück, für mein Leben und nicht für Gesetzestreue und Anpassung und Unterdrückung und äußere Rechtgläubigkeit, erst der kann beginnen, diesen Gott zu lieben. Denn lieben kann ich doch nur jemanden, der meine Freiheit, mein Glück, mein Leben will. Und nicht einen, der mein Herz und meine Seele dunkel und traurig macht, weil er mich bespitzelt oder unterdrückt und belastet mit Gesetzen und Geboten. Ich will's noch mal sagen – und es ist nicht meine Schuld, wenn diese Melodie für manchen von Ihnen neu sein mag –: Gottesliebe ist deshalb oft so dürftig und inhaltslos, weil wir nicht sehen, dass der Gott Jesu Christi einsteht für unsere Freiheit, für unser Glück, für unser eigenes Leben. Diesen Gott kannst du lieben mit Herz und Seele.

Natürlich sollte ich Ihnen noch ein Beispiel aus dem Leben erzählen. Aber ich hab kein rechtes, kein überzeugendes, nur ein sehr kleines und bescheidenes. Aber wissen Sie, das Leben besteht nicht nur aus Höhenflügen, sondern oft aus sehr kleinen Dingen. Es handelt sich wieder mal um ein Gespräch aus dem Krankenhaus. Ein Mann, sehr alt, aber auf sich schauend, sich nicht gehen lassend, mit einem bösartigen Darmtumor, sehr allein ist er, im Zimmer wie im Leben; „und wenn ich nachts so grüble", sagt er, „dann frag ich mich schon, ob es richtig war, in die Operation einzustimmen, und ob es nicht besser wäre, darauf zu verzichten, da ich ohnehin nicht mehr lange ..." Er konnte nicht mal zum Geburtstag seiner Tochter fahren, da er oft dreimal in der Stunde Stuhlgang hat, das ist bei einer Autofahrt eben unerträglich. Welch eine Einengung der Lebensperspektiven; die muss man sehen und spüren und darf nicht mit einem Wortschwall darüber hinwegreden! Jedenfalls hab ich ihm zugehört und hab dann nur zu ihm gesagt: „Auch Ihr Leben ist vor Gott einmalig wichtig; auch Sie gibt es vor Gott nur einmal." Ich sagte nicht, dass Gott ihn liebt; das wäre zu viel gewesen. Und ich kann auch nicht sagen, dass er mir um den Hals gefallen wäre. Aber eins kann ich sagen: Dieser Mann hat mich mit voller Erstaunen geweiteten Augen angeschaut!

FÜRBITTEN

Pr: *So ist das also: Unser Vater im Himmel will keine Doktorarbeit von uns, kein Bescheidwissen über ihn, er will unsere Liebe, mit ganzem Herzen und ganzer Seele. Deshalb müssen unsere Bitten heute wesentliche Bitten sein, also nicht Bitten für dies oder das, sondern Bitten in seinem Sinn:*

L: Gott, lass uns verstehen, was die Schriftgelehrten nicht verstehen konnten, dass du geliebt sein willst – einfach und ehrlich.

L: Bewahre uns vor der Krankheit der Gottesgelehrten, die alles Mögliche und unermesslich viel über dich wissen, aber dich nicht in ihr Herz hereinlassen wollen.

L: Überhaupt das Herz: Komm uns nahe, sei uns nahe, lass uns spüren, wie nahe du uns bist, damit wir dich nicht in der Ferne suchen, sondern in unserer Lebensmitte.

L: Wir alle sind geprägt von den Vorstellungen über dich, die uns eine christliche Erziehung in vielen Jahren beigebracht hat. Lass uns bei Jesus von Nazaret in die Schule gehen und bei sonst niemandem.

L: Dass wir dich also nicht als Diktator oder Angstmacher oder Oberlehrer sehen, sondern als den, der uns zu unserem wahren Wesen befreien will.

L: Ja, dass wir dich als den sehen, der unsere Freiheit, unser Glück und unser Leben will.

L: Jeder von uns beeinflusst andere im Glauben, besonders die Kinder: Hilf uns, solch einen Gottesglauben weiterzugeben, mit dem andere atmen und leben und glücklich werden können.

Pr: *Denn wie oft sind in deinem Namen, in Gottes Namen also, Menschen unterdrückt, beherrscht und eingeschränkt worden! Befreie uns selber von alldem, damit du unser Leben bist, spürbar auch für andere.*

32. Sonntag im Jahreskreis
Lesejahr B

1. Lesung: 1 Kön 17,10–16
2. Lesung: Hebr 9,24–28
Evangelium: Mk 12,38–44

Aus der ersten Lesung:
Die Witwe sagte: Ich habe nichts mehr vorrätig als eine Hand voll Mehl im Topf und ein wenig Öl im Krug. (1 Kön 17,12)

Aus dem Evangelium:
Da kam auch eine arme Witwe und warf zwei kleine Münzen hinein. Jesus sagte: Diese arme Witwe hat mehr in den Opferkasten hineingeworfen als alle anderen. (Mk 12,42f.)

Im Alltag spielt die Musik

Ist es erlaubt, sogar noch im Monat November einen Satz vom Jahresanfang zu zitieren? Sie wissen vielleicht noch mein Wort vom Fortsetzungsroman, der meine Predigten sein möchten; und dieses Wort gilt übrigens ganz besonders für den Evangelisten selber; er will nicht einzelne Sonntagsabschnitte liefern, sondern ein ganzes Evangelium. Einen Fortsetzungsroman par excellance, in dem er seinen Glauben an Jesus Christus, seine Sicht von ihm bezeugt. Ich sagte schon im Januar, der Evangelist Markus wolle mit seinem Evangelium den Weg unseres Glaubens und unserer Erlösung zeigen. Wie sehr gilt das und bestätigt sich das heute an diesem allerletzten Schlusspunkt des Markus-Evangeliums!

Ich kann es Ihnen am Neuen Testament ganz genau zeigen. Markus setzt bewusst vier Schlusspunkte, die noch einmal das Wesentliche über Jesus zeigen. Der erste: „Frage nach der kaiserlichen Steuer"; die Aussage: Selbst der allmächtige römische Kaiser hat kein Besitzrecht über den Menschen; der gehört allein Gott. Der zweite: „Frage nach der Auferstehung der Toten"; die Aussage: Er ist kein Gott von Toten, sondern von Lebenden. Die klarste Novemberaussage, die es gibt. Der dritte: „Die Frage nach dem wichtigsten Gebot"; die Aussage: Du sollst den Herrn, deinen Gott, lieben und deinen Nächsten wie dich selbst. Diese beiden Gebote zusammen. Und der vierte Schlusspunkt, der begegnet uns heute: „Da kam auch eine arme Witwe und warf zwei kleine Münzen hinein ... sie hat alles gegeben, was sie besaß". Diese Beobachtung, diese winzige Alltagsbeobachtung, so will ich sie sehr bewusst nennen, setzt Markus mit Bedacht als seinen letzten, finalen, unüberbietbaren Schlusspunkt. Was will Markus damit tun? Was heißt das? Was bedeutet das? Markus will abschließend deutlich machen – und damit verzichte ich auf alle anderen Interpretationen, etwa die Ohrfeige für die Perfektion der Pharisäer, den Angriff auf alle Scheinheiligkeit –: Letztlich kommt es auf deine persönliche Beziehung zu Gott an, und darin wiederum auf deine Ehrlichkeit und Ganzheit in den kleinsten Dingen des Alltags.

Was tut diese arme Witwe? Sie gibt, was sie hat. So einfach ist christliches Leben im Grunde. Ob nun das ganze Vermögen, das sie hergibt, aus zwei kleinen Münzen besteht oder aus zehn oder 50, das ist unerheblich. Denn christliches Leben ist nicht nach numerischen oder moralischen Maßstäben zu messen; das mussten wir im Lauf dieses Markus-Jahres schon oft sehen und sagen. Sondern es kommt auf die Ehrlichkeit und Ganzheit des Menschen vor Gott an. Diese arme Witwe – und übrigens gleich lautend die Witwe von Sarepta in der genau dazu passenden Lesung aus den Elijageschichten – gibt all das, was sie hat. Nebenbemerkung dazu: Natürlich tut sich diese Witwe leichter, alles zu geben, leichter als der, der viel hat, der reich ist, so das durchgängige Thema in Jesu Verkündigung. Aber: leichter oder schwerer – auf deine Ehrlichkeit und Ganzheit kommt es an.

Was mir persönlich als Christ und als Prediger an diesem Schlusspunkt so imponiert, das ist diese Eigenart Jesu von Nazaret, so gern diese kleinen Beobachtungen des Alltags in den Mittelpunkt zu stellen und von daher über Gott zu reden. Diese Eigenart möchte ich noch verdeutlichen, weil es dieses Jahr noch zu wenig geschehen ist. Jesus schaut also hier, um unser Beispiel aufzugreifen, dieser Witwe, dieser unbedeutenden Frau, zu, und er leitet daraus eine Aussage über Mensch und Gott ab, die so unscheinbar und nebensächlich erscheint, und dennoch ist sie von einer existentiellen Aussagekraft, dass sie dem, der sich ihr stellt, unter die Haut geht und ihn nicht mehr loslässt.

Ich möchte Ihnen zwei eigene Alltagsbeobachtungen erzählen, die ebenfalls sehr unscheinbar und nebensächlich erscheinen – aber sie werden Jesu Methode umso verständlicher machen. In meinem Urlaub in Südtirol habe ich einmal im Auto zwei Ordensfrauen mitgenommen; es hat ein wenig geregnet, wir fuhren nach St. Ulrich im Grödnertal, die beiden wollten irgendwie in die Höhe wandern, ich mir den Ort anschauen; wir vereinbarten als Treffpunkt 11.00 Uhr am Auto. Als die beiden kurz vor 11.00 Uhr zurückkamen, hielt die eine Schwester freudestrahlend eine volle Fantaflasche in der Hand und sagte zu mir: „Wissen Sie, warum ich die gekauft habe? Damit ich, wenn sie leer ist, etwas Rotwein mit heimnehmen kann." Was beobachte ich an dieser Szene? Dass ein Mensch, der nur wenig hat, sich freuen kann über so eine Kleinigkeit – etwas Rotwein mit heimnehmen können. Ein andermal, es war abends kurz vor 22.00 Uhr, da hörte ich auf dem Balkon neben mir nur einen einzigen Satz, und der ist mir geblieben, ohne dass ich das selber wollte. Da wohnten zwei Ordensfrauen, von denen die eine das Pech hatte, sich schon am zweiten Tag ihr Bein zu brechen, so dass sie nichts unternehmen konnte und oft niedergeschlagen war. An jenem Abend hörte ich, kurz bevor sie ins Bett gingen, die gesunde Schwester zu ihr sagen: „Schwester Gertrud, weißt du nicht, was beim Propheten Jesaja steht? An jenem Tag werden die Blinden sogar in der Nacht sehen können, und die Tauben werden Worte hören, die nur geschrieben stehen." Was beobachte ich an dieser Szene? Welch ein Potential, welche Kräfte des Tröstenkönnens stecken in einem einfachen Menschen.

Darf ich noch ein persönliches Fazit ziehen aus dieser Eigenart Jesu, die wir bei diesem finalen Schlusspunkt des Markus-Evangeliums beobachtet haben? Diese Präferenz der Alltagsbeobachtungen, diese Bevorzugung der kleinen Leute und ihres Alltags, wie man sie bei Jesus von Nazaret durchgehend beobachten kann, ist für mich eines der großartigsten und wunderbarsten Kennzeichen des echten Christentums. Denn wenn es wahr ist, dass der Gott der Bibel, der Gott der ganzen Heiligen Schrift, ein Herz hat für die kleinen Leute, wenn es wahr ist, dass die Kinder vor allen anderen ins Reich Gottes kommen, wenn es wahr ist, dass die erste aller Seligpreisungen von denen spricht, die arm sind vor Gott, wenn es wahr ist, dass Jesus von Nazaret gar nicht lesen und schreiben konnte, um die Heiligen Schriften zu zitieren, was er übrigens gemein hat mit Franz von Assisi oder Nikolaus von Flüe, dann ist es allerdings auch wahr, dass die erste Quelle, um den echten Glauben zu finden, das Alltagsleben der einfachen Leute ist, die ihre Gottesbeziehung ehrlich und ganz leben. Und diese abschließende Beobachtung des Markus-Evangeliums, die sollten wir nun allerdings sehr sorgfältig und gewissenhaft für uns selber festhalten. Denn auch der Evangelist Matthäus, um an das vergangene Kirchenjahr zu erinnern, lässt seine gesamte Sicht christlichen Lebens in den Satz münden, der an Alltagsbezogenheit nicht mehr zu übertreffen ist: „Was ihr dem geringsten meiner Brüder/meiner Schwestern getan habt, das habt ihr mir getan." Christliches Leben und Beziehung zu Gott existieren im Alltag oder sie existieren gar nicht.

FÜRBITTEN

Pr: *Wer könnte sich der Eindringlichkeit dieses Sonntags entziehen. Da stehen deutlich wahrnehmbar zwei arme Frauen vor uns. Die sind es, die die Ehrlichkeit und Ganzheit vor Gott zeigen.*

L: Du unser Gott, der du uns bis auf den Grund des Herzens schaust, schenke uns diese Ehrlichkeit und Ganzheit, die diese beiden Witwen zeigen.

L: Lass uns dieses Grundanliegen Jesu immer mehr verstehen, dass wir uns dir wie Kinder ganz öffnen sollen.

L: Wir benötigen deine Hilfe, um uns im Sinne Jesu auf die Armut vor dir, unserem Gott, einzulassen. Nimm uns deshalb die Angst, Besitz und damit scheinbare Sicherheit zu verlieren, zeige uns vielmehr die wahre Freiheit, die Befreiung von unnötigem Ballast bringen kann.

L: Jesus blickt immer wieder auf die kleinen Geschehnisse im Alltag: Schärfe auch unseren Blick für die Welt der „kleinen Leute", in der oft besonders gut erlebbar ist, wie echt gelebtes Christentum aussieht.

L: Da das Kirchenjahr bald zu Ende geht, bitten wir darum, dass das kostbare Wort des Evangeliums, wie etwa das heutige, viele Menschen erreichen möge, die nach Sinn im Leben suchen.

L: Und wenn wir unter dem Wort des heutigen Evangeliums für unsere Verstorbenen bitten, dann so: Herr, beschenke sie, die äußerlich alles hergeben mussten, mit deinem inneren Reichtum, der da ewiges Leben heißt.

Pr: *Denn selig, die arm sind vor Gott; ihnen gehört das Himmelreich. Ja, Herr, das wollen wir uns merken, dass du unser ganzer Reichtum bist, wenn wir nur begreifen, was die beiden Witwen uns sagen können.*

33. Sonntag im Jahreskreis
Lesejahr B

1. Lesung: Dan 12,1–3
2. Lesung: Hebr 10,11–14.18
Evangelium: Mk 13,24–32

Aus der ersten Lesung:
Dann kommt eine Zeit der Not, wie noch keine da war, seit es Völker gibt, bis zu jener Zeit. (Dan 12,1b)

Aus dem Evangelium:
Diese Generation wird nicht vergehen, bis das alles eintrifft. Himmel und Erde werden vergehen, aber meine Worte werden nicht vergehen. (Mk 13,30f.)

Was am Ende bleiben wird

Gerade bei dieser schwierigen Botschaft von heute liegt mir viel daran, dass wir sie verstehen, und zwar richtig verstehen von Anfang an. Deshalb gleich ein Satz, der uns dabei hilft: Diese apokalyptischen Worte des vorletzten Sonntags im Kirchenjahr sind ganz eindeutig nicht äußerlich oder astronomisch zu verstehen, sondern innerlich und persönlich. Zur Begründung gleich einige wenige Erläuterungen:
1. Kein Text der Bibel hat auch nur die geringste Ahnung von astronomischen Einzelheiten. Was wir heute über den Sternenhimmel und das Weltall wissen, wusste damals niemand. Kein Stern kann vom Himmel fallen, und der Mond wird nicht plötzlich erlöschen – wie denn auch? Rein äußerlich verstanden, wären diese Aussagen hier schlichtweg falsch.
2. Diese Worte – bei Daniel wie bei Markus – sind aus großer, grauenhafter Angst geboren. Die Worte, die Markus hier in sein Evangelium übernimmt, stammen aus der Zeit um das Jahr 40, als die Provokationen der Römer gegenüber den Juden ihren Höhepunkt erreichten. Das jüdische Volk fühlte sich so gedemütigt und beleidigt, dass sich viele fragten, wie der Gott der Väter eine solche Entwürdigung seines Volkes zulassen könne. Viele empfanden schon so, als ob die Sterne vom Himmel fallen würden.
3. Damit sind wir beim apokalyptischen Lebensgefühl: Im Jahre 40 hatte Kaiser Caligula mitten auf dem Tempelplatz in Jerusalem sein Kaiserstandbild aufstellen lassen; das war für die bilderlose Religion Israels mit seinem unsichtbaren Gott etwas Unerhörtes. Viele sahen die Zerstörung der Religion,

ja den Weltuntergang vor sich. Aus diesem apokalyptischen Angstgefühl des Untergangs heraus sind die im Markusevangelium zu findenden Worte entstanden.
4. Deshalb ist es auf gar keinen Fall richtig, diese Worte äußerlich zu verstehen und sie als in einer bestimmten Zeit erfüllt anzusehen. So lag im Jahre 1945 über dem Nachkriegsdeutschland eine endzeitliche Stimmung. Als dann 1953 die erste Wasserstoffbombe gezündet wurde, glaubten viele, die Weissagungen des Markus hätten sich erfüllt und das Ende der Welt sei gekommen. Nein, es hat nie gestimmt, solche Worte der Religion äußerlich verstehen zu wollen.
5. Diese Worte sind vielmehr innerlich zu verstehen. Es geht nicht um das Schicksal des Mondes oder der Sonne oder der Sterne, sondern um dich persönlich und um dein Leben. Es geht um dein Schicksal vor den Augen des lebendigen Gottes: Wie wird es sein, wenn die Wogen der Angst, der Verzweiflung über dir zusammenschlagen, wie kannst du das durchstehen, was gibt dir Halt? Diese Frage in etwa will Markus beantworten, und nicht, in welchen Jahrmillionen welche Sternenkollision das Ende der Welt bringen könnte. Das zu sehen, liegt ihm fern. Markus benützt vielmehr jenes damals so bekannte apokalyptische Bild, um jene zeitbedingte umfassende Angst auf die Situation eines einzelnen Menschen zu übertragen, auf dein Schicksal, wenn es dunkel wird und du kein Land und kein Licht mehr siehst.

Und jetzt brauchen wir nur darauf zu achten, was Markus gezielt einfügt, um deutlich zu machen, wie man alle Ängste um seine Zukunft durchstehen und bestehen kann. Es sind genau die letzten drei Sätze, und die hat Markus ganz bewusst diesem Bild, diesem Dokument einer umfassenden, zeitbedingten, grauenhaften Angst hinzugefügt, um daraus ein Zeugnis unbesiegbaren Hoffen- und Vertrauendürfens zu machen. Der wichtigste, um ihn gleich zu nennen, ist natürlich dieser hier: „Himmel und Erde werden vergehen, aber meine Worte werden nicht vergehen." Wir haben verstanden, dass alles äußerliche, astronomische Verständnis falsch wäre. Sondern: Wenn in deinem Leben „Himmel und Erde vergehen" – wer schon genug Leid und Bedrängnis erlebt hat, der versteht das wohl –, dann gibt es nur eins, das dir niemals vergehen wird, und das sind die Worte dieses Jesus von Nazaret. Nur zwei von ihnen müssen wir später in die Hand nehmen, um zu verstehen, dass Jesu Worte stärker sind als alle Zerstörung unseres Himmels und unserer Erde.

Markus baut sogar den Beweis dafür ein, dass er und Jesus selber hier nicht äußerlich reden, nicht äußerlich verstanden werden wollen; das ist nämlich dieser Satz hier: „Diese Generation wird nicht vergehen, bis das alles eintrifft." Was haben sich die professionellen Bibelausleger um diesen Satz gestritten und über ihn geärgert, als habe sich Jesus getäuscht – und das dürfte er doch nicht –, was den Zeitpunkt des Weltendes, des Weltuntergangs, betrifft; Jesus selber, so meinten sie, hätte hier behauptet, noch in seiner Generation würden die Sterne vom Himmel fallen, also die Welt untergehen. Hier sehen Sie selber, wohin ein falsches, äußerliches Verständnis führen kann. Hier ist nicht die Rede vom kosmischen Weltuntergang, sondern von dir ganz persönlich, und da hat Jesus sogar hundertprozentig Recht, denn noch in dieser Generation und in der nächsten und in jedem Menschenleben ist diese Erfahrung zu machen: Wenn dir selber in deinem Leben „Himmel und Erde vergehen", also Erfahrungen der Verzweiflung und des Untergangs dir alles dunkel werden lassen, dann gibt es nur eins, was hält, das sind die Worte dieses Jesus von Nazaret, die werden dir niemals zerstört werden.

Letzte Anmerkung, nämlich zu diesem letzten Satz hier: „Doch jenen Tag und jene Stunde kennt niemand, auch nicht die Engel im Himmel, nicht einmal der Sohn, sondern nur der Vater." Also ist jedes Verkaufen von Gewissheiten, was das Ende betrifft, blödsinnig und Jesus-fremd, auch wenn es immer wieder gewisse Sekten gibt, die das tun wollen; nicht Gewissheit über den Zeitpunkt des Endes und die daraus resultierende Angst sind Jesu Haltung gewesen, sondern das Vertrauen auf den Vater, das war seine Haltung. Und deshalb wischt hier Markus mit diesem Schlusssatz alle Angst machenden Äußerungen hinsichtlich des Endes pauschal vom Tisch; der Vater weiß, was kommt in deinem Leben, und das ist genug.

Ganz am Schluss – ich hab's versprochen – nur zwei von den Worten dieses Jesus; und natürlich solche, die wir im Lauf dieses Markus-Jahres in uns aufnehmen durften. Ob wir spüren werden, dass sie unvergänglich sind, auch wenn uns Himmel und Erde vergehen? Am 32. Sonntag lautete ein Wort Jesu: „Diese Frau aber, die kaum das Nötigste zum Leben hat, sie hat alles gegeben, was sie besaß, ihren ganzen Lebensunterhalt." Und am 25. Sonntag hieß es aus dem Munde dieses Jesus von Nazaret: „Und er stellte ein Kind in ihre Mitte, nahm es in seine Arme und sagte: Wer ein solches Kind um meinetwillen aufnimmt, der nimmt mich auf." Wenn einer es wagt, eine arme Witwe und ein kleines Kind einer ganzen Menschheit als Beispiele und Vorbilder wirklichen Lebens hinzustellen, dessen Worte sind allerdings von einem solchen Gewicht, dass sie bestehen bleiben werden, selbst wenn Himmel und Erde vergehen.

FÜRBITTEN

Pr: *Auch wenn uns das heilige Wort des Sonntags heute einige Mühe bereitet hat, es soll uns doch als Grundlage für das Fürbittgebet dienen. „Komm, Herr Jesus, komm", so lautet ein alter christlicher Bittruf. Zu dir, du Gott der Vergangenheit, Gegenwart und Zukunft, wollen auch wir an diesem vorletzten Sonntag rufen:*

33. Sonntag im Jahreskreis

L: „Die Sonne wird sich verfinstern und der Mond nicht mehr scheinen." – Wir bitten für all jene Menschen, die sich fühlen wie in einem Untergang: Komm ihnen nahe in ihrer Angst und ihrem Leid und richte sie wieder auf.

L: „Diese Generation wird nicht vergehen, bis das alles eintrifft." – Schon bei diesem Satz wollen wir für uns selber bitten: Herr, lehre uns das tiefe Vertrauen, damit wir unsere Lebensängste bestehen können.

L: „Jenen Tag und jene Stunde kennt niemand, nur der Vater." – Schenke allen, die heute dieses Wort hören, die gelassene Wachsamkeit, die dir überlässt, was du allein wissen kannst.

L: Wir hörten heute von der Verheißung des Buches Daniel für die Verstorbenen, dass sie für immer und ewig wie die Sterne leuchten werden: Großer Gott, schenke unseren Verstorbenen die Erfüllung dieser großen Verheißung.

L: „Himmel und Erde werden vergehen, aber meine Worte werden nicht vergehen." – Schenke uns einen persönlichen Schatz an Worten Jesu, an die wir uns halten können, auch wenn uns alles zerbrechen sollte.

Pr: *Denn wenn sich das Kirchenjahr, das Markus-Jahr, dem Ende zuneigt, dann sollten wir dankbar sein für jedes Lebenswort, das uns geschenkt worden ist. Herr, wir danken dir, dass du Worte des ewigen Lebens hast, die alles Kommende überdauern werden.*

Christkönigssonntag
Lesejahr B

1. Lesung: Dan 7,2a.13b–14
2. Lesung: Offb 1,5b–8
Evangelium: Joh 18,33b–37

Aus der ersten Lesung:
Ich, Daniel, hatte während der Nacht eine Vision: Da kam mit den Wolken des Himmels einer wie ein Menschensohn. (Dan 7,2a.13b)

Aus dem Evangelium:
Pilatus sagte zu Jesus: Also bist du doch ein König? Jesus antwortete: Ich bin dazu geboren und in die Welt gekommen, dass ich für die Wahrheit Zeugnis ablege. Pilatus sagte: Was ist Wahrheit? (Joh 18,37f.)

Was ist die ganze Wahrheit?

Sosehr uns allen diese Szene vor Pilatus geläufig ist – wir kennen sie sicher seit der Kindheit aus der Johannespassion –, sosehr ist sie umgeben von einem eigenartigen Schleier des Unverstandenseins. Jedenfalls ist es mir oft und oft so gegangen, dass mich diese Pilatusfrage „Was ist Wahrheit?" ratlos zurückließ. Offensichtlich hat es mir niemand genügend erklärt, was denn mit Wahrheit hier gemeint ist. Und das wird unsere Aufgabe heute sein, sauber zu erklären, was der Evangelist Johannes unter Wahrheit versteht – ganz eindeutig etwas, was ein Pilatus nie würde verstehen können –, und erst dann wird uns aufgehen können, was das denn heißt: „Jesus, der König der Wahrheit", und warum dieses sein Königtum einzigartig und mit nichts zu vergleichen ist. Jedenfalls hat die Wahrheit, um die es hier geht – um das vorneweg zu sagen –, nichts zu tun etwa mit historischer oder mathematischer Wahrheit.

Doch lassen Sie mich zuvor mit einem einzigen Hinweis meine Liebe zum Kirchenjahr verraten, das ja heute nach 52 Sonntagen zu Ende geht. Ja, ich sagte: Liebe zum Kirchenjahr; denn was dieser letzte Sonntag heute anstellt, einfach mit der Nebeneinanderstellung dieses Evangeliums und dieser Lesung, das ist für mich – ich wähle das Wort bewusst – phantastisch: dass nämlich der Ecce-homo-Mensch des Evangeliums neben dem Menschensohn des Propheten Daniel steht. Und nicht nur neben ihm steht, sondern sogar ein und derselbe ist. Genauer: Der Mensch, der da vor Pilatus steht, ist ein Blutender, Geschlagener, Gegeißelter, mit Dornen Gekrönter, mit dem Spottmantel Bekleideter, dem Hohn und Spott aller Ausgesetzter, der bald hingerichtet, gekreuzigt wird, und damit ist er ein Gescheiterter und Verlorener. Und der andere, den Daniel zeichnet: Auf den Wolken des Himmels kommt er, Herrschaft, Würde und Königtum werden ihm gegeben, und ihm dienen müssen alle Völker, Nationen und Sprachen. Und seine Herrschaft ist eine ewige, unvergängliche. Und nun also: Beide sind ein und derselbe. Das nenne ich phantastisch. So eine Aussage schafft das Kirchenjahr durch eine derartige Nebeneinanderstellung aus Neuem und Altem Testament!

Zurück zur Pilatusfrage: „Was ist Wahrheit?" Wenn wir die richtige Antwort finden, wird sie uns Jesu Königtum richtig verstehen lassen. Wenn ich nachdenke, warum mich diese Szene mehr als einmal ratlos gemacht hat, dann geht mir auf, dass auch ich, wie jeder Mensch von heute, geprägt bin vom Wahrheitsbegriff unserer heutigen Zeit. Und der ist eingleisig und statisch. Um nur zwei Stichworte zu nennen: Die mathematische und die historische Wahrheit, die imponieren uns sehr und die halten wir für sehr wichtig. Wenn eine Wahrheit mathematisch beweisbar und historisch nachweisbar ist, finden wir das toll. Sehen wir uns beides näher an: Nichts gegen die Mathematik – aber wenn einer beweisen kann, dass fünf mal vier 20 ergibt, dann ist das letztlich doch eine so geringfügige, lächerlich kleine Wahrheit, dass ich damit zwar eine Mathematikaufgabe in der Grundschule lösen kann, aber mit dem Leben, mit dem wirklichen Leben, hat das so gut wie gar nichts zu tun. Wenn Jesus wegen solcher Wahrheit vor Pilatus gestanden hätte, dann hätte dieser mit Sicherheit das Verfahren wegen Geringfügigkeit eingestellt. Für solche Wahrheit stirbt niemand. Nichts gegen die historische Wissenschaft – aber ob Adolf Hitler allein oder mit anderen Selbstmord begangen hat, was hat solche historische Wahrheit mit meinem Leben zu tun? Auf diesem Gebiet sind wir heutigen Menschen besonders einseitig geworden: So genannte historische Tatsachen sind für uns fast wie Wahrheit schlechthin geworden. Die historische Wahrheit im Falle „Jesus vor Pilatus" ist jedenfalls so eindeutig, dass jeder weiß und sieht: Der hat ausgespielt, mit dem geht's zu Ende. Aber offensichtlich steht dieser Jesus für eine ganz andere Art von Wahrheit ein. Für welche?

Dazu ganz schnell drei Belege aus dem Johannes-Evangelium. Bei dem nächtlichen Gespräch Jesu mit Nikodemus heißt der Schlusssatz: „Wer aber die Wahrheit tut, kommt zum Licht, damit offenbar wird, dass seine Taten in Gott vollbracht sind." Die Wahrheit im Johannes-Evangelium hat also ganz eindeutig zu tun mit Gott, mit dem Licht, und vor allem betrifft sie das Tun; Wahrheit ist ein Tun, nicht ein Wissen. Das wäre schon mal zu merken: Wahrheit kann man nicht wissen, sondern man muss sie tun. Dann ein Beleg aus Joh 10, weil es hier heißt, dass diejenigen, die aus der Wahrheit sind, seine Stimme hören. Hintergrund ist das Bildwort vom Guten Hirten – wir kennen es alle –, wo es darum geht, dass die, die zu Jesus Christus gehören, sich allein von seiner

Stimme leiten lassen und den übrigen falschen Lockrufen widerstehen. Das können, das ist Wahrheit. Fähig sein, die Stimme des Guten Hirten persönlich zu hören, das ist Wahrheit. Und die wichtigste Stelle sicher Joh 14: „Ich bin der Weg, die Wahrheit und das Leben." „Wahrheit" hier eingebettet in die beiden dynamischen Begriffe „Weg" und „Leben". Einen Weg muss man gehen, das Leben muss man leben. Also ist Wahrheit etwas Lebendiges, Dynamisches, mit einem Wort: der lebendige Christus. Jesus hatte nämlich zuvor gesagt: „Ich gehe, um einen Platz für euch vorzubereiten, dann werde ich euch zu mir holen, damit auch ihr dort seid, wo ich bin." Und Thomas hatte daraufhin gefragt: „Herr, wie sollen wir wissen, wohin du gehst?" Und dann eben die Antwort Jesu: „Ich bin der Weg, die Wahrheit und das Leben."

Was ist also Wahrheit im Johannes-Evangelium? Jetzt ist es ganz eindeutig: Es ist die ganze Wahrheit über dein Leben, nämlich dein ganzer Weg, den du gehen wirst, und der lebendige Christus, der dich begleitet und mit dir geht. Wundern wir uns jetzt noch, dass ein Pilatus ratlos dasteht und nichts versteht? Wahrheit ist für ihn die Höhe seines Einkommens, die Stärke seiner Truppen, seine guten Beziehungen zum Kaiser – aber diese ganze Wahrheit, die Jesus vertritt? Ratlos ist er. Und nun lässt sich abschließend sehr leicht sagen, was Jesu einzigartiges Königtum ist. Er ist der persönliche König deines persönlichen Lebens. Weil er deinen ganzen Weg kennt, hier auf Erden und dort in der Ewigkeit. Hörst du auf ihn, folgst du ihm, vertraust du dich ihm an, dann hast du gewonnen. Niemand sonst – kein König, kein Kaiser, kein Präsident, kein Idol irgendeiner Art – kennt dich so wie er. Er selbst ist die ganze Wahrheit deines Lebens. Wenn du ihn findest, hast du dein Leben gewonnen, dein ganzes, und zwar für immer.

FÜRBITTEN

Pr: *Herr Jesus Christus, das Evangelium hatte uns mit Worten des Johannes dein Königtum beschrieben. Wir rufen zu dir, du König der Wahrheit:*

L: Komm du auf uns zu am Ende des Kirchenjahres und zeige uns, wer du wirklich für uns persönlich sein möchtest.

L: Lass uns verstehen, was ein Pilatus nie verstehen konnte, dass du für die Wahrheit des ganzen Lebens Zeugnis ablegen wolltest.

L: Hilf uns, die Wahrheit zu tun, also konsequent den Weg zu gehen, den du gegangen bist, damit auch unser Leben wahr wird.

L: Öffne unsere Ohren für deine Stimme, die uns persönlich führen möchte, denn wer deine Stimme hört, der ist in der Wahrheit.

L: Sei du unser Weg, unsere Wahrheit, unser Leben, damit wir auf diesem wahren Weg zum wahren Leben gelangen.

L: Sei du also der persönliche König unseres Lebens, der allein unseren Weg kennt – hier auf Erden und dann in Ewigkeit.

Pr: *Denn „jeder Menschenseele Los fällt, Herr, von deinen Händen" (GL 560,3). Dieser Vers eines alten Christkönigsliedes sagt dasselbe, was wir gefunden haben: Wir kommen aus deinen Händen und fallen wieder in deine Hände. Sei gepriesen, du unser König.*

Übersicht der Sonntage, beweglichen Hochfeste und Feste

Lesejahr B	1999/2000	2002/2003	2005/2006
1. Adventsonntag	28.11.	1.12.	27.11.
2. Adventsonntag	5.12.	8.12.	4.12.
3. Adventsonntag	12.12.	15.12.	11.12.
4. Adventsonntag	19.12.	22.12.	18.12.
Weihnachten	25.12.	25.12.	25.12.
Sonntag in der Weihnachtsoktav – Fest der Hl. Familie	[26.12.]	29.12.	30.12.
Oktavtag von Weihnachten – Maria Gottesmutter	1.1.	1.1.	1.1
2. Sonntag nach Weihnachten	2.1.	5.1.	–
Erscheinung des Herrn	6.1.	6.1.	6.1.
Sonntag nach Erscheinung des Herrn – Taufe des Herrn	9.1.	12.1.	8.1.
Aschermittwoch	8.3.	5.3.	1.3.
1. Fastensonntag	12.3.	9.3.	5.3.
2. Fastensonntag	19.3.	16.3.	12.3.
3. Fastensonntag	26.3.	23.3.	19.3.
4. Fastensonntag	2.4.	20.3.	26.3.
5. Fastensonntag	9.4.	6.4.	2.4.
Palmsonntag	16.4.	13.4.	9.4.
Gründonnerstag	20.4.	17.4.	13.4.
Karfreitag	21.4.	18.4.	14.4.
Ostersonntag	23.4.	20.4.	16.4.
Ostermontag	24.4.	21.4.	17.4.
2. Sonntag der Osterzeit	30.4.	27.4.	23.4.
3. Sonntag der Osterzeit	7.5.	4.5.	30.4.
4. Sonntag der Osterzeit	14.5.	11.5.	7.5.
5. Sonntag der Osterzeit	21.5.	18.5.	14.5.
6. Sonntag der Osterzeit	28.5.	25.5.	21.5.
Christi Himmelfahrt	1.6.	29.5.	25.5.
7. Sonntag der Osterzeit	4.6.	1.6.	28.5.
Pfingsten	11.6.	8.6.	4.6.
Pfingstmontag	12.6.	9.6.	5.6.
Dreifaltigkeitssonntag	18.6.	15.6.	11.6.
Fronleichnam	22.6.	19.6.	15.6.

Übersicht der Sonntage, beweglichen Hochfeste und Feste

Lesejahr B	1999/2000	2002/2003	2005/2006
Herz-Jesu-Fest	30.6.	27.6.	23.6.
2. Sonntag im Jahreskreis	16.1.	19.1.	15.1.
3. Sonntag im Jahreskreis	23.1.	26.1.	22.1.
4. Sonntag im Jahreskreis	30.1.	2.2.	29.1.
5. Sonntag im Jahreskreis	6.2.	9.2.	5.2.
6. Sonntag im Jahreskreis	13.2.	16.2.	12.2.
7. Sonntag im Jahreskreis	20.2.	23.2.	19.2.
8. Sonntag im Jahreskreis	27.2.	2.3.	26.2.
9. Sonntag im Jahreskreis	5.3.	–	–
10. Sonntag im Jahreskreis	–	–	–
11. Sonntag im Jahreskreis	–	–	18.6.
12. Sonntag im Jahreskreis	25.6.	22.6.	25.6.
13. Sonntag im Jahreskreis	2.7.	29.6.	2.7.
14. Sonntag im Jahreskreis	9.7.	6.7.	9.7.
15. Sonntag im Jahreskreis	16.7.	13.7.	16.7.
16. Sonntag im Jahreskreis	23.7.	20.7.	23.7.
17. Sonntag im Jahreskreis	30.7.	27.7.	30.7.
18. Sonntag im Jahreskreis	6.8.	3.8.	6.8.
19. Sonntag im Jahreskreis	13.8.	10.8.	13.8.
20. Sonntag im Jahreskreis	20.8.	17.8.	20.8.
21. Sonntag im Jahreskreis	27.8.	24.8.	27.8.
22. Sonntag im Jahreskreis	3.9.	31.8.	3.9.
23. Sonntag im Jahreskreis	10.9.	7.9.	10.9.
24. Sonntag im Jahreskreis	17.9.	14.9.	17.9.
25. Sonntag im Jahreskreis	24.9.	21.9.	24.9.
26. Sonntag im Jahreskreis	1.10.	28.9.	1.10.
27. Sonntag im Jahreskreis	8.10.	5.10.	8.10.
28. Sonntag im Jahreskreis	15.10.	12.10.	15.10.
29. Sonntag im Jahreskreis	22.10.	19.10.	22.10.
30. Sonntag im Jahreskreis	29.10.	26.10.	29.10.
31. Sonntag im Jahreskreis	5.11.	2.11.	5.11.
32. Sonntag im Jahreskreis	12.11.	9.11.	12.11.
33. Sonntag im Jahreskreis	19.11.	16.11.	19.11.
Christkönigssonntag	26.11.	23.11.	26.11.